# O TRABALHO DO ANTROPÓLOGO

FUNDAÇÃO EDITORA DA UNESP

Presidente do Conselho Curador
Mário Sérgio Vasconcelos

Diretor-Presidente / Publisher
Jézio Hernani Bomfim Gutierre

Superintendente Administrativo e Financeiro
William de Souza Agostinho

Conselho Editorial Acadêmico
Divino José da Silva
Luís Antônio Francisco de Souza
Marcelo dos Santos Pereira
Patricia Porchat Pereira da Silva Knudsen
Paulo Celso Moura
Ricardo D'Elia Matheus
Sandra Aparecida Ferreira
Tatiana Noronha de Souza
Trajano Sardenberg
Valéria dos Santos Guimarães

Editores-Adjuntos
Anderson Nobara
Leandro Rodrigues

# ROBERTO CARDOSO DE OLIVEIRA

# O TRABALHO DO ANTROPÓLOGO

4ª edição revista

© 2023 Editora Unesp

Direitos de publicação reservados à:
Fundação Editora da Unesp (FEU)
Praça da Sé, 108
01001-900 – São Paulo – SP
Tel.: (0xx11) 3242-7171
Fax: (0xx11) 3242-7172
www.editoraunesp.com.br
www.livrariaunesp.com.br
atendimento.editora@unesp.br

Dados Internacionais de Catalogação na Publicação (CIP) de acordo com ISBD
Elaborado por Vagner Rodolfo da Silva – CRB-8/9410

| O48t | Oliveira, Roberto Cardoso de |
|---|---|
| | O trabalho do antropólogo / Roberto Cardoso de Oliveira. – 4. ed. – São Paulo: Editora Unesp, 2023. |
| | Inclui bibliografia. ISBN: 978-65-5711-183-3 |
| | 1. Antropologia. 2. Antropólogo. 3. Trabalho. I. Título. |
| 2023-342 | CDD 301 CDU 572 |

Índice para catálogo sistemático:

1. Antropologia 301
2. Antropologia 572

Editora afiliada:

Asociación de Editoriales Universitarias
de América Latina y el Caribe

Associação Brasileira de
Editoras Universitárias

Para o amigo e colega
*Luiz de Castro Faria*

# Sumário

Nota de agradecimento  9
Prólogo  11

**Primeira parte – O conhecimento antropológico**

Capítulo 1 – O trabalho do antropólogo: olhar, ouvir, escrever  21
Capítulo 2 – O movimento dos conceitos na antropologia  43
Capítulo 3 – A antropologia e a "crise" dos modelos explicativos  61
Capítulo 4 – O lugar – e *em* lugar – do método  83
Capítulo 5 – A dupla interpretação na antropologia  107

**Segunda parte – Tradições intelectuais**

Capítulo 6 – Antropologias periféricas *versus* antropologias centrais  123
Capítulo 7 – A etnicidade como fator de estilo  153
Capítulo 8 – Relativismo cultural e filosofias periféricas  179

**Terceira parte – Eticidade e moralidade**

Capítulo 9 – Etnicidade, eticidade e globalização   193
Capítulo 10 – Sobre o diálogo intolerante   217

Bibliografia citada   229
Índice analítico   237

# NOTA DE AGRADECIMENTO

Os ensaios que constituem o volume foram escritos entre os anos 1992 e 1997, período em que estive vinculado ao CNPq na condição de Pesquisador Bolsista 1/A (Processo 30406/88-8), desde minha aposentadoria na Unicamp. Continuei na mesma universidade na função honorífica de Professor Titular Convidado durante todo o período em que redigi os ensaios. A partir de agosto de 1995, ainda que mantendo os mesmos elos acadêmicos e afetivos com meus colegas do Departamento de Antropologia da Unicamp, integrei-me no corpo docente da Universidade de Brasília, precisamente no seu Centro de Pesquisa e Pós-Graduação sobre a América Latina e o Caribe – CEPPAC, na condição de Professor Titular Visitante, onde permaneço até o presente. A todas essas instituições sou profundamente grato por me haverem assegurado condições de trabalho excepcionais, sem as quais não teria sido possível redigir os aludidos ensaios. É necessário ainda esclarecer que muitos deles foram originalmente conferências ministradas em eventos realizados fora da Unicamp e da UnB que, por sua vez, não opuseram qualquer dificuldade para minha participação nos mesmos, o que me deixa em débito para com ambas instituições – não me cabendo, nesta oportunidade, outra atitude senão a de expressar meus agradecimentos.

Para não elaborar uma relação demasiadamente extensa, não mencionarei nomes, limitando-me a registrar minha profunda gratidão aos colegas do Departamento de Antropologia/Unicamp e do CEPPAC/UnB, bem como aos seus funcionários, pelo apoio que me dispensaram, sempre com simpatia e calor humano.

# Prólogo

A ideia de reunir este conjunto de ensaios ocorreu quando verifiquei que, de maneira bastante espontânea, refletiam as três dimensões de meu trabalho atual e que, por sua vez, articulavam-se entre si, revelando um núcleo de interesses desdobrado em dez resultados parciais. Foi como ver em meu próprio trabalho a efetivação do famoso círculo hermenêutico, da interação dialética entre as partes e o todo: os ensaios, as totalidades parciais em que se encaixam para, finalmente, aglutinarem-se no livro que, por razão óbvia, intitulei *O trabalho do antropólogo*, inspirado no título do primeiro ensaio.

Foi assim que surgiram as três partes que sustentam a arquitetura do volume: a primeira, "O conhecimento antropológico"; a segunda, "Tradições intelectuais"; e a terceira, "Eticidade e moralidade".

Na primeira, revela-se uma temática que me acompanha desde o início de minhas preocupações intelectuais, melhor diria, desde o tempo de estudante de filosofia: a constituição do conhecimento, ou melhor, do conhecimento em geral, gnosiológico; posteriormente, já me endereçando para as ciências humanas, o conhecimento científico, especificamente a epistemologia das ciências sociais e, de um modo todo particular – desde que me reconheço como antropólogo –, o conhecimento produzido pelo exercício da antropologia social e cultural. Os cinco capítulos em que se decompõe a primeira parte são testemunhos eloquentes desse interesse sobre a epistemologia de minha disciplina. Porém, uma epistemologia intimamente enraizada na prática da antropologia e em uma tentativa de passar uma experiência de pesquisa e de reflexão para os mais jovens, especialmente para o estudante não só de antropologia, mas também de ciências sociais. Nesse sentido, sempre tive por meta movimentar-me – e, comigo, meus alunos – nos interstícios que separam as disciplinas sociais. Esse pensamento de fronteira interdisciplinar sempre me pareceu de grande fecundidade, no sentido de abrir o espírito para horizontes mais amplos. E nessa preocupação de comunicar-me com o alunado encontrei estímulo para reproduzir – às vezes reiterando, com certo exagero, minhas ideias e meus argumentos – aquilo que eu chamaria, na falta de melhor termo, o *summus* do que considero ser o mais significativo de minha própria experiência. Um grande esforço de espremer e de comprimir – literalmente falando –, mais de acordo com o segundo sentido do verbete "sumo", do *Dicionário Caldas Aulete,* do que com o primeiro, em que o termo significa "ápice" ou "excelência" – como o radical latino sugere. Vejo, assim, como conteúdo dos ensaios, o resultado de um desempenho profissional fundado na busca de transferir ao estudante a experiência de um pensamento disciplinado pela academia; tarefa que considero ser o principal trabalho de um professor. Nesse sentido, só tenho a reconhecer – e a agradecer – aos meus alunos de pós-graduação da Unicamp, durante os anos em que lá ensinei e onde tive a honra de receber o título de Professor Emérito, como também aos da USP, da UFRJ-Museu Nacional e da UnB-CEPPAC, instituições com as quais estive ligado ultimamente na condição de professor visitante, nelas lecionando em diferentes ocasiões.

É assim que no Capítulo 1 – "O trabalho do antropólogo: olhar, ouvir, escrever" – procurei passar ao leitor uma reflexão sobre o que me pareceu constituir-se nas etapas mais estratégicas da produção do conhecimento antropológico. É quando procuro mostrar que a função de escrever o texto é mais do que uma tentativa de exposição de um saber: é também e, sobretudo, uma forma de pensar, portanto, de produzir conhecimento. Eu diria que as três etapas indicadas no subtítulo "Olhar, ouvir, escrever" – como atos cognitivos que são –, além de trazerem em si responsabilidades intelectuais específicas, formam, pela dinâmica de sua interação, uma unidade irredutível. Atualizar essa unidade no exercício mesmo da construção do conhecimento parece-me a tarefa mais obstinada do *métier* do antropólogo; e, reitero, repassá-la ao aluno, o trabalho mais responsável do professor de antropologia.

O Capítulo 2 – "O movimento dos conceitos na antropologia" – pareceu-me constituir uma boa oportunidade de mostrar como conceitos gerados em outras latitudes, sobretudo em centros metropolitanos, aportam na América Latina e, nela, são remodelados de conformidade com nossas especificidades, sendo portanto recontextualizados; e, nesse processo de recontextualização, deixa sua marca criativa o antropólogo latino-americano, quando imprime uma não desprezível originalidade nessa reapropriação conceitual.

Já no Capítulo 3 – "A antropologia e a 'crise' dos modelos explicativos" –, procurei oferecer uma resposta a uma questão renitente nos corredores das universidades, como se fosse algo bastante óbvio para merecer qualquer contestação ou, ao menos, uma interrogação: a ideia de que as ciências sociais – e com elas a antropologia – estavam em crise. Procurei, em primeiro lugar, discutir o conceito de "crise" para, em seguida, argumentar que, se crise havia, não era de caráter epistêmico, mas apenas ligada ao exercício da antropologia em tal ou qual país ou comunidade de profissionais, onde a prática da disciplina encontrava obstáculos institucionais. No bojo desse capítulo, várias questões são colocadas, especialmente as que dizem respeito à construção do conhecimento e aos paradigmas que a sustentam.

Relativamente ao Capítulo 4 – "O lugar – e *em* lugar – do método" –, a empresa foi diferente, mas absolutamente não dissociada da anterior, uma vez que dei continuidade à reflexão sobre a articulação entre explicação e compreensão, como co-*terminus* de um mesmo empreendimento cognitivo.

No Capítulo 5 – "A dupla interpretação" –, ao dar continuidade à reflexão do capítulo anterior, cuidei em tornar mais claros meus argumentos sobre a relação dialética entre interpretação compreensiva e interpretação explicativa, apoiado, naturalmente, nas ideias seminais de Karl-Otto Apel e Paul Ricoeur, entre outros autores. A segunda parte, "Tradições intelectuais", está voltada para a identificação das raízes das antropologias, notadamente as denominadas "periféricas", comparando-as com as "centrais" ou metropolitanas, no intuito de elucidá-las reciprocamente – tal como entendo o papel da comparação. É um trabalho de epistemologia histórica, como assim o definiu um colega da Unicamp, filósofo do CLE e *referee* do meu manuscrito que seria publicado com o título *Razão e afetividade: O pensamento de L. Lévy-Bruhl*.[1] A epistemologia histórica que realizei com Mauss[2] e com Rivers[3] segue a mesma orientação. Já atualmente, depois do Seminário sobre "Estilos de Antropologia", que organizei na Unicamp em 1990, publicado posteriormente com o mesmo título,[4] meus interesses concentraram-se nas antropologias periféricas, mais do que nas metropolitanas, como as "escolas" francesa, britânica e norte-americana. São, portanto, as tradições intelectuais que vêm se formando nas regiões do planeta para onde aquelas antropologias "centrais" foram transplantadas e que, hoje, constituem o principal foco de minhas preocupações de caráter epistemológico e histórico.

Assim, o Capítulo 6 – "Antropologias periféricas *versus* antropologias centrais" – é bem um trabalho escrito sob aquele escopo. Com ele, o leitor verá, procurei relativizar o sentido do termo *versus*, tal como fiz no Capítulo 3 com o termo *crise*, pondo em discussão a aplicabilidade de cada um no terreno em que pisava, portanto em contextos em que esses termos mudavam de sentido em decorrência de minha interpretação sobre as situações que eles pretendiam classificar. Se o sentido de crise – epistêmica – tinha uma significação

---

1 Segunda edição, Brasília, Paralelo 15 e EdUnB, 2002.
2 Cardoso de Oliveira, *Marcel Mauss*, São Paulo: Ática, 1979.
3 Cardoso de Oliveira, *A antropologia de Rivers*, Campinas: Editora da Unicamp, 1991.
4 Cardoso de Oliveira e Ruben, *Estilos de antropologia*, Campinas: Editora da Unicamp, 1995.

positiva, como procurei mostrar, *versus* igualmente tinha a mesma significação positiva: nesse caso, o de apontar para uma tensão entre antropologias periféricas e centrais, bastante bem absorvida pela *matriz disciplinar* da antropologia – uma expressão, aliás, que comparece na maioria dos capítulos do presente volume e que foi explorada amplamente no meu livro *Sobre o pensamento antropológico*.[5]

E se meu interesse se circunscrevia mais nas antropologias que vicejam na América Latina, nela não se esgota, como mostra o Capítulo 7, "A etnicidade como fator de estilo", no qual procuro investigar as condições históricas de emergência da antropologia que se faz na Espanha, especificamente na Catalunha, identificando o processo de etnização da disciplina, marcada pela ideologia da catalanidade. Claro que o interesse em ampliar o prisma da comparação elucidativa não se restringe ao meu próprio trabalho, mas se desdobra em pesquisas de colegas e de estudantes, como o de Guilhermo R. Ruben, no estudo da antropologia canadense de expressão francesa quebequense; nos dos ex-alunos, hoje doutores, Celso Azzan Jr., também no Quebec; de Marta Topei, em Jerusalém; de Leonardo Figoli, na Argentina; ou de Stephen Baines, na Austrália, todos conduzidos por diferentes preocupações teóricas, porém igualmente atentos à questão estilística como via de acesso às antropologias periféricas.

Já o Capítulo 8 – "Relativismo cultural e filosofias periféricas" – é uma incursão em uma área que só me permiti penetrar por verificar que o tema sobre o qual a coletânea organizada por um colega, Marcelo Dascal,[6] singrava águas vizinhas às que eu estava habituado a navegar! Entendi, assim, que comentá-lo seria estar colocando também em perspectiva o trabalho de duas disciplinas: a filosofia e a antropologia. O encontro das disciplinas em uma área de fronteira – como sói ser o estudo de heranças periféricas de tradições intelectuais eurocêntricas – só poderia ser benéfico a ambas.

---

5 Cardoso de Oliveira, *Sobre o pensamento antropológico*, Rio de Janeiro: Tempo Brasileiro, 1988, 2.ed., 1997.
6 Dascal, *Cultural relativism and philosophy: North and Latin American perspectives*, Leiden: E. J. Brill, 1991.

É quando a via estilística de investigação talvez possa se mostrar igualmente fecunda.

Com a terceira parte, "Eticidade e moralidade", encerra-se o volume, passando para uma linguagem que, sem deixar de ser acadêmica, volta-se para o que se poderia chamar de "discurso prático", quando o trabalho do antropólogo procura circunscrever-se às questões de eticidade e de moralidade, vistas como espaços socioculturais do "dever" e do "bem-viver"; de obediência a normas instituídas por consensos, historicamente aferíveis, e de comprometimento com a elevação da qualidade de vida do Outro – sujeito-objeto por excelência da investigação antropológica. Esse discurso prático é exercitado precisamente no exame das possibilidades da "ética discursiva" apeliana-habermasiana na formulação de ideias que venham a contribuir na elucidação da natureza do diálogo interétnico, apontando para suas distorções – a comunicação distorcida – e para a suposta, e portanto equivocada, crença na incomensurabilidade das culturas, ou seja, de campos semânticos diferentes e absolutamente impenetráveis. Este é o tema central do Capítulo 9 – "Etnicidade, eticidade e globalização".

O Capítulo 10 – "Sobre o diálogo intolerante" – é, a rigor, uma continuação do anterior, já agora centrado na distinção entre a tolerância, tomada como manifestação de caridade, e a tolerância entendida como ato de justiça. Esse segundo sentido é o que deveria preponderar na orientação do diálogo interétnico, particularmente quando exercitado pelo polo dominante da relação interétnica. A temática dessa última parte do volume – não posso deixar de informar ao leitor especialmente interessado – tem sua fonte maior em um livro que recentemente veio a lume,[7] no qual, em três dos ensaios, exploro a teoria da ética do discurso em conexão com a antropologia.

Não poderia concluir este Prólogo sem pedir ao leitor uma certa tolerância – e aqui em seu sentido de caridade – às repetições de

---

7 Cardoso de Oliveira, *Ensaios antropológicos sobre moral e ética*, Rio de Janeiro: Tempo Brasileiro, 1996.

ideias e de argumentos que proliferam nos ensaios, uma vez que, escritos autonomamente, não estavam previstos para ser editados como capítulos de um livro. Como sempre, alterar os ensaios para escoimá-los de repetições pareceu-me retirar dos textos seus respectivos contextos, procedimento que lhes tiraria igualmente o significado do lugar e do momento de sua produção. Claro que procurei retirar tudo aquilo que considerei excessivo – na forma e no conteúdo – desde que não resultasse em uma descaracterização do texto original.

Brasília, 4 de janeiro de 1988
RCO

# Primeira parte
# O conhecimento antropológico

# Capítulo 1
# O trabalho do antropólogo:
# olhar, ouvir, escrever

**Introdução**

Pareceu-me que abordar um tema frequentemente visitado e revisitado por membros de nossa comunidade profissional não seria de todo impertinente, posto que sempre valerá pelo menos como uma espécie de depoimento de alguém que, há várias décadas, vem com ele se preocupando como parte de seu *métier* de docente e de pesquisador; e, como tal, embora dirija-me especialmente aos meus pares, gostaria de alcançar também o estudante ou o estudioso interessado genericamente em ciências sociais, uma vez que a especificidade do trabalho antropológico — pelo menos como o vejo e como procurarei mostrar — em nada é incompatível com o trabalho conduzido por colegas de outras disciplinas sociais, particularmente quando, no exercício de sua atividade, articulam a pesquisa empírica com a interpretação de seus resultados.[1] Nesse sentido, o subtítulo escolhido — é necessário esclarecer — nada tem a ver com o recente livro

---

[1] A primeira versão deste texto foi para uma "Aula Inaugural", do ano acadêmico de 1994, relativa aos cursos do Instituto de Filosofia e Ciências Humanas da Universidade Estadual de Campinas – Unicamp. A presente versão, que agora se publica, devidamente revista e ampliada, foi elaborada para uma conferência na Fundação Joaquim Nabuco, em Recife, em 24 de maio do mesmo ano, em

de Claude Lévi-Strauss,[2] ainda que, nesse título, eu possa ter me inspirado, ao substituir apenas o *lire* pelo *écrire*, o "ler" pelo "escrever". Porém, aqui, ao contrário dos ensaios de antropologia estética de Lévi-Strauss, trato de questionar algumas daquelas que se poderiam chamar as principais "faculdades do entendimento" sociocultural que, acredito, sejam inerentes ao modo de conhecer das ciências sociais. Naturalmente, é preciso dizer que ao falar, nesse contexto, de faculdades do entendimento, não estou mais do que parafraseando, e com muita liberdade, o significado filosófico da expressão "faculdades da alma", como Leibniz assim entendia a percepção e o pensamento. Pois sem percepção e pensamento, como então podemos conhecer? De meu lado, ou do ponto de vista de minha disciplina – a antropologia –, quero apenas enfatizar o caráter constitutivo do olhar, do ouvir e do escrever na elaboração do conhecimento próprio das disciplinas sociais, isto é, daquelas que convergem para a elaboração do que Giddens, muito apropriadamente, chama de "teoria social", para sintetizar, com a associação desses dois termos, o amplo espectro cognitivo que envolve as disciplinas que denominamos ciências sociais.[3] Ressaltar rapidamente, porquanto não pretendo mais do que aflorar alguns problemas que comumente passam despercebidos, não apenas para o jovem pesquisador, mas, muitas vezes, para o profissional maduro, quando não se debruça sobre as questões epistemológicas que condicionam a investigação empírica tanto quanto a construção do texto, resultante da pesquisa. Desejo, assim, chamar a atenção para três maneiras, melhor diria, três etapas – de apreensão dos fenômenos sociais, tematizando-as – o que significa dizer: questionando-as – como algo merecedor de nossa reflexão no exercício da pesquisa e da produção de conhecimento. Tentarei mostrar como o *olhar*, o *ouvir* e o *escrever* podem ser questionados em si mesmos, embora, em um primeiro momento, possam nos parecer

---

seu Instituto de Tropicologia. Essa versão foi publicada pela *Revista de Antropologia*, v.39, n.1, p.13-37.
2 Lévi-Strauss, *Regarder, Écouter, Lire*.
3 Cf. Giddens, Hermeneutics and social theory, in Schapiro; Sica (orgs.), *Hermeneutics: Questions and prospects*.

tão familiares e, por isso, tão triviais, a ponto de sentirmo-nos dispensados de problematizá-los; todavia, em um segundo momento – marcado por nossa inserção nas ciências sociais –, essas "faculdades" ou, melhor dizendo, esses *atos cognitivos* delas decorrentes assumem um sentido todo particular, de natureza epistêmica, uma vez que é com tais atos que logramos construir nosso saber. Assim, procurarei indicar que enquanto no olhar e no ouvir "disciplinados" – a saber, disciplinados pela disciplina – realiza-se nossa *percepção*, será no escrever que o nosso *pensamento* exercitar-se-á da forma mais cabal, como produtor de um discurso que seja tão criativo como próprio das ciências voltadas à construção da teoria social.

## O olhar

Talvez a primeira experiência do pesquisador de campo – ou *no* campo – esteja na domesticação teórica de seu olhar. Isso porque, a partir do momento em que nos sentimos preparados para a investigação empírica, o objeto, sobre o qual dirigimos o nosso olhar, já foi previamente alterado pelo próprio modo de visualizá-lo. Seja qual for esse objeto, ele não escapa de ser apreendido pelo esquema conceitual da disciplina formadora de nossa maneira de ver a realidade. Esse esquema conceitual – disciplinadamente apreendido durante o nosso itinerário acadêmico, daí o termo disciplina para as matérias que estudamos – funciona como uma espécie de prisma por meio do qual a realidade observada sofre um processo de refração – se me é permitida a imagem. É certo que isso não é exclusivo do olhar, uma vez que está presente em todo processo de conhecimento, envolvendo, portanto, todos os atos cognitivos, que mencionei, em seu conjunto. Contudo, é certamente no olhar que essa refração pode ser mais bem compreendida. A própria imagem óptica – refração – chama a atenção para isso.

Imaginemos um antropólogo no início de uma pesquisa junto a um determinado grupo indígena e entrando em uma maloca, uma moradia de uma ou mais dezenas de indivíduos, sem ainda conhecer uma palavra do idioma nativo. Essa moradia de tão amplas proporções e de estilo tão peculiar, como, por exemplo, as tradicionais casas coletivas dos antigos Tükúna, do alto rio Solimões, no Amazonas, teriam o seu interior imediatamente vasculhado pelo "olhar etnográfico", por meio do qual toda a teoria que a disciplina dispõe relativamente às residências indígenas passaria a ser instrumentalizada pelo pesquisador, isto é, por ele referida. Nesse sentido, o interior da maloca não seria visto com ingenuidade, como mera curiosidade diante do exótico, porém com um olhar devidamente sensibilizado pela teoria disponível. Ao basear-se nessa teoria, o observador bem preparado, como etnólogo, iria olhá-la como objeto de investigação previamente construído por ele, pelo menos em uma primeira prefiguração: passará, então, a contar os fogos – pequenas cozinhas primitivas –, cujos resíduos de cinza e carvão irão indicar que, em torno de cada um, estiveram reunidos não apenas indivíduos, porém *pessoas*, portanto *seres sociais*, membros de um único "grupo doméstico"; o que lhe dará a informação subsidiária que pelo menos nessa maloca, de conformidade com o número de fogos, estaria abrigada uma certa porção de grupos domésticos, formados por uma ou mais famílias elementares e, eventualmente, de indivíduos "agregados" – originários de outro grupo tribal. Conhecerá, igualmente, o número total de moradores – ou quase – contando as redes dependuradas nos mourões da maloca dos membros de cada grupo doméstico. Observará, também, as características arquitetônicas da maloca, classificando-a segundo uma tipologia de alcance planetário sobre estilos de residências, ensinada pela literatura etnológica existente.

Ao se tomar, ainda, os mesmos Tükúna, mas em sua feição moderna, o etnólogo que visitasse suas malocas observaria de pronto que elas diferenciavam-se radicalmente daquelas descritas por cronistas ou viajantes que, no passado, navegaram pelos igarapés por eles habitados. Verificaria que as amplas malocas, então dotadas de uma cobertura em forma de semiarco descendo suas laterais até o solo e fechando a casa a toda e qualquer entrada de ar – e do olhar externo –, salvo por portas removíveis, acham-se agora totalmente remodeladas. A maloca já se apresenta amplamente aberta, constituída por uma cobertura de duas águas, sem paredes – ou com paredes precárias –, e, internamente, impondo-se ao olhar externo, veem-se redes penduradas nos mourões, com seus respectivos mosquiteiros – um elemento da cultura material indígena desconhecido antes do contato interétnico e desnecessário para as casas antigas, uma vez que seu fechamento impedia a entrada de qualquer tipo de inseto. Nesse sentido, para esse etnólogo moderno, já tendo ao seu alcance uma documentação histórica, a primeira conclusão será sobre a existência de uma mudança cultural de tal monta que, se, de um lado, facilitou a construção das casas indígenas, uma vez que a antiga residência exigia um grande dispêndio de trabalho, dada sua complexidade arquitetônica, por outro, afetou as relações de trabalho, por não ser mais necessária a mobilização de todo o clã para a codificação da maloca, ao mesmo tempo que tornava o grupo residencial mais vulnerável aos insetos, posto que os mosquiteiros somente poderiam ser úteis nas redes, ficando a família à mercê desses insetos durante todo o dia. Observava-se, assim, literalmente, o que o saudoso Herbert Baldus chamava de uma espécie de "natureza morta" da aculturação. Como torná-la viva, senão pela penetração na natureza das relações sociais?

Retomemos nosso exemplo para vermos que, para dar-se conta da natureza das relações sociais mantidas entre as pessoas da unidade residencial – e delas entre si, em se tratando de uma pluralidade de malocas de uma mesma aldeia ou "grupo local" –, o olhar por si só não seria suficiente. Como alcançar, apenas pelo olhar, o significado dessas relações sociais sem conhecermos a nomenclatura do parentesco, por meio da qual poderemos ter acesso a um dos sistemas simbólicos mais importantes das sociedades ágrafas e sem o qual não nos será possível prosseguir em nossa caminhada? O domínio das teorias de parentesco pelo pesquisador torna-se, então, indispensável. Para se chegar, entretanto, à estrutura dessas relações sociais, o etnólogo deverá se valer, preliminarmente, de outro recurso de obtenção dos dados. Vamos nos deter um pouco no ouvir.

## O ouvir

Creio necessário mencionar que o exemplo indígena – tomado como ilustração do olhar etnográfico – não pode ser considerado incapaz de gerar analogias com outras situações de pesquisa, com outros objetos concretos de investigação. O sociólogo ou o politólogo, por certo, terá exemplos tanto ou mais ilustrativos para mostrar o quanto a teoria social pré-estrutura o nosso olhar e sofistica a nossa capacidade de observação. Julguei, entretanto, que exemplos bem simples são geralmente os mais inteligíveis, e, como a antropologia é minha disciplina, continuarei a valer-me de seus ensinamentos e de minha própria experiência, na esperança de proporcionar uma boa noção dessas etapas aparentemente corriqueiras da investigação científica. Portanto, se o olhar possui uma significação específica para um cientista social, o ouvir também goza dessa propriedade.

Evidentemente tanto o ouvir como o olhar não podem ser tomados como faculdades totalmente independentes no exercício da investigação. Ambas complementam-se e servem para o pesquisador como duas muletas – que não nos percamos com essa metáfora tão negativa – que lhe permitem caminhar, ainda que tropegamente, na estrada do conhecimento. A metáfora, propositalmente utilizada, permite lembrar que a caminhada da pesquisa é sempre difícil, sujeita a muitas quedas. É nesse ímpeto de conhecer que o ouvir, complementando o olhar, participa das mesmas precondições desse último, na medida em que está preparado para eliminar todos os ruídos que lhe pareçam insignificantes, isto é, que não façam nenhum sentido no *corpus* teórico de sua disciplina ou para o paradigma no interior do qual o pesquisador foi treinado. Não quero discutir aqui a questão dos paradigmas; pude fazê-lo em meu livro *Sobre o pensamento antropológico* e não penso ser indispensável abordá-la aqui. Bastaria entendermos que as disciplinas e seus paradigmas são condicionantes tanto de nosso olhar como de nosso ouvir.

Imaginemos uma entrevista por meio da qual o pesquisador pode obter informações não alcançáveis pela estrita observação. Sabemos que autores como Radcliffe-Brown sempre recomendaram a observação de rituais para estudarmos sistemas religiosos. Para ele, "no empenho de compreender uma religião, devemos primeiro concentrar atenção mais nos ritos que nas crenças".[4] O que significa dizer que a religião podia ser mais rigorosamente observável na conduta ritual por ser esta "o elemento mais estável e duradouro", se a compararmos com as crenças. Porém, isso não quer dizer que mesmo essa conduta, sem as ideias que a sustentam, jamais poderia ser inteiramente compreendida. Descrito o ritual, por meio do olhar e do ouvir – suas músicas e seus cantos –, faltava-lhe a plena compreensão de seu *sentido* para o povo que o realizava e sua *significação* para o antropólogo que o observava em toda sua exterioridade.[5] Por isso, a obtenção de explicações fornecidas pelos próprios membros da comunidade investigada permitiria obter aquilo que os antropólogos chamam de "modelo nativo", matéria-prima para o entendimento antropológico. Tais explicações nativas só poderiam ser obtidas por meio da *entrevista*, portanto, de um ouvir todo especial. Contudo, para isso, há de se saber ouvir.

Se, aparentemente, a entrevista tende a ser encarada como algo sem maiores dificuldades, salvo, naturalmente, a limitação linguística – isto é, o fraco domínio do idioma nativo pelo etnólogo –, ela torna-se muito mais complexa quando consideramos que a maior dificuldade está na diferença entre "idiomas culturais", a saber, entre o mundo do pesquisador e o do nativo, esse mundo estranho no qual desejamos penetrar. De resto, há de se entender o nosso mundo, o do pesquisador, como sendo Ocidental, constituído minimamente pela sobreposição de duas subculturas: a brasileira, pelo menos no caso ela maioria do público leitor; e a antropológica, no

---

4 Cf. Radcliffe-Brown, Religião e sociedade, in *Estrutura e função na sociedade primitiva*, p.194.
5 Aqui faço uma distinção entre "sentido" e "significação". O primeiro termo consagra-se ao horizonte semântico do "nativo" – como no exemplo de que estou me valendo –, enquanto o segundo termo serve para designar o horizonte do antropólogo – que é constituído por sua disciplina. Essa distinção apoia-se em E. D. Hirsch Jr. – *Validity in Interpretation*, apêndice 1 –, que, por sua vez, apoia-se na lógica fregeana.

caso particular daqueles que foram treinados para se tornar profissionais da disciplina. E é o confronto entre esses dois mundos que constitui o contexto no qual ocorre a entrevista. É, portanto, em um contexto essencialmente problemático que tem lugar o nosso ouvir. Como poderemos, então, questionar as possibilidades da entrevista nessas condições tão delicadas?

Penso que esse questionamento começa com a pergunta sobre qual a natureza da relação entre entrevistador e entrevistado. Sabemos que há uma longa e arraigada tradição, na literatura etnológica, sobre a relação "pesquisador/informante". Se tomarmos a clássica obra de Malinowski como referência, vemos como essa tradição se consolida e, praticamente, trivializa-se na realização da entrevista. No ato de ouvir o "informante", o etnólogo exerce um *poder* extraordinário sobre o mesmo, ainda que pretenda posicionar-se como observador o mais neutro possível, como pretende o objetivismo mais radical. Esse poder, subjacente às relações humanas – que autores como Foucault jamais se cansaram de denunciar –, já na relação pesquisador/informante desempenhará uma função profundamente empobrecedora do ato cognitivo: as perguntas feitas em busca de respostas pontuais, lado a lado da autoridade de quem as faz – com ou sem autoritarismo – criam um campo ilusório de interação. A rigor, não há verdadeira interação entre nativo e pesquisador, porquanto, na utilização daquele como informante, o etnólogo não cria condições de efetivo *diálogo*. A relação não é dialógica. Ao passo que transformando esse informante em "interlocutor", uma nova modalidade de relacionamento pode – e deve – ter lugar.[6]

Essa relação dialógica – cujas consequências epistemológicas, todavia, não cabem aqui desenvolver – guarda pelo menos uma grande superioridade sobre os procedimentos tradicionais de entrevista. Faz com que os horizontes semânticos em confronto – o do pesquisador e o do nativo – abram-se um ao outro, de maneira que

---

6 Esse é um tema que tenho explorado seguidamente em diferentes publicações. Indicaria especialmente a conferência, intitulada "A antropologia e a crise dos modelos explicativos", reproduzida neste volume como seu capítulo 3.

transforme um tal *confronto* em um verdadeiro "encontro etnográfico". Cria um espaço semântico partilhado por ambos interlocutores, graças ao qual pode ocorrer aquela "fusão de horizontes" – como os hermeneutas chamariam esse espaço –, desde que o pesquisador tenha a habilidade de ouvir o nativo e por ele ser igualmente ouvido, encetando formalmente um diálogo entre "iguais", sem receio de estar, assim, contaminando o discurso do nativo com elementos de seu próprio discurso. Mesmo porque, acreditar ser possível a neutralidade idealizada pelos defensores da objetividade absoluta é apenas viver em uma doce ilusão. Ao trocarem ideias e informações entre si, etnólogo e nativo, ambos igualmente guindados a interlocutores, abrem-se a um diálogo em tudo e por tudo superior, metodologicamente falando, à antiga relação pesquisador/informante. O ouvir ganha em qualidade e altera uma relação, qual estrada de mão única, em uma outra de mão dupla, portanto, uma verdadeira interação.

Tal interação na realização de uma etnografia, envolve, em regra, aquilo que os antropólogos chamam de "observação participante", o que significa dizer que o pesquisador assume um papel perfeitamente digerível pela sociedade observada, a ponto de viabilizar uma aceitação senão ótima pelos membros daquela sociedade, pelo menos afável, de modo que não impeça a necessária interação. Mas essa observação participante nem sempre tem sido considerada como geradora de conhecimento efetivo, sendo-lhe frequentemente atribuída a função de *geradora de hipóteses*, a serem testadas por procedimentos nomológicos – estes, sim, explicativos por excelência, capazes de assegurar um conhecimento proposicional e positivo da realidade estudada. No meu entender, há certo equívoco na redução da observação participante e na empatia que ela gera a um mero processo de construção de hipóteses. Entendo que tal modalidade de observação realiza um inegável ato cognitivo, desde que a compreensão – *Verstehen* – que lhe é subjacente capta aquilo que um hermeneuta chamaria de "excedente de sentido", isto é, as significações – por conseguinte, os dados – que escapam a quaisquer metodologias de pretensão nomológica. Voltarei ao tema da observação participante na conclusão.

## O escrever

Se o olhar e o ouvir podem ser considerados como os atos cognitivos mais preliminares no trabalho de campo – atividade que os antropólogos designam pela expressão inglesa *fieldwork* –, é, seguramente, no ato de escrever, portanto na configuração final do produto desse trabalho, que a questão do conhecimento torna-se tanto ou mais crítica. Um interessante livro de Clifford Geertz – *Trabalhos e vidas: o antropólogo como autor* – oferece importantes pistas para o desenvolvimento desse tema.[7] Geertz parte da ideia de separar e, naturalmente, avaliar duas etapas bem distintas na investigação empírica: a primeira, que procura qualificar como a do antropólogo "estando lá" – *being there* –, isto é, vivendo a situação de estar no campo; e a segunda, que seguiria a essa, corresponderia à experiência de viver, melhor dizendo, trabalhar "estando aqui" – *being here* –, a saber, bem instalado em seu gabinete urbano, gozando o convívio com seus colegas e usufruindo tudo o que as instituições universitárias e de pesquisa podem oferecer. Nesses termos, o olhar e o ouvir seriam parte da primeira etapa, enquanto o escrever seria parte da segunda.

Devemos entender, assim, por "escrever", o ato exercitado por excelência no gabinete, cujas características o singularizam de forma marcante, sobretudo quando o compararmos com o que se escreve no campo, seja ao fazermos nosso diário, seja nas anotações que rabiscamos em nossas cadernetas. E se tomarmos ainda Geertz por referência, vemos que na maneira pela qual ele encaminha suas reflexões, é o escrever "estando aqui", portanto fora da situação de campo, que cumpre sua mais alta função cognitiva. Por quê? Devido ao fato de iniciarmos propriamente no gabinete o processo de textualização dos fenômenos socioculturais observados "estando lá". Já as condições de textualização, isto é, de trazer os fatos observados – vistos e ouvidos – para o plano do discurso, não deixam de ser muito

---

7 O título da edição original é *Works and lives: The anthropologist as author*. Há uma tradução espanhola, publicada em Barcelona.

particulares e exercem, por sua vez, um papel definitivo tanto no processo de comunicação *inter pares* – isto é, no seio da comunidade profissional –, como no de conhecimento propriamente dito. Mesmo porque há uma relação dialética entre o comunicar e o conhecer, pois ambos partilham de uma mesma condição: a que é dada pela linguagem. Embora a linguagem, como tema de reflexão, seja importante em si mesma, nesse movimento que poderíamos chamar "guinada linguística" – ou *linguistic turn* –, que perpassa atualmente tanto a filosofia como as ciências sociais, o aspecto que desejo tratar aqui, mesmo que muito sucintamente, é o da disciplina e de seu próprio idioma, por meio dos quais os que exercitam a antropologia – ou outra ciência social – pensam e comunicam-se. Alguém já escreveu que o homem não pensa sozinho, em um monólogo solitário, mas o faz socialmente, no interior de uma "comunidade de comunicação" e "de argumentação."[8] Ele está, portanto, contido no espaço interno de um horizonte socialmente construído – o de sua própria sociedade e de sua comunidade profissional. Desculpando-me pela imprecisão da analogia, diria que ele se pensa no interior de uma "representação coletiva": expressão essa, afinal, bem familiar ao cientista social e que, de certo modo, dá uma ideia aproximada daquilo que entendo por "idioma" de uma disciplina. Como podemos interpretar isso em conexão com os exemplos etnográficos?

Diria inicialmente que a textualização da cultura, ou de nossas observações sobre ela, é um empreendimento bastante complexo. Exige o despojo de alguns hábitos no escrever, válidos para diversos gêneros de escrita mas que para a construção de um discurso disciplinado por aquilo que se poderia chamar de "(meta)teoria social" nem sempre parecem adequados. É, portanto, um discurso que se funda em uma atitude toda particular que poderíamos definir como antropológica ou sociológica. Para Geertz, por exemplo, poder-se-ia entender toda etnografia – ou sociografia, se preferirem – não apenas como tecnicamente difícil, uma vez que colocamos vidas alheias em

---

8 Cf. Apel, La comunidad de comunicación como presupuesto trascendental de las ciencias sociales, in *La transformación de la filosofía*, tomo II.

"nossos" textos, mas, sobretudo, por esse trabalho ser "moral, política e epistemologicamente delicado".[9] Embora Geertz não desenvolva essa afirmação, como seria de se desejar, sempre podemos fazê-lo a partir de um conjunto de questões. Penso, nesse sentido, na questão da *autonomia* do autor/pesquisador no exercício de seu *métier*. Quais as implicações dessa autonomia na conversão dos dados observados – portanto, da vida tribal, para ficarmos com nossos exemplos – no discurso da disciplina? Temos de admitir que mais do que uma tradução da "cultura nativa" na "cultura antropológica" – isto é, no idioma de minha disciplina –, realizamos uma *interpretação* que, por sua vez, está balizada pelas categorias ou pelos conceitos básicos constitutivos da disciplina. Porém, essa autonomia epistêmica não está de modo algum desvinculada dos dados – quer de sua aparência externa, propiciada pelo olhar; quer de seus significados íntimos ou do "modelo nativo", proporcionados pelo ouvir. Está fundada nesses dados, com relação aos quais tem de prestar contas em algum momento do escrever. O que significa dizer que há de se permitir sempre o controle dos dados pela comunidade de pares, isto é, pela comunidade profissional. Portanto, sistema conceitual, de um lado, e, de outro, os dados – nunca puros, pois, já em uma primeira instância, construídos pelo observador desde o momento de sua descrição,[10] guardam entre si uma relação dialética. São interinfluenciáveis. O momento do escrever, marcado por uma interpretação *de* e *no* gabinete, faz que aqueles dados sofram uma nova "refração", uma vez que todo o processo de escrever, ou de *inscrever*, as observações no discurso da disciplina, está contaminado pelo contexto do *being here* – a saber, pelas conversas de corredor ou de restaurante, pelos debates realizados em congressos, pela atividade docente, pela pesquisa de biblioteca

---

9 Geertz, *Works and lives: The anthropologist as author*, p.130.
10 Meyer Fortes, já nos anos 1950, chamava esse processo – quase primitivo de investigação etnográfica no âmbito da antropologia social – *"analytical description"* Cf. Fortes, "Analysis and description in social anthropology", in *The advancement of science*, v.X, p.190-201.

ou *library fieldwork*, como, jocosamente, se costuma chamá-la, entre muitas outras atividades, enfim, pelo ambiente acadêmico.

Examinemos um pouco mais de perto esse processo de textualização, tão diferente do trabalho de campo. No dizer de Geertz, seria perguntar o que acontece com a realidade observada no campo quando ela é embarcada para fora? – "*What happens to reality when it is shipped abroad?*" – Essa pergunta tem sido constante na chamada "antropologia pós-moderna", movimento que vem conquistando lugar na disciplina a partir dos anos 1960 e que, malgrado seus muitos equívocos – sendo, talvez, o principal a identificação que faz da objetividade com a sua modalidade perversa, o *objetivismo* –, conta a seu favor o fato de trazer a questão do texto etnográfico como tema de reflexão sistemática, como algo que não pode ser tomado tacitamente, como tende a ocorrer em nossa comunidade profissional.[11] Apesar de Geertz ser considerado como o grande inspirador desse movimento, que reúne um extenso grupo de antropólogos, seus membros não participam de uma posição unívoca eventualmente ditada pelo mestre.[12] A rigor, a grande ideia que os une, afora o fato de possuírem uma orientação de base hermenêutica, inspirada em pensadores como Dilthey, Heidegger, Gadamer ou Ricoeur, é a de se colocarem contra o que consideram ser o modo tradicional de se fazer antropologia, e isso, ao que parece, com o intuito de rejuvenescerem a antropologia cultural norte-americana, órfã de um grande teórico desde Franz Boas.

Quais os pontos que poderíamos assinalar como condutores à questão central do texto etnográfico? Texto, aliás, que bem poderia ser sociográfico, se pudermos estender, por analogia, para aqueles mesmos resultados a que chegam os cientistas sociais, não importando sua vinculação disciplinar. Talvez o que torne o texto

---

11 Cf. meu artigo "A categoria de (des)ordem e a pós-modernidade da antropologia", in *Anuário Antropológico*, n.86, 1988, p.57-73; também no livro *Sobre o pensamento antropológico*, Capítulo 4.

12 Para uma boa ideia sobre a variedade de posições no interior do movimento hermenêutico, vale consultar o volume *Writing culture: The poetics and politics of ethnography*, Clifford; Marcus (orgs.).

etnográfico mais singular, quando o comparamos com outros devotados à teoria social, seja a articulação que busca entre o trabalho de campo e a construção do texto. George Marcus e Dick Cushman[13] chegam a considerar que a etnografia poderia ser definida como "a representação do trabalho de campo em textos".[14] Todavia, isso tem vários complicadores, como eles mesmos reconhecem. Tentarei indicar alguns, seguindo esses mesmos autores, além de outros que, como eles – e, de certo modo, muitos de nós, atualmente – refletem sobre a peculiaridade do escrever um texto que seja controlável pelo leitor e isso na medida em que distinguimos tal texto da narrativa meramente literária. Já mencionei, momentos atrás, o diário e a caderneta de campo como modos de escrever que se diferenciam claramente do texto etnográfico final. Poderia acrescentar, seguindo os mesmos autores, que também os artigos e as teses acadêmicas devem ser considerados como "versões escritas intermediárias", uma vez que, na elaboração da monografia – essa sim, o texto final –, exigências específicas devem ou deveriam ser feitas. Mencionarei simplesmente algumas, preocupado em não me alongar muito nestas considerações.

Desde logo, cabe uma distinção entre as monografias clássicas e as modernas. Enquanto as primeiras foram concebidas de conformidade com uma "estrutura narrativa normativa" que se pode aferir a partir de uma disposição de capítulos quase canônica – território, economia, organização social e parentesco, religião, mitologia, cultura e personalidade, entre outros –, as segundas priorizam um tema, por meio do qual toda a sociedade ou cultura passa a ser descrita, analisada e interpretada. Um bom exemplo de monografias desse segundo tipo é a de Victor Turner, "Cisma e continuidade em uma sociedade africana", que manifesta com muita felicidade as possibilidades de uma apreensão holística, porém concentrada em um único grande tema, capaz de proporcionar uma ideia dessa sociedade como

---

13 Cf. Marcus; Cushman, "Ethnographies as Texts", in *Annual Review of Anthropology*, n.11, 1982, p.25-69.
14 Ibidem, p.27.

entidade extraordinariamente viva. Essa visão holística, todavia, não significa retratar a totalidade de uma cultura, mas somente ter em conta que a cultura, sendo totalizadora, mesmo que parcialmente descrita, sempre deve ser tomada por referência.

Um terceiro tipo seria o das chamadas "monografias experimentais" ou pós-modernas, como defendidas por Marcus e Cushman, mas que, neste momento, não gostaria de tratar sem um exame crítico preliminar que me parece indispensável, pois iria envolver precisamente minhas restrições ao que considero como característica dessas monografias: o desprezo que seus autores demonstram em relação à necessidade de controle dos dados etnográficos, tema, aliás, sobre o qual tenho me referido por diversas vezes, quando procuro mostrar que alguns desenvolvimentos da antropologia pós-moderna resultam em uma perversão do próprio paradigma hermenêutico. Essas monografias chegam a ser quase intimistas, impondo ao leitor a constante presença do autor no texto. É um tema sobre o qual tem havido muita controvérsia, mas não penso que seja aqui o melhor lugar para aprofundá-lo.[15]

Porém, o fato de se escrever na primeira pessoa do singular – como parecem recomendar os defensores desse terceiro tipo de monografia – não significa, necessariamente, que o texto deva ser

---

15 De uma perspectiva crítica, ainda que simpática a essas monografias experimentais, leia-se o artigo da antropóloga Teresa Caldeira, intitulado "A presença do autor e a pós-modernidade da antropologia", em *Novos Estudos*, Cebrap, n.21, jul. 1988, p.133-157. Já de uma perspectiva menos favorável, cf., por exemplo, o artigo-resenha de Wilson Trajano Filho, "Que barulho é esse, o dos pós-modernos", e o de Carlos Fausto, "A antropologia xamanística de Michael Taussig e as desventuras da etnografia", ambos publicados no *Anuário Antropológico*, n.86, 1988, respectivamente às p.133-151 e p.183-198; e o de Maria Peirano, "O encontro etnográfico e o diálogo teórico", inserido em sua coletânea de ensaios *Uma antropologia no plural*, como seu Capítulo 4. Para uma apreciação mais genérica dessa antropologia pós-moderna, na qual se procura apontar tanto seus aspectos positivos – no que se refere à contribuição do paradigma hermenêutico para o enriquecimento da matriz disciplinar da antropologia –, como os aspectos negativos daquilo que considero ser o "desenvolvimento perverso" desse paradigma, conferir artigos – versão final de conferências proferidas em 1986 – indicados na nota 11.

intimista. Deve significar, simplesmente – e quanto a isso creio que todos os pesquisadores podem estar de acordo –, que o autor não deve se esconder sistematicamente sob a capa de um observador impessoal, coletivo, onipresente e onisciente, valendo-se da primeira pessoa do plural: *nós*. É claro que sempre haverá situações em que esse *nós* pode ou deve ser evocado pelo autor. Não deve, contudo, ser o padrão na retórica do texto. Isso me parece importante porque com o crescente reconhecimento da pluralidade de vozes que compõem a cena de investigação etnográfica, essas vozes têm de ser distinguidas e jamais caladas pelo tom imperial e muitas vezes autoritário de um autor esquivo, escondido no interior dessa primeira pessoa do plural. No meu entendimento, a chamada antropologia polifônica – na qual teoricamente se oferece espaço para as vozes de todos os atores do cenário etnográfico – remete, sobretudo, para a responsabilidade específica da voz do antropólogo, autor do discurso próprio da disciplina, que não pode ficar obscurecido ou substituído pelas transcrições das falas dos entrevistados. Mesmo porque, sabemos, um bom repórter pode usar tais transcrições com muito mais arte.

É importante também reavivar um outro aspecto do processo de construção do texto: apesar das críticas, o terceiro tipo de monografia traz uma inegável contribuição para a teoria social. Marcus e Cushman observam, relativamente à influência de Geertz na antropologia, que, com ele,

> a etnografia tornou-se um meio de falar sobre teoria, filosofia e epistemologia simultaneamente no cumprimento de sua tarefa tradicional de interpretar diferentes modos de vida.[16]

Evidentemente que, ao elevar a produção do texto em nível de reflexão sobre o escrever, a disciplina está orientando sua caminhada para as instâncias metateóricas que poucos alcançaram. Talvez o exemplo mais conhecido, entre os antropólogos vivos, seja o de Lévi-Strauss no âmbito do estruturalismo, de reduzida eficácia na

---

16 Marcus; Cushman, "Ethnographies as Texts", p.37.

pesquisa etnográfica. Com Geertz e sua antropologia interpretativa, verifica-se o surgimento de uma prática metateórica em processo de padronização, em que pesem alguns escorregões de seus adeptos para o intimismo, como mencionado há pouco. Entendo que para se elaborar o bom texto etnográfico, devem-se pensar as condições de sua produção a partir das etapas iniciais da obtenção dos dados – o olhar e o ouvir –, o que não quer dizer que ele deva emaranhar-se na subjetividade do autor/pesquisador. Antes, o que está em jogo é a "intersubjetividade" – esta de caráter epistêmico –, graças à qual se articulam, em um mesmo *horizonte teórico*, os membros de sua comunidade profissional. E é o reconhecimento dessa intersubjetividade que torna o antropólogo moderno um cientista social menos ingênuo. Tenho para mim que talvez seja essa uma das mais fortes contribuições do paradigma hermenêutico para a disciplina.

## Conclusão

Examinados o olhar, o ouvir e o escrever, a que conclusões podemos chegar? Como procurei mostrar desde o início, essas "faculdades" do espírito têm características bem precisas quando exercitadas na órbita das ciências sociais e, de um modo todo especial, na da antropologia. Se o olhar e o ouvir constituem a nossa percepção da realidade focalizada na pesquisa empírica, o escrever passa a ser parte quase indissociável do nosso pensamento, uma vez que o ato de escrever é simultâneo ao ato de pensar. Quero chamar a atenção sobre isso, de forma que torne claro que – pelo menos no meu modo de ver – é no processo de redação de um texto que nosso pensamento caminha, encontrando soluções que dificilmente aparecerão antes da textualização dos dados provenientes da observação sistemática. Assim sendo, seria um equívoco imaginar que, primeiro, chegamos a conclusões relativas a esses mesmos dados, para, em seguida, podermos inscrever essas conclusões no texto. Portanto, dissociando-se o pensar do escrever. Pelo menos minha experiência indica que o ato de escrever e o de pensar são de tal forma solidários entre si que, juntos, formam praticamente um mesmo ato cognitivo. Isso significa que, nesse caso, o texto não espera que seu autor tenha primeiro todas as respostas para, só então, poder ser iniciado. Entendo que na elaboração de uma boa narrativa, o pesquisador, de posse de suas observações devidamente organizadas, inicia o processo de textualização – uma vez que essa não é apenas uma forma escrita de simples exposição, pois há também a forma oral –, concomitante ao processo de produção do conhecimento. Não obstante, sendo o ato de escrever um ato igualmente cognitivo, esse ato tende a ser repetido quantas vezes for necessário; portanto, ele é escrito e reescrito repetidamente, não apenas para aperfeiçoar o texto do ponto de vista formal, quanto para melhorar a veracidade das descrições e da narrativa, aprofundar a análise e consolidar argumentos.

Isso, por si só, não caracteriza o olhar, o ouvir e o escrever antropológicos, pois está presente em toda e qualquer escrita no interior das ciências sociais. Contudo, no que tange à antropologia, como procurei mostrar, esses atos estão previamente comprometidos com o próprio horizonte da disciplina, em que olhar, ouvir e escrever estão desde sempre sintonizados com o *sistema de ideias e valores* que são próprios da disciplina. O quadro conceitual da antropologia abriga, nesse sentido, ideias e valores de difícil separação. Louis Dumont, esse excelente antropólogo francês, chama isso de "ideia-valor",[17] unindo assim, em uma única expressão, ideias que possuem uma carga valorativa extremamente grande. Ao trazer essa questão para a prática da disciplina, diríamos que pelo menos duas dessas "ideias-valor" marcam o fazer antropológico: "a observação participante" e a "relativização". Entre nós, Roberto Da Matta chamou atenção para a relativização em seu livro *Relativizando: Uma introdução à antropologia social*,[18] mostrando em que medida

---

17 Cf. Dumont, La valeur chez les modernes et chez les autres, in *Essais sur l'individualisme: Une perspective anthropologique sur l'idéologie moderne*, Capítulo 7. Há uma tradução brasileira.

18 Editado pela Vozes, em 1981, o volume é uma boa introdução à antropologia social que recomendo ao leitor interessado na disciplina, precisamente por não se tratar de um manual, porém de um livro de reflexão sobre o fazer antropoló-

o relativizar é constituinte do próprio conhecimento antropológico. Pessoalmente, entendo por relativizar uma atitude epistêmica, eminentemente antropológica, graças à qual o pesquisador logra escapar da ameaça do etnocentrismo – essa forma habitual de ver o mundo que circunda o leigo, cuja maneira de olhar e de ouvir não foram disciplinadas pela antropologia. E se poderia estender isso ao escrever, na medida em que, para falarmos com Crapanzano,[19] "o escrever etnografia é uma continuação do confronto" intercultural, portanto entre pesquisador e pesquisado. Por conseguinte, uma continuidade do olhar e do ouvir no escrever, esse último igualmente marcado pela atitude relativista.[20]

Uma outra ideia-valor a ser destacada como constituinte do ofício antropológico é a "observação participante", que já mencionei momentos atrás. Permito-me dizer que talvez seja ela a responsável pela caracterização do trabalho de campo antropológico, distinguindo-a, enquanto disciplina, de suas irmãs nas ciências sociais.

---

gico, apoiada na rica experiência de pesquisa do autor. Já em uma direção um pouco diferente, posicionando-se contra certos exageros antirrelativistas, Clifford Geertz escreve seu "Anti anti-relativismo", traduzido para o português na *Revista Brasileira de Ciências Sociais*, v.3, n.8, out. 1988, p.5-19, que vale a pena consultar.

19 Cf. Crapanzano, On the writing of ethnography, in *Dialectical Anthropology*, n.2, 1977, p.69-73. Muitas vezes, por razões estilísticas – observa Crapanzano –, "isola-se o ato de escrever, e seu produto final [o texto], da própria confrontação. Qualquer que seja a razão para essa dissociação, permanece o fato de que a confrontação não termina antes da etnografia mas, se se pode dizer ao fim de tudo, é que ela termina *com* a etnografia" [p.70].

20 Eu faço uma distinção entre "atitude relativista" – que considero ser inerente à postura antropológica – e "relativismo", uma ideologia científica. Esse relativismo, por seu caráter radical e absolutista, não consegue visualizar adequadamente questões de moralidade e de eticidade, sobrepondo, por exemplo, *hábito* a *norma moral* e justificando esta por aquele. Tive a ocasião de tratar desse tema mais detalhadamente em meu "Etnicidad y las posibilidades de la ética planetaria", in *Antropológicas: Revista de Difusión del Instituto de Investigaciones Antropológicas*, México: UNAM, n 8, out. 1993, p.20-33; uma segunda versão foi publicada na *Revista Brasileira de Ciências Sociais*, ANPOCS, ano 9, n.24, 1994, p.110-121, com o título "Antropologia e moralidade", inserida na coletânea *Ensaios antropológicos sobre moral e ética*, de Roberto Cardoso de Oliveira e Luís R. Cardoso de Oliveira, Capítulo 3.

Apesar dessa observação participante ter alcançado sua forma mais consolidada na investigação etnológica junto a populações ágrafas e de pequena escala, isso não significa que ela não ocorra no exercício da pesquisa com segmentos urbanos ou rurais da sociedade a que pertence o próprio antropólogo. Dessa observação participante, sobre a qual muito ainda se poderia dizer, não acrescentarei mais do que umas poucas palavras; apenas para chamar a atenção para uma modalidade de observação que ganhou, ao longo do desenvolvimento da disciplina, um *status* elevado na hierarquia das ideias--valor que a marcam emblematicamente. Nesse sentido, os atos de olhar e de ouvir são, a rigor, funções de um gênero de observação muito peculiar – isto é, peculiar à antropologia –, por meio da qual o pesquisador busca interpretar – ou compreender – a sociedade e a cultura do outro "de dentro", em sua verdadeira interioridade. Ao tentar penetrar em formas de vida que lhe são estranhas, a vivência que delas passa a ter cumpre uma função estratégica no ato de elaboração do texto, uma vez que essa vivência – só assegurada pela observação participante "estando lá" – passa a ser evocada durante toda a interpretação do material etnográfico no processo de sua inscrição no discurso da disciplina. Costumo dizer aos meus alunos que os dados contidos no diário e nas cadernetas de campo ganham em inteligibilidade sempre que rememorados pelo pesquisador; o que equivale a dizer que a memória constitui provavelmente o elemento mais rico na redação de um texto, contendo ela mesma uma massa de dados cuja significação é melhor alcançável quando o pesquisador a traz de volta do passado, tornando-a presente no ato de escrever. Seria uma espécie de presentificação do passado, com tudo que isso possa implicar do ponto de vista hermenêutico, ou, em outras palavras, com toda a influência que o "estando aqui" pode trazer para a compreensão – *Verstehen* – e interpretação dos dados então obtidos no campo.

Paremos por aqui. Em resumo, vimos, por intermédio da experiência antropológica, como a disciplina condiciona as possibilidades de observação e de textualização sempre de conformidade com um horizonte que lhe é próprio. E, por analogia, poder-se-ia dizer que isso ocorre também em outras ciências sociais, em maior ou em menor grau. Isso significa que o olhar, o ouvir e o escrever devem ser sempre tematizados ou, em outras palavras, questionados enquanto etapas de constituição do conhecimento pela pesquisa empírica – essa última vista como o programa prioritário das ciências sociais. Trazer esse tema à consideração, pareceu-me, enfim, apropriado porque entendo que talvez venha a contribuir ao estímulo de reflexões de caráter interdisciplinar, uma vez que os diferentes atos cognitivos examinados não são estranhos às demais ciências sociais. O que torna qualquer experiência antropológica – e não apenas a minha – objeto de interesses que transcendem a disciplina. E foi com esse intuito que escolhi o presente tópico – e me darei por satisfeito se houver conseguido transformar atos aparentemente tão banais, como os aqui examinados, em temas de reflexão e de questionamento.

# Capítulo 2
## O movimento dos conceitos na antropologia[1]

**Introdução**

Quando se pensa a antropologia na América Latina, é comum pensá-la em termos nacionais – seja como antropologia brasileira, argentina ou mexicana – e, quando muito, em termos regionais – como andina ou como amazônica –, ainda que sempre restrita a espaços bem definidos, ou seja, demarcados por critérios nacionais ou regionais. Ainda que pensá-la em termos universais – isto é, como uma disciplina em escala planetária – possa ter lugar em um ou outro lugar da academia latino-americana, isso me parece mais excepcional do que recorrente. Imaginei, assim, que poderíamos examinar algumas características que cercam nossa disciplina e que, de alguma forma, possam oferecer-lhe uma identidade própria, talvez um estilo, sem que devamos nacionalizá-la e, com isso, retirar-lhe sua universalidade, que, para muitos de nós, é condição necessária para uma disciplina que se pretenda científica.

---

1 Este ensaio foi inicialmente publicado pela *Revista de Antropologia* (v.36, 1993, p.13-31) como uma reelaboração do texto em espanhol destinado ao Seminário "Entre el acontecimiento y la significación: el discurso sobre la cultura en el Nuevo Mundo", realizado em Trujillo, Espanha, em dezembro de 1992.

Como se vê, estou tratando de um tema que, não sendo novo no âmbito da disciplina, nem por isso pode ser considerado como suficientemente reconhecido em nossa comunidade profissional como merecedor de maior atenção. De minha parte, tenho me debruçado sobre o tema desde o final dos anos 1970, quando refletia sobre a obra de Marcel Mauss e dava início a uma tentativa de desconstrução do conceito de antropologia, valendo-me, para tal fim, da construção de sua "matriz disciplinar",[2] tentando, paralelamente, situar a disciplina naqueles espaços que chamei de "periféricos".[3] Espaços esses no interior dos quais venho procurando apreender a antropologia em sua singularidade, sem perder de vista sua pretendida universalidade que se expressa na mencionada matriz disciplinar, assim sendo, a estratégia que procurarei seguir aqui será a de examinar, a partir de uma perspectiva comparativa, a dinâmica de certos conceitos que, originários fora da América Latina, para ela emigraram e nela sofreram transformações que os adequaram às novas realidades que haveriam de dar conta. *Lato sensu*, esse movimento de conceitos

---

2 A matriz disciplinar está constituída por um conjunto de paradigmas simultaneamente ativos e inseridos em um sistema de relações bastante tenso, e é responsável pela identidade da antropologia, assim como por sua persistência, ao longo deste século (cf. Cardoso de Oliveira, *Sobre o pensamento antropológico*, Capítulo 1: "Tempo e tradição: Interpretando a antropologia").

3 A noção de periferia e sua aplicação na caracterização das manifestações da antropologia fora dos centros metropolitanos não têm ocorrido sem muita reflexão e crítica, como mostram diferentes debates internacionais. Destaco, por exemplo, aqueles que foram publicados sob os títulos de *Indigenous Anthropology in Non-Western Countries* (editado por Hussein Fahim pela Carolina Academic Press, 1982) e "The Shaping of National Anthropologies" (editado por Tornas Gerholm e Ulf Hannerz, em *Ethnos*, 1-2, 1982). Por razões que apresento em outro lugar (Cardoso de Oliveira, *Sobre o Pensamento Antropológico*, Capítulo 7, "Por uma etnografia das antropologias periféricas"; o mesmo texto, com poucas alterações, também em *A antropologia na América Latina*, coordenado por George Zarur, com o título "Identidade e diferença entre antropologias periféricas"), preferi utilizar a expressão "antropologia periférica" em lugar de antropologia "indígena", "nacional", "não ocidental" etc., com todos os riscos que isso poderia acarretar em função de sua ambiguidade. Espero que mais adiante tal ambiguidade se desfaça.

pode ser entendido, em uma primeira instância de reflexão, como movimento do centro para a periferia.

Entretanto, nunca será demais lembrar que tomo por periférico aquele espaço que não se identifica com o espaço metropolitano – leia-se: Inglaterra, França e Estados Unidos –, de onde emergiram os paradigmas da disciplina no final do século passado e em princípios deste, e que desses países propagaram-se para outras latitudes. Periférico, no caso, não se identifica tampouco com a noção política de periferia como *estigmatizante* de um lugar habitualmente ocupado pelo chamado Terceiro Mundo. Assim, as "antropologias periféricas" – como eu as entendo – podem existir em qualquer dos "mundos", até mesmo no mundo europeu, desde que sejam assim identificadas em países que não tenham testemunhado a emergência da disciplina em seu território e, dessa maneira, não tenham ocupado uma posição hegemônica no desenvolvimento de novos paradigmas. Trata-se, portanto, de uma categoria eminentemente histórica e que reflete, em sua plena acepção, a ontogênese do campo da antropologia acrescido de sua estruturação atual. Para nós, antropólogos, isso se torna bastante significativo à medida que podemos trazer a disciplina – entendida como uma subcultura ocidental – para um horizonte que nos é muito familiar: o das relações entre culturas ou, mais precisamente, entre "idiomas culturais". Pretendo, assim, abordar umas poucas ideias que nos ajudem a compreender que não obstante a pretendida universalidade da antropologia como disciplina científica, manifestada – volto a dizer – no conjunto de paradigmas articulados em sua matriz disciplinar, persistem diferenças ou particularidades significativas quando exercitada fora dos centros metropolitanos, onde, ao que parece, não se observaria a mesma pretensão à universalidade.

Porém, se essas diferenças que se verificam na periferia podem e devem ser consideradas mediante uma análise estilística, o mesmo já não se pode dizer em relação às antropologias centrais, porquanto essas antropologias não teriam suas diferenças explicadas em termos estilísticos, já que, de alguma maneira, estão enraizadas em seus paradigmas originais, todos marcados por uma pretensão à universalidade. O mesmo não ocorre com as antropologias periféricas, voltadas, em regra, para as singularidades de seus contextos socioculturais, habitualmente transformados em objetos quase exclusivos de investigação. Entre nós, por exemplo, contam-se nos dedos as pesquisas que ultrapassam nossas fronteiras... Seriam, contudo, essas antropologias substancialmente diferentes a ponto de dissolver a unidade da disciplina, tornando irreconhecível na periferia sua própria matriz disciplinar? Toca-se, aqui, no paradoxo clássico da persistência do mesmo sob as mudanças que nele têm lugar. Em outras palavras, como pôde a antropologia amoldar-se às novas condições que encontrou em outros países sem que, todavia, deixasse de ser o que é?

## O antropólogo e o "outro interno"

Começaria com uma afirmação quase banal em nossa disciplina: para o antropólogo que exercita a comparação, não existe um terceiro lugar, neutro, de onde ele possa falar. Pois essa afirmação tão trivial está embutida na natureza da disciplina em sua transplantação para a América Latina – e, pode-se acrescentar, até mesmo para qualquer das latitudes em que não estejam abrigados os centros metropolitanos –, portanto, ali onde se submete às determinações de uma nova realidade. Pois a história da disciplina deixa consignado que, desde seus primórdios, sempre focalizou o homem de outras culturas – e, isso, a partir de sua própria cultura, ou seja, da antropologia como cultura, certamente uma cultura artificial, ela mesma constituinte do sujeito cognoscitivo. Se esse processo sempre ocorreu na história da disciplina, nem sempre – ou raramente – foi assumido pelos antropólogos e tematizado por eles como questão relevante. Como admitir, então, que uma disciplina essencialmente antietnocêntrica pudesse sequer conviver com essa dimensão de um saber que, a rigor, não seria senão sua própria negação? Como eludir uma tal ameaça, capaz de inviabilizar seu próprio estatuto epistemológico? Como conciliar na prática – pois teoricamente é bem mais fácil – a inevitabilidade de uma postura comprometida com determinada *Weltanschauung*, inscrita nas condições originárias da própria disciplina, com sua vocação eminentemente relativizadora e, muitas vezes, ingenuamente neutra? Esse parece ser o desafio que a disciplina tem enfrentado em toda sua história e que, todavia, continua enfrentando. A resposta a esse desafio não tem sido uma, nem duas, mas várias, conforme as modalidades de sua atualização nos contextos mais diferentes em que fez do "outro" objeto de investigação.

Tomemos a antropologia europeia em seu conjunto, independentemente de uma possível diferenciação interna que nela poderíamos observar entre as centrais e as periféricas. O certo é que essa antropologia sempre fez do "outro" um ser distante, na maioria das vezes transoceânico. O "outro interno" – se assim posso referir-me ao homem europeu como portador de uma subcultura local ou regional, seja na Alemanha, na Itália ou na Espanha – foi o objeto de uma quase ciência, o folclore, muitas vezes antecessor direto da própria antropologia. Esse seria o caso de países como a Espanha.[4] O binômio em língua alemã *Volkskunde-Volkerkunde* ilustra perfeitamente essa separação entre duas disciplinas aparentadas, é certo, mas não idênticas. Se o primeiro termo remete à investigação interna, ao folclore, o segundo abre o horizonte do pesquisador para a exploração de terras longínquas e exóticas. São duas ópticas que encontram guarida em duas disciplinas distintas, pelo menos em um determinado momento da construção da antropologia moderna, momento este que talvez pudéssemos datar, sem maior rigor, nas duas primeiras décadas deste século. Mas se agora invoco essa questão é para relacioná-la com a história bem mais recente de dois conceitos aparentados, a rigor, também eles um binômio, a saber: *colonialismo-colonialismo interno*, que marcam, quase de forma emblemática, a história das relações entre a Europa e a América Latina. São conceitos bem típicos, respectivamente do mundo do colonizador e o do colonizado: o

---

4 Refiro-me aqui, especialmente, ao caso da antropologia catalã. Entre outros, consulte-se Calvo Calvo, El *"arxiu d'etnografia i folclore de caluna" y la antropología catalana*.

primeiro, próprio do mundo europeu; o segundo, próprio do mundo latino-americano. O exótico, ou simplesmente o diferente, que sempre ocupou o horizonte do antropólogo do passado, torna-se bastante relativizado quando o foco da investigação começa a apreender não mais exclusivamente tal ou qual etnia para estudo intensivo de caráter monográfico – as famosas etnografias clássicas, às quais, diga-se a propósito, tanto deve nossa disciplina –, senão também seu entorno, seja ele a sociedade colonial, seja a sociedade nacional, praticante – a seu turno – de um certo colonialismo interno – como bem se observa nas sociedades latino-americanas.[5] É assim que o colonialismo, como conceito abrangente, passa a enfatizar o relacionamento sistemático entre o colonizador e o colonizado, ampliando, desse modo, o foco de investigação não mais circunscrito às etnias colonizadas, mas voltado agora para uma realidade mais inclusiva, que se poderia denominar, por exemplo, "situação colonial" – para ficarmos com esse utilíssimo conceito formulado nos anos 1950 por George Balandier.[6]

A agregação do adjetivo "interno" à noção de colonialismo cria, a rigor, um novo conceito, uma vez que se retém, por um lado, parte das características das relações coloniais, como as de dominação política e de exploração econômica do colonizador sobre a população colonizada; por outro, acrescenta uma dimensão inteiramente nova. Essa dimensão envolve o que se poderia denominar um novo

---

5 A genealogia do conceito de "colonialismo interno" pode ser traçada, talvez, a partir de autores como Gunnar Myrdal e C. Wright Mills, alcançando sua formulação latino-americana mais consistente com Pablo Casanova, em seu artigo de 1963, Sociedad plural, colonialismo interno y desarrollo (*América Latina*, ano 6, n.3) ou em seu livro *Sociología de la explotación*, no Capítulo "El colonialismo interno". Rodolfo Stavenhagen, com "Siete tesis equivocadas sobre América Latina" (*Política Independiente*, n.1, maio de 1965), acrescenta considerações interessantes à teoria dualista de J. Lambert, mostrando a necessidade de criticá-la do ponto ele vista do colonialismo interno. Inspirado nesses autores, tive a oportunidade de tratar o problema em meu "A noção de 'colonialismo interno' na etnologia", reeditado como o Capítulo 6 de meu livro *A sociologia do Brasil indígena*.

6 Cf. Balandier, *Sociologie atuelle de l'Afrique Noire*.

"sujeito epistêmico". E se estivéssemos interessados em discernir alguma coisa parecida com uma "categoria teórica" como característica da antropologia latino-americana, aquilo que vai se impor com mais vigor é precisamente a dimensão do sujeito cognoscitivo. Não mais um estrangeiro, alguém que observe de um ponto de vista – ou horizonte – constituído no exterior, porém, agora, um membro de uma sociedade colonizada em sua origem – depois transformada em uma nova nação –, um observador eticamente contrafeito de um processo de colonização dos povos aborígenes situados no interior dessa mesma nação. Portanto, do ponto de vista desse observador interno de uma sociedade que reproduz mecanismos de dominação e de exploração herdados historicamente, o que subsiste não poderá ser apenas o deslocamento de um conceito metropolitano – e colonial –, sem repercussões na própria constituição desse ponto de vista. Tratar-se-ia, antes, de um ponto de vista diferente, significativamente reformulado, no qual a inserção do observador – isto é, do antropólogo como cidadão de um país fracionado em diferentes etnias – acaba por ocupar um lugar como profissional da disciplina na etnia dominante, cujo desconforto ético só é diluído se passar a atuar – seja na academia, seja fora dela – como intérprete e defensor daquelas minorias étnicas.

## A ideologia indigenista e a "construção da nação"

Diante dessa nova realidade na qual se insere o antropólogo e, com ele, a própria disciplina, o que passa a se impor à reflexão é, precisamente, o movimento que o conceito faz em seu deslocamento da Europa para a América Latina. Dizíamos que o papel do antropólogo, como cientista e cidadão, passa a ter um valor agregado no exercício de sua profissão, legitimador de seu desempenho visto como uma totalidade. Equivale a dizer que a prática de sua profissão passa a incorporar uma prática política, quando não em seu comportamento, certamente em sua reflexão teórica. Isso de nenhum modo significa banalizar a disciplina mediante uma sorte de ativismo político, primário e dogmático. Nesse sentido, só o domínio diligente da disciplina pode evitar tal ameaça. Ainda assim, nunca será por temor dessa ameaça que o antropólogo latino-americano abrirá mão de realizar sua cidadania e sua profissão, concebidas ambas como as duas faces de uma mesma moeda. Pelo menos a história da disciplina já demonstrou isso no estudo que tem feito das relações interétnicas. Muito se poderia dizer a esse respeito, mas temos que nos cingir à questão específica que desejamos abordar: o que haveria de realmente novo nesse sujeito epistêmico? Parece-me que, à diferença do antropólogo europeu, na América Latina o profissional tem um outro compromisso, igualmente ético, ainda que nem sempre transparente para si mesmo ou para sua comunidade de pares: sua participação na empreitada cívica da construção da nação, ou *nation building*. Mariza Peirano, ao que me consta, foi a primeira antropóloga a avaliar o lugar do tema no desenvolvimento da antropologia no Brasil.[7] Embora a participação na construção da nação não seja monopólio do antropólogo latino-americano – e Peirano mostra isso[8] –, entendo que, na América Latina, essa participação assume contornos bastante específicos. Refiro-me à especificidade de uma prática antropológica, bem como a seu horizonte teórico, identificáveis em vários países latino-americanos como *indigenismo*. E é sobre esse indigenismo que restringirei as considerações a seguir.

Diria que o indigenismo como ideologia, em que pesem seus muitos equívocos, esteve presente no exercício da disciplina praticamente em todos os países latino-americanos possuidores de ponderáveis populações indígenas. O México, a Guatemala e os países andinos da América do Sul sempre tiveram como tema – e

---

7 Em sua tese doutoral, "The anthropology of anthropology: The Brazilian case", defendida na Universidade de Harvard, em 1981, Mariza Peirano mostra a ideia de *nation building* como vetor importante na construção da antropologia brasileira moderna.
8 Sobre a presença da ideologia da "construção da nação" também nas nações europeias, Peirano adverte tratar-se de "um parâmetro e sintoma importante para a caracterização das ciências sociais onde quer que elas surjam". Cf. Peirano, *Uma antropologia no plural: Três experiências contemporâneas*, p.237.

objeto – primordial das investigações antropológicas a presença de populações indígenas em seu território. O Brasil, ainda que detentor de uma população indígena demograficamente pouco expressiva, conseguiu construir um indigenismo extremamente forte, capaz de contaminar todas as pesquisas de etnologia desde que a disciplina logrou consolidar-se no país, a partir dos anos 1930. Curt Nimuendajú, nosso "personagem conceitual" por excelência – para usarmos, aqui, essa rica noção deleuziana –, ilustra um claro comprometimento do pesquisador com a defesa dos índios. Todavia, essa contaminação ideológica deu-se na maioria dos países latino-americanos, em grau variável, já que o indigenismo teórico e prático jamais deixou de apresentar suas particularidades regionais. Contudo, o que conta em nosso argumento é a politização sistemática do antropólogo nos termos da ampla e generalizada ideologia indigenista, não obstante a riqueza de matizes a singularizar sua adoção nos diferentes países do continente.

Penso não ser necessário descrever essa ideologia indigenista, mesmo que nos limitássemos a seu núcleo, mas apenas defini-la *grosso modo* como um pensamento e uma ação pautados por um compromisso com a causa indígena – o que não exclui os próprios erros de interpretação dessa mesma causa... Entretanto, tal definição acarreta um segundo problema, com seu inevitável corolário: como interpretar essa causa indígena? Tratar-se-ia de dar ouvidos aos povos indígenas, concedendo-lhes – por intermédio de suas lideranças – voz ativa na elaboração da política indigenista? Ou de ouvir, em primeiro lugar ou exclusivamente, os interesses do Estado que, nos países latino-americanos, nunca se configura como multiétnico? Em outro lugar[9] tive a oportunidade de apontar para aquilo que chamo de "crise do indigenismo oficial", expressando com isso o atual divórcio entre as lideranças indígenas, cada vez mais conscientes dos direitos de seus povos, e o Estado, autor e gerenciador da política indigenista, tradicionalmente impermeável às reivindicações dessas lideranças. Em vista disso, tem-se observado atualmente, no

---

9 Cf. Cardoso de Oliveira, *A crise do indigenismo*, especialmente p.56-8.

Brasil por exemplo, uma separação nítida entre o indigenismo oficial e um indigenismo "alternativo", elaborado ainda que superficialmente por algumas organizações não governamentais – as ONGs –, mas que, eventualmente, pode convergir em alguns pontos com a própria Funai, quando esta, excepcionalmente, é dirigida por uma administração mais esclarecida... Como um terceiro aspecto a considerar – diante das perspectivas da Funai e das ONGs – está, naturalmente, o que se observa nas tentativas de formulação de uma *política indígena* propriamente dita criada no seio do movimento indígena e elaborada em seus diferentes congressos e assembleias indígenas. Porém, independentemente das características observáveis nos diferentes países da América Latina, penso que é importante registrar a forte atuação da ideologia indigenista, cujas diferentes gradações não são suficientes para obscurecer sua presença na prática da disciplina em nossos países. Embora caiba reconhecer aqui a diferença entre política indígena – dos índios – e política indigenista – do Estado –, o que estou chamando de indigenismo representa uma ideia mais ampla, ativada sempre que se manifesta entre os antropólogos o compromisso com o destino dos povos indígenas.

## A "fricção interétnica e o "etnodesenvolvimento"

Ao enfatizar o indigenismo como formador de uma perspectiva extremamente importante na construção da antropologia nos países latino-americanos, não estou reduzindo a disciplina a um exercício teórico ou prático voltado exclusivamente para as populações indígenas. A antropologia moderna em nossos países inclina-se hoje – e muitas vezes de forma bastante original – sobre a própria sociedade a que pertence o antropólogo, portanto, sobre a sociedade nacional. Para penetrar nesse outro tipo de fazer antropológico, estaríamos nos desviando um pouco de nosso tema. Contudo, gostaria de destacar ainda que vejo nos estudos indígenas – aos quais a antropologia, sob a denominação de etnologia, devotou em nossos países, ou na maior parte deles, seu exercício mais intenso para a formação da disciplina – o marcador de uma especificidade que, acredito, não se observa tão claramente nos estudos dedicados à sociedade nacional, seja em seus segmentos rurais, seja nos urbanos. De certa maneira – salvo melhor juízo – esse tipo de antropologia pouco se diferencia daquilo que se observa em outras latitudes, inclusive nas antropologias centrais, ainda que a pretensão à universalidade destas últimas sempre pode distingui-las das antropologias periféricas, como já aludi.

Dito isso, gostaria de mencionar pelo menos dois conceitos elaborados no interior da comunidade de profissionais latino-americanos da disciplina e que bem exprimem aquele deslocamento conceitual. Refiro-me aos conceitos de "fricção interétnica" e de "etnodesenvolvimento". Como procurarei mostrar, esses conceitos são solidários da noção de colonialismo e, consequentemente, da noção de colonialismo interno. Cabe esclarecer, não obstante, que esse último conceito não tem limitada sua aplicação apenas às etnias indígenas, uma vez que também pode ser considerado como elucidativo de muitas das investigações sobre a sociedade rural, em sua feição camponesa, como mostram, por exemplo, os estudos levados a cabo pela equipe de antropólogos do Programa de Pós-Graduação em Antropologia Social do Museu Nacional da Universidade Federal do Rio de Janeiro, a partir de 1968, sobre as regiões Nordeste e Centro-Oeste do Brasil, ou as investigações que tiveram lugar na Universidade de Brasília, depois de 1972, com a criação de um programa equivalente, para ficarmos com dois bons exemplos ilustrativos do alcance desse conceito e de sua fecundidade no exercício da pesquisa.

Comecemos pelo conceito de fricção interétnica. Esse conceito – que tive oportunidade de propor em 1962, quando elaborei o projeto "Estudo de áreas de fricção interétnica do Brasil",[10] para o então Centro Latino-Americano de Pesquisas em Ciências Sociais, órgão associado à Unesco e com sede no Rio de Janeiro – teve sua

---

10 Em *América Latina*, p.85-90. O conceito de fricção interétnica, por sua vez, guarda um grande parentesco com o de "regiões de refúgio", desenvolvido por Gonzalo Aguirre Beltrán, especialmente em seu livro *Regiones de refugio*.

origem em uma reflexão sobre a noção de "situação colonial", a que já me referi, na forma como foi desenvolvida por Balandier. Escrevi então:

> Chamamos "fricção interétnica" o contato entre grupos tribais e segmentos da sociedade brasileira, caracterizado por seus aspectos *competitivos e*, no mais das vezes, *conflituais*, assumindo esse contato proporções "totais", isto é, envolvendo toda a conduta tribal e não tribal que passa a ser moldada pela *situação de fricção interétnica*.

Um número razoável de publicações – entre livros, artigos, dissertações e teses – valeu-se desse conceito, revelando sua utilidade, quer no Brasil, quer em outros países latino-americanos.[11] A formulação do conceito significava, em primeiro lugar, uma atitude crítica ante as abordagens correntes na época no Brasil, como aquelas que focalizavam os processos de "aculturação" ou de "mudança social", inspirados, respectivamente, nas teorias funcionalistas norte-americanas ou britânicas. Em segundo lugar, significava um deslocamento do foco das relações de equilíbrio e das representações de consenso para as relações de conflito e para as representações de dissenso. Em terceiro lugar, ainda que de maneira incompleta, propunha que se observasse mais sistematicamente a sociedade nacional em sua interação com as etnias indígenas, como elemento de determinação da dinâmica do contato interétnico. Com isso, apropriávamo-nos da noção de situação colonial, apresentada por Balandier, para

---

11 Além de cerca de uma dezena de teses e de livros escritos no Brasil, orientados pelo conceito de *fricção interétnica* – ou pelo de *identidade étnica* que lhe é correlato –, cabe mencionar a repercussão do conceito em países como México e Argentina, como indicam, por exemplo – e que eu tenha conhecimento –, o ensaio de Guillermo Bonfil Batalla, La teoría del control cultural en el estudio de procesos étnicos; a monografia de Miguel A. Bartolomé e Alicia M. Barrabas, La resistencia Maya: Relaciones interétnicas en el oriente de la Península de Yucatán; ou o conjunto de ensaios intitulado *Procesos de contacto interétnico*, de M. R. Catullo et al.

transformá-la em conceito adequado para desvendar a realidade das relações entre índios e alienígenas, que se mostraria especialmente fecundo para dar conta de situações de contato entre segmentos nacionais e grupos tribais existentes em território brasileiro, com possibilidade de ser útil quando aplicado em outras regiões da América Latina.

Já com relação ao conceito de etnodesenvolvimento – formulado de maneira bastante consistente por Rodolfo Stavenhagen, em sequência da "Reunión de Expertos sobre Etnodesarrollo y Etnocidio en América Latina" promovida pela Unesco e pela Flacso, em San José de Costa Rica, em dezembro de 1981 – cabe destacar que esse conceito não era apenas um desdobramento do conceito de desenvolvimento, corrente na literatura econômica e política produzida na Europa e nas Américas, mas quase um contraconceito, uma vez que implicava uma crítica substantiva às teorias desenvolvimentistas, bastante em voga nos países de nosso hemisfério. Com esse conceito, propunha-se uma natureza de desenvolvimento "alternativo", que respeitasse os interesses dos povos ou das populações étnicas, alvo dos chamados "programas de desenvolvimento".

Stavenhagen apresenta um elenco de seis *consideranda* para justificar a adoção do conceito como instrumento capaz de atender à especificidade dos povos do Terceiro Mundo diante da questão do progresso e da modernização:

1. que as estratégias de desenvolvimento sejam destinadas prioritariamente ao atendimento das necessidades básicas da população e para a melhoria de seu padrão de vida, e não à reprodução dos padrões de consumo das nações industrializadas, propugnados, exclusivamente, pelo crescimento econômico;
2. que a visão seja endógena, orientada assim para as necessidades do país mais do que para o sistema internacional;
3. que não se rejeitem *a priori* as tradições culturais, mas que se procure aproveitá-las;
4. que se respeite o ponto de vista ecológico;

5. que seja autossustentável, respeitando, sempre que possível, os recursos locais, sejam eles naturais, técnicos ou humanos;
6. que seja um desenvolvimento participante, jamais tecnocrático, abrindo-se à participação das populações em todas as etapas de planejamento, execução e avaliação.[12]

Em minha leitura do texto de Stavenhagen, entre os vários comentários que poderiam ser feitos, gostaria de destacar apenas o que se refere a um aspecto do conceito de etnodesenvolvimento, que, embora não explícito, parece-me constituir um de seus pontos mais sólidos: refiro-me à *questão ética*. Em outras oportunidades,[13] pude elaborar essa questão de modo mais extenso; uma elaboração à qual não é necessário retornar por ser dispensável à argumentação a seguir. Diria, entretanto, que a eticidade implícita no conceito de etnodesenvolvimento reporta-se especificamente ao sexto *considerandum*, que enfatiza o caráter participante das populações alvo de programas de desenvolvimento. Isso porque entendo essa participação como condição mínima para a manifestação de uma "comunidade de comunicação e de argumentação",[14] criada no processo de "planejamento, execução e avaliação" destacado por Stavenhagen. Tal comunidade asseguraria a possibilidade das relações interétnicas serem efetivadas em termos simétricos, ao menos no que diz respeito aos processos decisórios de planejamento, execução e avaliação, e no nível das lideranças locais, portanto étnicas, em diálogo com técnicos e administradores alienígenas. Essas relações simétricas, e por isso mais democráticas, redundariam na substituição gradativa do "informante nativo" pela figura do *interlocutor*, igualmente nativo.

---

12 Cf. Stavenhagen, "Etnodesenvolvimento: Uma dimensão ignorada no pensamento desenvolvimentista", p.11-44.
13 Cf. Cardoso de Oliveira, O saber, a ética e a ação social, in *Manuscrito: Revista Internacional de Filosofia*, p.7-22; e Prácticas interétnicas y moralidad: Por un indigenismo (auto)crítico, p.9-25. Esses artigos foram inseridos no volume *Ensaios antropológicos sobre moral e ética*, Capítulos 1 e 2.
14 Cf. Apel, La comunidad de comunicación como presupuesto transcendental de las ciencias sociales; e El *a priori* de la comunidad de comunicación y los fundamentos de la ética, ambos em *La transformación de la filosofía*, tomo II.

Se bem que uma tal comunidade de argumentação não seja de tão fácil realização concreta – mesmo quando envolve pares, a exemplo das comunidades de cientistas, como ensina o próprio Apel[15] – só o fato de tê-la como alvo já imprimiria a indispensável moralidade aos programas de etnodesenvolvimento, sempre que envolvessem qualquer ação externa em sua promoção.

## Conclusão

Essas considerações conduzem a uma breve conclusão. Em lugar de nos preocuparmos com eventuais categorias teóricas que poderiam ter sido elaboradas pelas antropologias praticadas na América Latina, os conceitos que examinamos não são mais do que categorias sociológicas e históricas que não devem sinalizar nada mais do que a fixação de um *léxico* da disciplina, pouco afetando sua *sintaxe* – se assim posso expressar-me, valendo-me de um parâmetro linguístico –, *sintaxe* essa responsável pela *gramaticalidade* de sua matriz disciplinar. Tal *gramaticalidade* – para continuar recorrendo a metáforas linguísticas – asseguraria a pretensão da disciplina à universalidade, isto é, viabilizando sua produção e consumo em nível planetário, mercê de conceitos tais como *estrutura, cultura, função* etc., verdadeiros conceitos eminentes da disciplina – para valermo-nos, aqui, de uma feliz expressão durkheimiana; porém, a rigor, eles são mais universalizáveis do que universais, posto que sua significação, ou carga semântica, dependeria do sistema conceitual ou do paradigma em que estivessem inseridos;[16] conceitos esses que

---

15 Cf. nota 14 deste Capítulo.
16 Como os termos, *estrutura* e *função*, ou outros que poderíamos acrescentar, recobrem conceitos diferentes, isto é, no estruturalismo francês *estrutura* e *função* significam algo bem diferente do que os mesmos termos significam no estrutural-funcionalismo anglo-saxão, do mesmo modo que *cultura* nessa mesma tradição tem um conteúdo semântico diferente se a confrontarmos com o paradigma hermenêutico, no qual os termos alemães *Kultur* e *Bildung* expressam, respectivamente, e com bastante felicidade, essas diferenças – cf. Cardoso de Oliveira, *Sobre o pensamento antropológico*, Capítulo 5, "O que é isso que

cumpririam, de certa forma, o papel de "categorias do entendimento sociológico", responsáveis por aquilo que o mesmo Durkheim chamava de "ossatura da inteligência"; ou, com suas próprias palavras, *"elles* [as categorias] *sont comme l'ossature de l'intelligence"* – conforme escreveu em seu celebrado livro *Les formes élémentaires de la vie religieuse*. Em que pese o sabor kantiano e anacrônico desta formulação, ela nos ajuda a distinguir ordens distintas de conceitos: distingo aqui, para efeito das presentes considerações, o "conceito eminente" ou categoria teórica, do conceito heurístico, carregado de historicidade e instrumento da investigação empírica. Poder-se--ia dizer, assim, que os conceitos de que tratamos aqui são sempre deste segundo tipo, daí por que evitarmos chamá-los de categorias. Não obstante, são novos conceitos gerados para desempenhar um papel estratégico no fazer da disciplina e no trato de novas questões teóricas que surgiram na prática da disciplina na América Latina. Mas aqui cabe uma reflexão sobre a persistência do poder – ou da hegemonia – das antropologias centrais, pois há de se admitir que a dinâmica da antropologia moderna tende a conferir, hoje em dia, a um tal *status* "metropolitano" – retomemos o problema –, um significado exclusivamente histórico, bem mais do que uma indiscutível realidade. A grande expansão da disciplina nas diversas latitudes do planeta – por força, é verdade, da função pedagógica dessas mesmas antropologias centrais – praticamente está levando a antropologia a um processo de "descentralização", ou "desmetropolização", em face da sua crescente modernização e atualização em vários países da América Latina. Aqueles centros de onde surgiram as primeiras tentativas de construção da antropologia – ou de sua invenção nos

---

chamamos de antropologia brasileira?". Todavia, pensados esses conceitos no interior de paradigmas constituintes da matriz disciplinar da moderna antropologia social, podemos avaliar a possibilidade de eles serem mutuamente traduzíveis. A meu ver, estabelecida a lógica dessa tradução, teríamos satisfeita uma condição mínima para se poder falar de uma antropologia planetária. Relativamente à questão da caracterização da antropologia que fazemos no Brasil com o recurso desses megaconceitos expressivos que são da matriz disciplinar, cf. o Capítulo 6 deste volume.

finais do século passado – não detêm mais o monopólio da disciplina e, muitas vezes, insinuam certa rigidez em suas posturas teóricas que o contato com as antropologias periféricas só pode ajudar a superar! Isso significa que o mundo acadêmico e científico reduziu-se bastante, estando metrópoles e periferias – prefiro usar ambas no plural – cada vez mais próximas. E isso corrobora afirmações, que tenho feito em diferentes ocasiões, de que as chamadas antropologias periféricas não devem ser entendidas como produtoras de resultados menos confiáveis...

Mas qual o verdadeiro lugar que uma antropologia periférica, como a que fazemos na América Latina, ocupa no interior de uma matriz disciplinar, ou, em outras palavras, em uma disciplina que possa ser validada em nível planetário? Independente de classificar as antropologias que temos desenvolvido entre nós com o adjetivo de "periféricas", tal não exclui que tanto essas como as centrais não vivam a tensão entre paradigmas, uma tensão inerente à dinâmica da matriz disciplinar. Como dissemos no início dessas considerações, se não for pela pretensão à universalidade, traço marcante das antropologias centrais, será pelo caráter particularizador das antropologias periféricas – até mesmo daquelas situadas na Europa – e para cuja apreensão a noção de estilo parece-me muito útil. Não penso ser necessário desenvolver amplamente aqui o que entendo por uma estilística da antropologia. Pude fazê-lo em outra ocasião.[17] Todavia, diria apenas que a noção de estilo remete a uma individuação ou especificidade da disciplina quando esta se singulariza em outros espaços. No caso do Brasil e do México, como se tentou mostrar, os conceitos de colonialismo interno, de fricção interétnica e de etnodesenvolvimento, cada um de *per se*, apontam à *dimensão política* das

---

17 Em outubro de 1990, tive a oportunidade de organizar um seminário sobre "Estilos de antropologia", na Universidade Estadual de Campinas – Unicamp, durante o qual procurei colocar algumas ideias que contribuíssem para o encaminhamento da questão, mediante a apresentação de um texto que chamei 'Notas sobre uma estilística da antropologia". O conjunto de trabalhos do Seminário foi publicado em *Estilos de Antropologia*, Roberto Cardoso de Oliveira e Guilhermo R. Ruben (orgs.).

relações interétnicas, o que significa dizer que mesmo que os estudos étnicos objetivem a compreensão ou a explicação de tal ou qual povo indígena, é o contexto nacional envolvente que se impõe com muita força no horizonte da disciplina e, por via de consequência, na construção do ponto de vista do pesquisador. A preocupação, explícita ou não, desse antropólogo está, por isso mesmo, permanentemente voltada para o lugar que ocupa, de onde fala, para as responsabilidades éticas de sua cidadania, particularmente quando investiga povos e culturas indígenas situados em seu país. Talvez esteja aqui, na imposição quase compulsiva dessa dimensão política, a peculiaridade de um dos estilos mais marcantes da antropologia na América Latina.

# CAPÍTULO 3
# A ANTROPOLOGIA E A "CRISE" DOS MODELOS EXPLICATIVOS

O tema que estou me propondo a examinar aqui – em decorrência da temática deste Seminário[1] –, embora me pareça oportuno, dada a atualidade dos problemas que gera, é, em si mesmo, equivocado devido ao caráter polissêmico do termo "crise". Por essa razão, começaria minhas considerações sobre o conceito de crise, pelo menos na forma pela qual tem sido utilizado na antropologia. Posteriormente, procurarei distinguir "modelo explicativo" – que estou entendendo aqui como equivalente a paradigma – de teoria. Finalmente concluirei por uma tentativa de avaliação da vocação *explicativa* de alguns paradigmas constitutivos de nossa disciplina ante o caráter *compreensivo* inerente ao próprio *métier* do antropólogo. Minha expectativa é de que possamos, juntos, aprofundar o

---

1 Conferência realizada na Universidade Federal do Paraná, em Curitiba, em 19 de novembro de 1993, no âmbito do Seminário "Ciência e Sociedade: A Crise dos Modelos". Foi publicada na revisa *USP Estudos Avançados* (v.9, n.5, 1995, p.213-228) e, em uma versão castelhana modificada, foi destinada ao Seminário "La Antropología Latinoamericana y la Crisis de los Modelos Explicativos", realizado em Bogotá, em 1995, como conferência de abertura, e posteriormente publicada em *Manguare: Revista del Departamento de Antropología* da Universidad Nacional de Colombia (n.11-12, 1996, p.9-23), com o título "La antropología latinoamericana y la 'crisis' de los modelos explicativos: Paradigmas y teorías".

exame do tema que me foi proposto, uma vez que as ideias que apresentarei não devem ser tomadas senão como pontos de referência capazes de orientar o debate, porém jamais limitá-lo.

A noção de crise passou a participar do horizonte das ciências sociais – e não apenas da antropologia – nessas últimas décadas, a partir do celebrado livro de Thomas Kuhn, *A estrutura das revoluções científicas*, cuja primeira edição remonta ao início dos anos 1960. Tratava-se então de uma crise de paradigmas, em que, na visão de Kuhn, a história das ciências paradigmáticas – isto é, das *hard sciences* – constituía-se de uma sucessão de crises somente superadas pela substituição do paradigma, vigente na ciência normal, por um novo paradigma que seria o resultado de uma espécie de revolução científica. Muito se escreveu em decorrência da posição desse historiador da ciência, originalmente físico, que, a rigor, procurava renovar a história da ciência trazendo ao debate argumentos até mesmo de forte apelo sociológico – como o do paradigma assentar-se em comunidades de profissionais, ideia, aliás, já antecipada por seu compatriota Charles Peirce, há pelo menos um século.

Não vejo necessidade de evocar aqui todos os elementos que constituem o conceito kuhniano de crise e de paradigma, uma vez que são bastante conhecidos de todos nós, senão apenas associá-los para qualificar um tipo de crise que poderíamos chamar crise epistêmica – e que, com relação à sua aplicação às ciências sociais, pelo menos dois livros que eu gostaria de assinalar possuem especial importância para ilustrar o nível a que chegou o debate em torno de suas ideias: trata-se do volume *Paradigms and Revolutions: Appraisals and Applications of Thomas Kuhn's Philosophy of Science*, de 1980, no qual vários autores discutem a utilização da abordagem kuhniana nas ciências sociais e nas humanidades; e o pequeno livro de Barry Barnes, *T. S. Kuhn and Social Sciences*, de 1982, por meio do qual o autor realiza uma avaliação dos conceitos de paradigma e de ciência normal, a par de mostrar seus possíveis desenvolvimentos no campo das ciências sociais.

Porém, a antropologia, como disciplina autônoma, já com alguma anterioridade preocupava-se com a ideia de uma eventual crise que, segundo alguns membros da comunidade de antropólogos, avizinhava-se diante do previsível desaparecimento de seu objeto de estudo. Seria legítima essa preocupação, ou nem sequer cabia levá-la a sério? Claude Lévi-Strauss soube levá-la a sério para, então, exorcizá-la. Todos se lembram bem de seu artigo, publicado originalmente no *Courrier de l'Unesco*, em novembro de 1961, e traduzido logo no ano seguinte para a *Revista de Antropologia* (v.10, n.12, 1962), sob o título de "A crise moderna da antropologia".

Nesse curto mas interessante artigo, Lévi-Strauss procura mostrar que em nenhuma hipótese o crescente processo de depopulação das etnias indígenas do planeta, ou mesmo a incorporação dos povos ditos primitivos em grandes civilizações – sobretudo à civilização europeia –, podem pôr em risco o futuro da disciplina, uma vez que ela não se define por seu objeto concreto – no caso, as sociedades aborígenes –, mas pelo olhar que deita sobre a questão da *diferença*. Questão essa sempre presente onde quer que identidades étnicas se defrontem. Lévi-Strauss conclui seu artigo dizendo que

> enquanto as maneiras de ser ou de agir de certos homens forem problemas para outros homens, haverá lugar para uma reflexão sobre essas diferenças, que, de forma sempre renovada, continuará a ser o domínio da antropologia.[2]

Ou, como diria Merleau-Ponty fazendo eco ao pensamento de Lévi-Strauss:

> A etnologia não é uma especialidade definida por um objeto particular, as sociedades "primitivas"; é uma maneira de pensar, aquela que se impõe quando o objeto é [o] "outro", e exige que nós nos transformemos.[3]

---

2 Lévi-Strauss, "A crise moderna da antropologia", *Revista de Antropologia*, op. cit., p.26.
3 Merleau-Ponty, De Mauss à Claude Lévi-Strauss, in *Signes*, p.150. O artigo entre colchetes é meu e exprime minha interpretação do texto de Merleau-Ponty.

O argumento elaborado por Lévi-Strauss serve para convencer-nos – assim imagino – de que pelo menos o propalado desaparecimento daqueles que têm sido o foco privilegiado da pesquisa antropológica – os povos aborígenes – não pode ser responsável por um eventual desaparecimento da disciplina por falta de objeto... Contudo, a maior importância do argumento está na transposição do problema do plano dos *objetos concretos* ao plano das *modalidades de conhecimento* de qualquer objeto empiricamente observável. Passa-se, assim, ao plano epistemológico – *locus*, aliás, onde se travam atualmente as polémicas mais interessantes e, certamente, mais proveitosas para o próprio desenvolvimento de nossa disciplina.

Gostaria, aqui, de circunscrever a problemática da crise da antropologia, ou de como ela é percebida nas comunidades de profissionais da disciplina, não mais nos centros metropolitanos – onde a antropologia teve a sua origem e se disseminou para a periferia –, mas para países onde foi obrigada a adaptar-se a novas condições de existência, tais como a precariedade institucional – falta de bibliotecas, ausência de tradição universitária, limitação orçamentária etc. etc. –, em que pese esses países terem servido – este é o termo de campo – de pesquisa para antropólogos provenientes daqueles centros. Essa adaptação, a que tenho chamado de "estilo", oferece à reflexão algo que considero muito importante para o progresso da disciplina entre nós, do Brasil e dos países congêneres. Trata-se da investigação comparada entre antropologias periféricas, de maneira que propicie o alargamento do horizonte da disciplina nas áreas não metropolitanas, graças à apreensão de seus diferentes estilos, a par de proporcionar a oportunidade de um saudável intercâmbio entre suas respectivas comunidades de profissionais. Limitar-me-ei aqui a mencionar pelo menos um país congênere, o México, onde a questão da crise não deixou de ter sua repercussão, e que nos servirá de parâmetro por meio do qual sempre poderemos elucidar, pelo exercício da comparação, aspectos importantes da antropologia que se faz no Brasil e em outros países da América Latina.

O colega Esteban Krotz, antropólogo da Universidade Autônoma de Yucatán, organizou um simpósio na Cidade do México, em 1990, devotado a uma reflexão sobre "o conceito de *crise* na historiografia das ciências antropológicas", com cerca de uma dezena de participantes. Cinco apresentaram textos que foram finalmente publicados em um opúsculo de pouco menos de 50 páginas.[4] Todavia, a pequena extensão da coletânea não desmerece a qualidade dos trabalhos postos à disposição do leitor, que indicam um conjunto de tópicos que mereceram a atenção dos antropólogos mexicanos e que, em sua maioria, não nos são estranhos. Vamos nos valer aqui de pelo menos uma das contribuições do seminário, precisamente a de seu organizador, uma vez que nos oferece um quadro interessante das diferentes percepções da crise no espaço ocupado pela disciplina no México. Com seu texto, "Crise da antropologia e dos antropólogos", Krotz procura estabelecer, portanto, uma distinção entre os diferentes sentidos que essa crise pode ter em seu país. Mostra que vários tipos de crise podem ser identificados no México. Entre os atores intelectuais que falam da crise mexicana, distingue, inicialmente, três que, em sua opinião, não estariam suficientemente familiarizados com a disciplina para sobre ela se manifestarem: são literatos, como Octavio Paz; colegas de outras disciplinas, portanto sem formação em antropologia; e funcionários de alguma maneira ligados à área de aplicação da disciplina e que, no México – sabemos nós – desempenham papel significativo no financiamento do trabalho antropológico, certamente em escala muito mais avançada do que ocorre nos demais países latino-americanos. Com efeito, o Estado ocupa um espaço extraordinariamente amplo na sociedade mexicana e pouca coisa se faz sem seu apoio. Há, ainda, aqueles que possuem maior familiaridade com a antropologia, mas cuja posição pessoal crítica contamina sua avaliação da disciplina: em regra, são pessoas envolvidas em seus trabalhos de tese, cuja formação, nem sempre adequada, gera frustração e ansiedade bastante perturbadora do juízo crítico. Há, finalmente, os profissionais da disciplina, entre os quais identifica três tipos de atores, cujas avaliações sobre

---

4 Cf. Krotz (org.), *El concepto "crisis" en la historiografía de las ciencias antropológicas*.

a antropologia devem, a meu ver, ser levadas a sério. Krotz assim os descreve:

> a) quando se esgotam, após intenso esforço, debates sem perspectiva de solução, situação que leva ao esgotamento os próprios antropólogos (exemplo: a discussão sobre o campesinato durante os anos 1970); b) quando se sentem desarmados frente a problemas sociais e culturais relativamente novos e/ou politicamente relevantes (exemplo: os novos movimentos sociais); c) quando verificam na literatura especializada estrangeira e/ou em instituições nacionais fenômenos que interpretados posteriormente como rupturas de geração ou como meros modismos, parecem tornar tão profundamente obsoletos sucessos científicos recentes que põem em dúvida o potencial da disciplina por inteira.[5]

O ponto de vista esboçado por Krotz – à medida que leva em conta os distintos atores sociais que habitam o campo da antropologia, seja em seu centro, seja em suas proximidades – permite distinguir igualmente uma certa variedade de representações dessa mesma crise, ampliando, assim, o próprio horizonte da análise de um fenômeno bem mais complexo do que poderia parecer inicialmente. Apesar de a realidade mexicana ser substancialmente diferente da brasileira, ainda que as antropologias que vigoram nos dois países tenham indiscutíveis similaridades, o certo é que esse quadro elaborado por Krotz lança uma boa luz sobre considerações que sempre podemos fazer a propósito da celebrada crise que, para alguns, ronda a disciplina entre nós. Entretanto, ao reconhecer a importância da distinção feita por Krotz em relação à comunidade mexicana de antropólogos em sua percepção da crise da disciplina, cabe reconhecer igualmente que não fica claro se a crise está situada em um eventual esgotamento do *paradigma*, seja ele qual for, ou se estamos ante uma inadequação ou a uma superação de *teorias* relativas às realidades ou aos problemas investigados. Essa é uma questão que

---

5 Krotz, Crise da antropologia e dos antropólogos, p.11.

gostaria de examinar agora, especificamente em relação ao exercício da antropologia em nosso país.

Tenho para mim que muito do que se diz no Brasil sobre a crise na antropologia segue de perto o que Krotz observou no México. Os atores intelectuais dividem-se claramente entre os que estariam relativamente familiarizados com a disciplina, sem jamais tê-la praticado – entre esses estariam colegas de outras disciplinas das ciências sociais ou das humanidades, interessados pela antropologia –, e aqueles que nela militam profissionalmente. Não possuo nenhuma evidência de que esses últimos tenham se impressionado com qualquer ameaça de crise. Se, eventualmente, um ou outro membro da comunidade preocupou-se com a questão, isso seria um caso isolado, mesmo porque aqueles interessados em discutir a disciplina em nível epistemológico, isto é, procurando dar conta dos paradigmas que a compõem – ou que compuseram a antropologia ao longo de sua história –, praticamente têm considerado a noção de crise como uma ideia pouco fecunda para a apreensão da disciplina, pelo menos em sua atualidade. Situo-me entre esses últimos, e meus trabalhos, particularmente os que estão enfeixados em meu livro *Sobre o pensamento antropológico*, sempre procuraram conduzir uma reflexão sobre a disciplina abstendo-se de qualquer ênfase maior em suas eventuais crises, passadas ou presentes, simplesmente – e aqui está o argumento – porque mesmo as turbulências que a antropologia sofreu em passado recente não foram de molde a contaminá-la no nível epistêmico. Para ilustrar sucintamente isso, lembraria pelo menos duas crises que tiveram lugar no país: uma que tocou profundamente a comunidade universitária – refiro-me às consequências do regime autoritário no interior do corpo docente de inúmeras universidades –, e outra especificamente prejudicial à etnologia indígena, a transformação da Funai no maior obstáculo à pesquisa etnográfica, dificultando, quando não impedindo, o exercício do trabalho de campo junto às populações indígenas por ela tuteladas, a muitos jovens etnólogos. Apesar disso, não se pode dizer que a antropologia entrou em qualquer tipo de crise disciplinar ou metadisciplinar.

Entendo, portanto, que aquilo que poderíamos chamar crise – volto a dizer, no plano epistemológico, e não na estrutura da organização do trabalho científico, na qual se incluiriam as crises institucionais só se observaria nos termos em que Kuhn a coloca, a saber, quando um paradigma sucede ao outro no processo histórico de transformação da ciência; ou, melhor, das ciências *duras*, ou *hard sciences*. Dispenso-me de um aprofundamento específico sobre o pensamento kuhniano a esse respeito, pois suas ideias têm sido bastante divulgadas mesmo no meio das *soft sciences*, como o nosso.

Diria apenas – e aqui reproduzo ideias que venho repisando já há algum tempo – que a antropologia moderna está constituída por um elenco de paradigmas simultâneos, ou, para usar uma expressão de George Stocking Jr., trata-se de um "equilíbrio poliparadigmático".[6] Todavia, menos do que tomar em conta a antropologia como um todo, isto é, os seus diferentes ramos, tenho focalizado a antropologia social ou mesmo cultural, em sua acepção moderna, o que confere às minhas preocupações um teor bastante diferente daquelas questionadas por esse competente historiador da antropologia. Cinjo-me, assim – como têm demonstrado meus escritos desde 1984, quando ministrei a conferência da XIV Reunião Brasileira de Antropologia –, a procurar equacionar os paradigmas que compõem, em sua justaposição e simultaneidade, a "matriz disciplinar" da antropologia.[7] Voltarei ao tema mais adiante para dar conta de como penso hoje essa questão, agora relacionada com a chamada crise da disciplina.

Neste momento, creio que será oportuno ilustrarmos com um bom exemplo a relação que tem lugar no interior da disciplina em que paradigmas e teorias convivem em uma interação contínua. Penso que podemos exemplificar essa relação entre paradigmas e teorias na instância do parentesco, certamente a mais clássica que

---

6 Cf. Stocking Jr., Anthropology in Crisis? A view from between generations, in *Crisis in Anthropology*, p.419.

7 A conferência em que a matriz disciplinar da antropologia foi esboçada pela primeira vez, intitulei "Tempo e tradição: Interpretando a antropologia", tendo sido publicada no *Anuário Antropológico-84*, posteriormente inserida em *Sobre o pensamento antropológico*.

podemos identificar na antropologia, responsável mesmo pelo amadurecimento da disciplina ao longo de todo um século. Qualquer professor de antropologia sabe que as teorias de parentesco desempenharam historicamente um papel fundamental na formação de sua disciplina, posto que foi precisamente nessa instância empírica que logrou seus sucessos mais sólidos, seja como núcleo de muitas das melhores monografias, que se tornaram exemplares para a sua consolidação, seja como uma das instâncias mais suscetíveis de formalização, portanto capaz de proporcionar à antropologia abordagens de caráter nomológico. Seja como for, as teorias de parentesco – muitas vezes tão injustamente desprezadas hoje em dia no ensino da disciplina – são parte indispensável na formação do antropólogo, pois, por meio delas, o estudante sempre conseguirá um acesso bem mais seguro no domínio da antropologia.[8]

Vejamos o que essas teorias expõem sobre a natureza de nossa disciplina. Sabemos que houve tempo em que se conflitavam duas teorias de parentesco: uma, denominada *de descendência*, de inspiração anglo-saxônica, proporcionadora de relações perpendiculares, facilmente demonstráveis em um diagrama de parentesco; outra, *de aliança*, tributária da tradição francesa – de Mauss a Lévi-Strauss –, baseada na ideia de reciprocidade e marcada por relações expressas horizontalmente em nível de um diagrama no qual o matrimônio constitui nódulos analiticamente privilegiados. Teorias tão diferenciadas em sua concepção, em lugar de levarem a disciplina à crise, foram, ao contrário, responsáveis por uma dinamização da antropologia de tal magnitude a ponto de se tornarem *complementares*, articulando-se, portanto, entre si, como mostram diferentes autores,

---

8 Considere-se, por exemplo, que as teorias de redes – *networks* –, que décadas atrás foram desenvolvidas pela Escola de Manchester, podem ser consideradas como uma transposição dos instrumentos de análise de relações primárias, interpessoais, de sociedades ditas simples, para sociedades complexas, particularmente as urbanizadas. Ambas as teorias – de parentesco e de redes – cobrem instâncias praticamente equivalentes do ponto de vista teórico-metodológico. No primeiro capítulo de meu livro *Enigmas e soluções*, vali-me da oposição complementar das teorias de descendência e de aliança para mostrar como se dá a articulação entre teorias a despeito da diferença existente entre seus respectivos paradigmas.

como Louis Dumont – especialmente em seu livro *Introduction à deux théories d'anthropologie sociale*, de 1971 – e Ira R. Buchler e Henry A. Selby – com o livro *Kinship and social organization: An introduction to theory and method*, de 1968. São autores que, apesar de se situarem em tradições diferentes e específicas – Dumont, no estruturalismo francês; Buchler e Selby, no empirismo anglo-saxão –, chegaram praticamente às mesmas conclusões no que diz respeito à articulação entre teorias respectivamente originárias de paradigmas que, historicamente, sempre estiveram em oposição. A "crise" que eventualmente essas teorias poderiam ter causado foi rapidamente sanada por uma descoberta óbvia de que nenhuma delas daria conta sozinha da realidade do parentesco e que somente com a articulação complementar de ambas a disciplina poderia finalmente deslindar a complexidade do fenômeno.

Isso nos ensina que as crises em nível teórico são sanáveis ou pela eliminação de uma por outra, ou pela articulação das mesmas, como no exemplo mencionado, ou, ainda, pela convivência pacífica de teorias contrárias, porém não contraditórias, das quais, aliás, a antropologia conhece inúmeros casos. Essas últimas, graças às quais a antropologia conseguiu consolidar-se como disciplina respeitável no reino das ciências sociais, são majoritariamente do tipo a que Merton chamou de *middle range theories* – ou "teorias de médio alcance" – e que não são outra coisa para nós do que descrições analíticas, com pretensões explicativas, contidas nas monografias produzidas sobre tal ou qual sociedade ou cultura. Apesar de muitas delas ou todas serem passíveis de restrições e de críticas, particularmente quando constroem modelos diferentes sobre uma mesma sociedade e cultura, isso não significa que essas teorias não convivam de algum modo compulsoriamente, uma vez que uma não dispõe de força suficiente – de argumentos – para eliminar a outra. A literatura etnológica está repleta de exemplos dessa ordem. Sem nenhuma ironia, poderíamos chamar isso de o afável convívio acadêmico entre monografias.

Essas teorias, a diferença dos paradigmas – que mais seriam metateorias – constituem interpretações de realidades concretas. Seja focalizando sistemas socioculturais globais, como as monografias clássicas concernentes a tal ou qual povo; seja procurando descrever e analisar sistemas parciais, tais como o parentesco, a mitologia, a religião etc. etc.; seja, ainda, por intermédio da investigação intensiva de um determinado tema ou problema, buscando dar conta, holisticamente, de um povo ou de um grupo social específico – como nas modernas monografias etnológicas.[9] A quase totalidade da produção antropológica está orientada – queiram ou não os seus autores – para a construção de "teorias de médio alcance" contidas em monografias competentemente elaboradas. As "grandes teorias" são raras, pois ultrapassam instâncias empíricas específicas para atingir níveis de generalidade planetária. Prefiro mencionar, nesse sentido, apenas uma, talvez a mais conhecida hoje em dia, aquela construída por Lévi-Strauss para dar conta do parentesco: seu livro clássico *Les structures élémentaires de la parenté*, publicado em 1949, pode ser tomado como uma boa ilustração de uma grande teoria.

Vamos agora nos deter um pouco sobre a noção de paradigma e de sua utilidade na antropologia. Procurarei ser bastante sucinto, pois tenho tratado disso com bastante frequência. Contudo, há de se dizer que meu conceito de paradigma origina-se em sua versão kuhniana, em que as ideias de "quebra-cabeça" – ou *puzzle solving* – e de "exemplaridade" são coextensivas da concepção de paradigma: a primeira denotando o caráter fechado e circular dos problemas e de suas soluções, ambos devidamente previstos pelo paradigma; a segunda, indicando a natureza modelar dessas soluções enquanto inscritas – no caso de nossa disciplina – em *monografias exemplares*. O caráter exemplar dessas monografias significa que as teorias de tal ou qual sistema sociocultural amparam-se, em nível metateórico, em paradigmas facilmente identificáveis mediante a investigação epistemológica. A rigor, essas monografias exemplares expressam, em grau variável, seus pressupostos paradigmáticos. Mesmo para Kuhn,

---

9 Só para ilustrar sobre o que entendo a respeito de uma monografia moderna, construída por meio de uma problemática central, menciono o livro de Victor Turner, *Schism and continuity in an African Society*.

que está mais familiarizado com paradigmas constituídos por regras formalizadas, a noção de exemplaridade é naturalmente aceita ao se tratar de ciências sociais ou humanas, pouco afeitas à formalização. Fala ainda em "matriz disciplinar" como equivalente a paradigma. No meu entender, entretanto, cabe distingui-las como duas diferentes noções.

Diria que se matriz disciplinar pode ser sinônimo de paradigma, enquanto materializa o poder matricial de um determinado conjunto de regras – o que faz sentido em ciências marcadas por sucessão de paradigmas ou matrizes –, já ao se tratar de conjunto de paradigmas que se dão em simultaneidade – e não em sucessão –, a ideia de matriz disciplinar torna-se bastante útil, por permitir articular tais paradigmas em uma única estrutura, inclusiva, capaz de absorvê-los sem anular qualquer um deles – o que ocorre, tipicamente, na antropologia, como tenho procurado demonstrar em outras oportunidades.[10] Por isso, não pretendo agora mostrar graficamente o que chamo de matriz disciplinar da antropologia – para isso, é suficiente observar o gráfico da Figura 1 do Capítulo 7. Bastaria indicar que tal matriz é constituída por quatro paradigmas básicos, historicamente demonstráveis:

1. o *racionalista* e estruturalista, na acepção lévi-straussiana, gerado no interior da tradição intelectualista europeia continental por intermédio da Escola Francesa de Sociologia;
2. o *estrutural-funcionalista*, cuja origem deu-se na tradição empirista igualmente europeia, porém insular, na Escola Britânica de Antropologia Social;
3. o *culturalista*, igualmente abrigado na tradição empirista anglo-saxônica, mas surgido na Escola Histórico-Cultural Norte-Americana; e, por fim,
4. o *hermenêutico*, vinculado à tradição intelectualista europeia continental, reavivado, todavia, pelo "movimento interpretativista" norte-americano, em uma tentativa de recuperação tardia de uma perspectiva filosófica do século XIX.

---

10 Cf., por exemplo, o artigo mencionado na nota 7 do presente Capítulo.

Cabe lembrar que os três primeiros paradigmas são igualmente produto desse mesmo século, mas como subproduto da Ilustração; o quarto paradigma constitui-se como reação à razão iluminista. A essa reação é que se tem aplicado o termo pós-moderno, como uma espécie de oposição à chamada modernidade, inaugurada no Iluminismo, período de um quase religioso culto à razão. O pequeno livro do pensador francês Jean-François Lyotard, *La condition postmoderne*, é bastante esclarecedor nesse sentido. Para justificar o tratamento tão sintético e incompleto que estou dando aqui à questão da matriz disciplinar, gostaria de lembrar que tive a oportunidade de desenvolver extensamente uma argumentação sobre toda essa temática nos quatro primeiros capítulos do livro *Sobre o pensamento antropológico*, já mencionado. Consistentes ou não, os argumentos estão à disposição do leitor interessado em aprofundar a questão.

O certo é que nem os três primeiros paradigmas, inspirados na *episteme* naturalista – como o de ver a antropologia como um tipo de ciência natural –, nem o quarto paradigma, com sua crítica radical ao escopo naturalista da disciplina, levaram – ou estão levando – a antropologia à crise. Ver com olhos críticos os "paradigmas da ordem" – como já assim denominei os três primeiros – não significa criar uma crise na antropologia, mesmo ao se considerar a posição dos mais fanáticos pós-modernos, como Stephen Tyler, por exemplo. Com a introdução pelo paradigma hermenêutico de alguma desordem na matriz disciplinar – constituída, originalmente, pelos paradigmas orientados pelas ciências naturais –, o que se viu foi uma sorte de rejuvenescimento da disciplina, e isso graças ao aumento da tensão entre os paradigmas circunscritos na matriz: se já havia essa tensão entre os primeiros paradigmas, com a inclusão do último ela aumentou em escala, dinamizando extraordinariamente a antropologia de nossos dias. Portanto, nunca é demais insistir que a hermenêutica não veio para erradicar os paradigmas, hoje chamados tradicionais, mas para conviver junto a eles, tensamente, constituindo uma matriz disciplinar efetivamente viva e produtiva. Tenho me valido de uma expressão de Paul Ricoeur, *la*

*greffe*, isto é, o enxerto, para exprimir o papel que a hermenêutica desempenha na matriz disciplinar. Um enxerto:
a. de moderação na autoridade do autor – com a eliminação de qualquer dose de autoritarismo;
b. de maior atenção na elaboração da escrita – com a obrigatória rematização do processo de textualização das observações etnográficas;
c. de preocupação com o momento histórico do próprio encontro etnográfico – com a consequente apreensão da historicidade em que se veem envolvidos sujeito cognoscente e objeto cognoscível; e, finalmente, porém não em último lugar,
d. um enxerto de compreensão sobre os limites da razão científica, ou da cientificidade, da própria disciplina – o que não quer dizer abrir mão da razão e de suas possibilidades de explicação; para ser mais claro, quero dizer que continuo acreditando na razão e, para fazer eco às palavras de Habermas, diria que a modernidade ainda não se esgotou para começarmos a levar muito a sério essa pós-modernidade.

Vamos examinar de maneira tópica – o que significa dizer de modo não extensivo – cada um desses novos elementos que, graças à perspectiva hermenêutica, instalaram-se no interior da matriz disciplinar como que a alimentá-la com os melhores nutrientes. É assim que, ao se falar de autor(idade), estamos problematizando algo que nem sempre é levado em conta pelo pesquisador, podendo, portanto, ser facilmente transformado em autoritarismo, uma vez que o *poder* – lembremo-nos de Foucault – sempre presente e do lado da sociedade a que pertence o pesquisador, raramente é por ele próprio questionado. Tomemos apenas um aspecto desse encontro etnográfico, que me parece emblemático por sua natureza crítica: trata-se da relação pesquisador-informante, em que o poder do primeiro contamina de resto toda a entrevista. Se não levada em conta essa situação, que condiciona o encontro etnográfico, sabemos hoje que nunca será um bom começo para a investigação antropológica. A condição de "estar lá" – o *being there* de que nos fala Geertz[11] – é, por diversas razões, das quais essa é apenas uma, essencialmente crítica. O "estar lá" gera, por outro lado, uma autonomia que, a rigor, é ilusória. "Eu estive lá, portanto sou testemunha do que vi e ouvi", não passa de uma frase plena de significados no mínimo dúbios! Porque sob a intenção saudável do pesquisador responsabilizar-se pelo fato que descreve e interpreta – ou descrevendo interpreta –, esconde-se uma segunda intenção – é verdade que nem sempre consciente – de dar legitimidade a seu discurso, quase que o dogmatizando ao leitor: e isso vale tanto para os seus pares como para o leitor comum. O "estar lá" tende a não admitir dúvidas... Eis o seu caráter perverso.

Porém, isso não quer dizer que o "estar aqui" – *being here* – não carregue em si mesmo suas contradições. Geertz mostra o papel do ambiente universitário, desde o prosaico corredor, onde as palavras são muitas vezes "jogadas fora", até o gabinete de trabalho do professor, passando pelas bibliotecas, onde, aliás, fazemos uma segunda pesquisa: a *library fieldwork*. Não discutirei aqui todos os aspectos assinalados por Geertz, sempre bastante arguto, em que pese sua inescapável tendência ao preciosismo verbal... Gostaria de limitar-me exclusivamente a apontar a instância do "estar aqui", gozando as condições do trabalho de gabinete, como sendo em si mesmas problemáticas, uma vez que, necessariamente, conduzem-nos à dinâmica dos "jogos de linguagem", próprios de nossa disciplina e das disciplinas congêneres, de cuja atitude crítica, ou melhor, autocrítica, não podemos furtar-nos.

O certo é que tanto o estar no campo como o estar no gabinete fazem parte de um mesmo processo de busca do conhecimento. Nesse sentido, a separação nunca é tão nítida como parece pretender

---

11 Tanto o *being there* como o *being here* são expressões bem apropriadas, utilizadas por Clifford Geertz em seu interessante *Works and lives: The anthropologist as author*. A bibliografia a respeito desse movimento que se chama "antropologia interpretativa" reúne algumas dezenas de bons artigos publicados em revistas especializadas estrangeiras. Entre as revistas nacionais, destaco o *Anuário Antropológico* (n[os] 83, 84, 85, 86 e 88), pioneiro em colocar em discussão no Brasil a questão hermenêutica.

Geertz, porque sempre "levamos o gabinete" conosco quando realizamos a pesquisa de campo, bem como "trazemos o campo" conosco quando voltamos ao nosso lugar de trabalho. Entendo que essa separação, ainda que real em termos de *topos*, não determina nenhum processo esquizofrênico na personalidade do pesquisador-autor. Lembro-me, quando ainda fazia etnologia indígena, quantas vezes em meu diário de campo iniciava verdadeiros ensaios simultaneamente à etnografia realizada. Geertz, no entanto, está certo quando – ao separar as duas instâncias que, bem articuladas, criam o produto antropológico – acentua esse processo como duas faces de uma mesma moeda.

Contudo, a maior importância que observo nesses novos elementos que passam a ser absorvidos pela matriz disciplinar – pelo menos assim espero – é a da historicidade, ou, em outras palavras, da consciência histórica que passa a habitar o horizonte do pesquisador. Escusado dizer que é a obra de Gadamer, *Verdade e método*, cuja primeira edição alemã é de 1960, a grande responsável pela renovação do pensamento hermenêutico que as ciências humanas e, particularmente, a antropologia, haveriam de incorporar, naturalmente de forma variável. No caso específico de nossa disciplina, o que se verificou foi o recrudescimento de certos componentes habituais do fazer antropológico, mas que, todavia, não chegavam a ser tematizados na órbita da disciplina e, por esse motivo, não ganhavam o desenvolvimento que mereciam. Refiro-me, de modo todo especial, ao aprofundamento de uma maior reflexão a respeito da relação sujeito-objeto e de seu mútuo condicionamento histórico. Essa reflexão, entretanto, está longe de se inspirar em um historicismo de origem dilheyana, mas apenas no segundo Dilthey, o hermeneuta. Recuperada essa hermenêutica por Gadamer – passando, naturalmente, por Heidegger, seu mestre –, dá-se um tipo muito especial de articulação epistêmica: a que envolve a *história* e a *linguagem*, como o meio, ou o ambiente, em que se edifica a esfera da *intersubjetividade*. Em poucas palavras, e em uma simplificação que espero não prejudicar a apreensão do que pretendo passar ao leitor, diria que história, linguagem e intersubjetividade formam uma espécie de tripé sobre o qual se assentam as bases de uma reflexão sobre questões tradicionais na antropologia, presentes na obra de nossos clássicos como Malinowski, Boas ou Evans-Pritchard. Talvez a questão mais central, por ser justamente a questão nuclear na constituição do conhecimento, seja a da relação sujeito cognoscente-objeto cognoscível, a que já me referi.

De que elementos a antropologia se enriquece com a tematização de questões como a da relação entre observador e observado, pesquisador e pesquisado, antropólogo e informante? Primeiro, pode-se dizer que ela ganha ao se interrogar sobre a especificidade de uma relação em que as duas partes – observador e observado – estão igualmente situadas em um mesmo momento histórico, o que significa que o sujeito cognoscente não está imutavelmente engessado em uma posição intocável pelo objeto cognoscível: ele, tanto como o outro, está inserido na dinâmica do *encontro etnográfico*.[12] Em termos epistemológicos, diria, em primeiro lugar, que a objetividade concebida pelo positivismo – em que o pesquisador daria todas as cartas – é puramente ilusória. Segundo, e em decorrência disso, a relação que se impõe entre as partes envolvidas no processo cognitivo, de monológica passa a ser dialógica, alterando a própria prática da chamada *entrevista* com a transformação do pesquisador e de seu informante em interlocutores. Isso significa que uma relação caracteristicamente marcada como uma via de mão única passa a ser de mão dupla, consequência do diálogo tomado agora como essencial na busca – nem sempre e dificilmente alcançada, é verdade – de simetria nas relações entre pesquisador e pesquisado.

Não faz muito tempo, o *Anuário Antmpológico-88* publicou um interessante artigo de Vincent Crapanzano intitulado "Diálogo", no qual o autor vinculado ao movimento interpretativista norte-americano procura discutir esse tipo de apreensão gadameriana da realidade examinando seu lugar no interior da própria experiência antropológica. Se na filosofia hermenêutica de Gadamer o diálogo e,

---

12 Cf. o Capítulo 1 deste volume, no qual esse tema é especialmente examinado do ponto de vista da "entrevista".

com ele, a compreensão – ou *Verstehen* – são constitutivos do homem – daí ser ela uma hermenêutica ontológica –, para a antropologia, a relação dialógica conduz as partes envolvidas a uma compreensão dupla o que significa que o outro é igualmente estimulado a nos compreender... Isso ocorre graças à ampliação do próprio horizonte da pesquisa, incorporando, em alguma escala, o horizonte do outro. Trata-se da conhecida "fusão de horizontes" de que falam os hermeneutas. Contudo, gostaria de enfatizar que em nenhum momento o antropólogo deve abdicar de um posicionamento próprio no interior de seu horizonte, isto é, no âmbito de sua disciplina, ela própria uma "cultura científica" de origem ocidental. Portanto, nessa fusão de horizontes, o pesquisador apenas abre espaço à perspectiva do outro, sem abdicar da sua, uma vez que o seu esforço será sempre o de traduzir o discurso do outro nos termos do próprio discurso de sua disciplina. Há uma sorte de transferência de sentido de um horizonte para outro. Apesar da "suspeição da razão" levantada pela hermenêutica gadameriana,[13] nem por isso essa razão estaria fadada à obsolescência... Apenas estaríamos levando em conta seus limites.

E aqui chegamos à última parte destas considerações, momento em que precisamente vamos procurar mostrar como a *compreensão hermenêutica* e a *explicação nomológica* podem ser articuladas, antes de se oporem irremediavelmente – como parecem querer os mais impenitentes pós-modernos. Com toda a argumentação anterior, espero ter deixado claro ao menos minha posição de não reconhecer qualquer crise na antropologia, muito menos uma que se poderia denominar epistemológica. Isso só seria possível se o paradigma hermenêutico tivesse vindo – ainda que tardiamente – para eliminar os paradigmas da ordem, comprometidos com a tarefa de explicar a cultura, a sociedade, enfim, o homem, em termos nomológicos, o que significa "naturalizando-os", na maioria das vezes; e se digo na maioria das vezes, e não sempre, é que pelo menos no desdobramento lévi-straussiano do paradigma racionalista – desdobramento,

---

13 Recomendo a leitura do pequeno ensaio de Gadamer, The hermeneutics of suspicion, in *Hermeneutics: Questions and prospects*, G. Shapiro e A. Sica (orgs.).

portanto, não mais naturalizante, ainda que nomológico, e, por conseguinte, igualmente da ordem –, o parâmetro não é mais a ciência natural, mas a linguística, uma ciência humana. Assim, em lugar de eliminar todos os paradigmas da ordem, observamos que a hermenêutica veio travar com eles uma batalha não de morte, mas de vida, revivificando-os e introduzindo na matriz disciplinar uma tensão extremamente saudável, em nada parecida com uma crise.

A essa altura, gostaria de recorrer a dois autores filósofos, cujas reflexões sobre a compreensão e a explicação abrem boas pistas para o trabalho do antropólogo. São eles Karl-Otto Apel e Paul Ricoeur. Ambos procuram mostrar, cada um a seu modo, como o explicar e o compreender podem estar associados em empreendimentos cognitivos específicos. Limito-me a mencionar apenas algumas ideias desses autores, ainda que de maneira muito abreviada, mas que justificam-se a título de sugestão para leituras mais completas e, certamente, mais avançadas, que sempre poderão ser levadas avante pelo leitor interessado. Proponho dois comentários inspirados em um desses dois autores.

O primeiro comentário toma por referência o ensaio "Cientística, hermenêutica e crítica das ideologias", no qual Apel desenvolve a perspectiva de uma "mediação dialética entre a *explicação* das ciências sociais e a *compreensão* das tradições de sentido, própria das ciências histórico-hermenêuticas".[14] Embora suas reflexões estejam orientadas substancialmente para a questão ética – questão essa que, dada sua relevância, eu mesmo abordei em outras oportunidades com base nas teses desse autor[15] –, o que nos interessa agora assinalar é que Apel, ao reconhecer a "crítica das ideologias" – a mesma

---

14 Cf. Apel, Scientistic, hermeneutics and the critique of ideology, in *Towards a transformation of philosophy*, p.72; ou na edição espanhola, *La transformación de la filosofía*, tomo II, p.119.
15 Cf. Cardoso de Oliveira, O saber, a ética e a ação social, *Manuscrito: Revista Internacional de Filosofia*, v.XIII, n.2, p.7-22; Prácticas interétnicas y moralidad: Por un indigenismo (auto)crítico, *América Indígena*, v.I, n.4, out.-dez., p.9-25; Antropologia e moralidade, *Revista Brasileira de Ciências Sociais/Anpocs*, ano 9, n.24, p.110-121.

de que fala Habermas –, abre uma via bastante rica para a investigação em ciências sociais e, de um modo todo especial, em antropologia. Se as ciências naturais empírico-analíticas, admitidas habitualmente como *ciências*, e as ciências hermenêuticas do espírito, *sociais ou humanas*, estão, as primeiras, orientadas pela infindável busca de *objetividade* – por meio da qual se exercita a razão instrumental, interventora na natureza – e, as segundas, pela necessidade de estabelecer *sentido* nas ações observadas – isso em consequência da obrigatória comunicabilidade intersubjetiva com vistas a acordos –, o que se conclui é que, do ponto de vista de nossa disciplina, tanto um quanto outro tipo de ciência não deixa de desempenhar uma importante função no interior da matriz disciplinar. Os paradigmas que denominei "da ordem", comprometidos com a objetividade custe o que custar, podem ser considerados como guardando uma relação dialética com o paradigma hermenêutico, ele próprio inexoravelmente comprometido com as conexões de sentido inerentes à esfera da intersubjetividade. Não tomando Apel – ou Habermas – ao pé da letra, poderíamos dizer que mediante a crítica – e não apenas a "crítica das ideologias" –, que permanentemente deve habitar o espaço da matriz disciplinar, o antropólogo estaria sempre visualizando os limites dos diferentes paradigmas componentes da matriz, o que o levaria a transcendê-los na prática da investigação.

A transcendência dos paradigmas, proporcionada pela admissão tácita de que eles se encontram em permanente tensão – chame-a dialética ou não –, o importante é reconhecer a crescente unidade que marca a articulação entre os paradigmas "da ordem" e o hermenêutico, a partir do momento em que – e aqui me inspiro em Ricoeur – não se trata de uma *questão de método* o que separa os primeiros do último paradigma. A explicação, inscrita programaticamente nos paradigmas "da ordem", não colide com a compreensão constitutiva da hermenêutica. Assim nos esclarece Ricoeur:[16]

---

16 Cf. Paul Ricoeur, Expliquer et comprendre: Sur quelques connexions remarquables entre la théorie du texte, la théorie de l'action et la théorie de l'histoire, in *Du texte à l'action. Essais d'herméneutique, II*. Essa referência a Ricoeur e

Sobre o plano epistemológico, primeiramente, diria que não há dois métodos, o método explicativo e o método compreensivo. Para falar estritamente, apenas a explicação é metódica. A compreensão é sobretudo o momento não metódico que nas ciências interpretativas se compõe com o momento metódico da explicação. Esse momento precede, acompanha, fecha e assim *envolve* a explicação. Em compensação, a explicação *desenvolve* analiticamente a compreensão. Esse elo dialético entre explicar e compreender tem por consequência uma relação muito complexa e paradoxal entre ciências humanas e ciências da natureza.[17]

Para melhor entendermos isso nos termos de nossa disciplina, cabe ainda algum esclarecimento sobre a questão do sentido alcançado pela compreensão. Diria que enquanto a explicação dá conta das dimensões do real suscetíveis de tratamento metódico – por métodos funcionais e/ ou estruturais, por exemplo –, a compreensão capta aquilo que Ricoeur chama de "excedente de sentido" – *surcroît de sens*. Não é difícil para nós apreendermos, mesmo intuitivamente, o que significa esse excesso de sentido, desde que consideremos que tudo aquilo que possui alguma significação que seja irredutível a métodos pode ser de alguma maneira recuperado pela via da compreensão. Aliás, é por aí que nos reencontramos com a distinção gadameriana entre "verdade" e "método", segundo a qual toda a "verdade" – ou simplesmente a veracidade – não se alcança pelo caminho exclusivo do método. Esse algo mais que lhe escapa não só pode, mas deve ser alcançado pela via da compreensão. Se tomarmos isso como um alvo perfeitamente plausível da antropologia, estaremos admitindo que nossa matriz disciplinar expressa com razoável fidelidade a atual *episteme* da disciplina. Quero crer que os argumentos até aqui apresentados conduzem a essa asserção, e gostaria de dizer que não me refiro exclusivamente

---

à temática da dialética da compreensão e da explicação é recorrente em vários ensaios deste volume. Todavia, sugiro uma especial atenção ao Capítulo 4, referente ao lugar ou "em lugar" do método.

17 Ibidem, p.181.

à antropologia que fazemos no Brasil, porém à disciplina em sua dimensão planetária. Todavia, não poderia dizer o mesmo do ponto de vista de eventuais crises institucionais – que envolvem a organização do trabalho científico ou mesmo sua própria viabilidade em países carentes de tradição acadêmica ou, ainda, submetidos a regimes discricionários da liberdade intelectual. Entre nós, atualmente, a ordem institucional – em que pesem as dificuldades da conjuntura econômica – é ainda favorável a empreendimentos de pesquisa e de ensino avançado, se não na maioria dos departamentos de antropologia do país, ao menos em uma dezena deles, onde a disciplina já se consolidou ou está a ponto de consolidar-se. Como se vê, tenho uma visão otimista sobre a antropologia que fazemos no Brasil. Só espero que o tempo não me desminta.

# Capítulo 4
# O lugar – e *em* lugar – do método

> La méthode est nécessaire pour la recherche de la verité.[1]

Dizer que a sociologia, como ciência, surge como exercício de método é o que se pode depreender da leitura das *Regras do método sociológico* (1895), que completa o seu centenário.[2] E para compreendermos bem qual o lugar do método na sociologia e em disciplinas afins, ou o porquê de sua necessidade – para aludirmos a nossa epígrafe cartesiana –, não podemos deixar de enfrentar a questão do cientismo, particularmente em sua feição racionalista, que secularmente tem preocupado os cientistas sociais. Diante disso, procurarei, em primeiro lugar, nessa comemoração dos cem anos dessa seminal obra de Durkheim, esboçar um quadro sobre a inserção da sociologia nascente na tradição do racionalismo francês. Em segundo, examinarei alguns aspectos da implantação da postura metódica em uma sociologia imaginada como uma verdadeira ciência natural dos fatos sociais. Finalmente, tentarei mostrar, dentro de

---

1 Descartes, Régle IV, *Règles pour la direcion de l'esprit*.
2 Conferência de abertura do Colóquio *"Durkheim: 100 Anos d'As Regras do Método Sociológico"*, realizado no Departamento de Ciências Sociais da Universidade Federal do Paraná, em Curitiba, nos dias 2 e 3 de outubro de 1995.

uma perspectiva que entendo moderna, os limites do método, ou de como em determinadas circunstâncias da investigação sociológica ou ainda, mais precisamente, em sua acepção antropológica, o que poderia estar em seu lugar. A questão do método sempre acompanhou a busca da verdade. E certamente não começa com Descartes, mas o antecipa em séculos, se levarmos em conta o próprio pensamento grego, com o *Organon* de Aristóteles, ou, ainda, já na contemporaneidade de Descartes, o *Novum Organum* de Bacon. E, na linha empirista desse último, ainda poderíamos mencionar, entre vários outros expoentes do pensamento anglo-saxão, o grande lógico da indução, por sua vez contemporâneo de Comte, o inglês John Stuart Mill. Com seu *A system of logic ratiocinative and inductive*, precisamente seu livro VI, Stuart Mill procura mostrar a possibilidade de aplicação da lógica indutiva, comprovadamente apta a dar conta dos fenômenos naturais, agora endereçada aos fenômenos sociais – ou "morais", na terminologia da época. O mesmo teor empirista – característico de seus antecessores, como Hobbes, Locke ou Hume, e do próprio Bacon – é a marca dessa obsessão pelo método, encontradiça também na esteira de outra tradição: a racionalista. Isso significa que a necessidade de uma investigação norteada pelo método não é monopólio nem do pensamento empirista, nem do racionalista, uma vez que ambos o tomam como ideia organizadora, sem a qual não se logrará impor ordem no mundo das coisas e dos conceitos: seja pela nítida separação cartesiana entre pensamento e extensão, pela qual se assegura a objetividade de um espírito debruçado sobre a realidade externa, a começar pela de seu próprio corpo; seja pela domesticação metódica de uma experiência descontaminada da presença perturbadora do sujeito cognoscente. Intelectualistas e empiristas, em que pese a diferença de caminhos, confluem na mesma busca de objetividade.

Durkheim, como não podia deixar de ser, vai se filiar à tradição intelectualista-racionalista,[3] e tomar como fonte de inspiração para

---

3 Não é demais esclarecer que o termo *racionalista* – ou *racionalismo* – envolve um conceito menos extenso, logicamente falando, do que *intelectualista* ou *intelec-*

seu vigoroso cientismo na programação da sociologia – perdida a jovem disciplina, em seu modo de ver, nas elucubrações metafisicas de Comte ou nas generalizações mais filosóficas do que sociológicas de um Spencer – a biologia, melhor dizendo, irá inspirar-se no organicismo biológico. Caberia perguntar por que não adotou a *mathesis* como paradigma de sua sociologia em lugar da biologia? Afinal de contas, não estaria o pensamento cartesiano impregnado das matemáticas? Ou mesmo da física, tivesse ele tomado a via kantiana, afinal de contas tão inspiradora de sua sociologia das categorias do espírito ou da "consciência coletiva". Essa questão não será respondida aqui, infelizmente nem sequer será encaminhada, pois demandaria um rumo diferente do escolhido para as considerações que pretendo fazer. Porém, vale mencioná-la como problema relevante, uma vez que sua simples menção vai permitir-nos tematizar com mais vigor o biologismo presente na base da metodologia durkheimiana. Antes de explorarmos essa dimensão tão determinadora do método durkheimiano, cabe dizer alguma coisa sobre o conteúdo efetivamente racionalista de seu pensamento.

Desejo recordar o caráter eminentemente conceitual desse pensamento. A saber, o papel do intelecto não somente na construção do conhecimento, mas, sobretudo, como foco e objeto de indagação na pesquisa sociológica. Em outra oportunidade, pude discorrer um pouco sobre as "categorias do entendimento sociológico", quando procurei traçar o perfil do paradigma racionalista nas figuras de Durkheim, Lévy-Bruhl e Mauss – e, em sua feição atual, Lévi-Strauss e Louis Dumont.[4] Estava procurando, então, mostrar a contribuição racionalista à matriz disciplinar da antropologia

---

tualismo, uma vez que enquanto este abrange tipicamente o pensamento filosófico europeu continental – do século XVI ao século XIX –, aquele se restringe aos intelectualistas mais conhecidos como racionalistas, isto é, herdeiros diretos de Descartes como Leibniz ou mesmo Spinoza, por exemplo. Todavia, o binômio parece-me eloquente para nominar uma *tradição*, conceito que uso no sentido gadameriano – em contraste ao pensamento filosófico típico anglo-saxão.
4 Trata-se do segundo capítulo de meu livro *Sobre o pensamento antropológico*, originalmente publicado no *Anuário Antropológico-81*, p.125-146, com algumas incorreções.

social. Agora pretendo unicamente registrar o papel desempenhado pelas categorias, portanto dos conceitos eminentes, isto é, aqueles que constituem a "ossatura da inteligência", na sugestiva metáfora durkheimiana. Isso significa que o homem não pensa sem a ajuda de categorias. São elas, particularmente as eminentes, aquelas que organizam a realidade – social ou não – de modo que imprima nela a inteligência do espírito, a seu modo pré-formador dessa mesma realidade. Como já se observou, trata-se de uma herança kantiana, via o criticismo de Renouvier e a lógica das representações de Hamelin – esse último, por sinal, pouco lembrado –, herança essa consolidada no racionalismo de Durkheim. Será pois nessa tradição que devemos encontrar o lugar do método durkheimiano; e é na perspectiva desse lugar que podemos ler e interpretar *Les règles de la méthode sociologique*.

Seguramente não vejo necessidade de expor a estrutura de *Les regles de la méthode sociologique*, tão conhecida que é essa obra do público de ciências sociais. Gostaria de me limitar apenas àquelas passagens em que estão bem configuradas as questões centrais de meu argumento: a da *objetividade*, mercê do recurso ao método, e da *organicidade* do todo social, de conformidade com o apelo que faz ao paradigma biológico. Ambas as questões marcam – em meu modo de ver – o discurso naturalizante de Durkheim em seu esforço de conferir cientificidade à nova disciplina.

Selecionei, assim, umas poucas passagens, porém o suficiente para construir o argumento. Uma delas remete-nos à antinomia objetividade-subjetividade, constitutiva do próprio conhecimento científico, na medida em que o primeiro termo sobrepõe-se ao segundo. Escreve Durkheim no capítulo que dedica às regras relativas à observação dos fatos sociais que, como todos sabem, tais fatos deveriam ser considerados como "coisas":

> Com efeito, uma sensação é tanto mais objetiva quando o objeto, ao qual ela se dirige, tenha maior fixidez; pois a condição de toda objetividade está na existência de um ponto de sinalização, constante

e idêntico, ao qual a representação possa ser dirigida e que permite eliminar tudo aquilo que seja *variável*, portanto subjetivo.[5]

Isso sugere que é precisamente a variação o vilão da história, na medida em que ela implica o elemento individual, portanto variável, perturbador de qualquer tentativa de generalização e, com ela, a de se alcançar o conhecimento objetivo. Assim, continua Durkheim,

Quando [...] o sociólogo tenta explorar uma ordem qualquer de fatos sociais, deve se esforçar em considerá-los por onde se apresentam isolados de suas manifestações individuais.[6]

Como lograr um conhecimento sociológico – portanto, científico – do individual, do particular? Durkheim está muito consciente disso, portanto, quando afirma que

Por fora dos atos individuais que suscitam, os hábitos coletivos se exprimem sob formas definidas, regras jurídicas, morais, ditos populares, fatos de estrutura social etc. Como essas formas existem de uma maneira permanente, [...] elas constituem um objeto fixo, um padrão (*étalon*) constante que está sempre ao alcance do observador e que não dá lugar às impressões subjetivas e às observações pessoais.[7]

Fica muito claro aqui o quanto a subjetividade do sujeito cognoscente e a individuação – e, com ela, a variação – do objeto cognoscível surgem como questões que demandam sua neutralização pelo método, por algo que permita uma sorte de medida ou um parâmetro de avaliação, sem o qual se torna inviável qualquer pretensão à cientificidade.

---

5  Durkheim, *Les règles de la méthode sociologique*. Estou me valendo da décima primeira edição da Presses Universitaires de France, de 1949, p.44. O grifo é meu.
6  Ibidem, p.45.
7  Durkheim, *Les règles de la méthode sociologique*, p.44-5.

Inspira-se Durkheim, como já mencionei, em uma ciência natural, porém não mais na física, nem mesmo na matemática, mas na biologia. As noções de organismo, de sua estrutura e das funções que seus diferentes órgãos desempenham vão proporcionar uma boa metáfora da sociedade, de sua organização ou morfologia e de seu funcionamento ou fisiologia. Dessa mesma metáfora já Auguste Comte havia se valido. Porém o que separaria esses dois pensadores seria precisamente a prerrogativa do método, para Durkheim, como procedimento capaz de eliminar tudo o que de filosófico ou de metafísico predominava na sociologia comteana, inviabilizando-a como ciência. As próprias "regras relativas à constituição dos tipos sociais", propostas no Capítulo IV de *Les regles de la méthode sociologique*, estão condicionadas por um biologismo a todo instante manifesto. E em sua constituição dos tipos sociais, suscetíveis de identificação e de descrição sociológica, recorre à noção biológica de espécie, tornando-a *espécie social*. Diz ele:

> Esta noção de espécie social tem, aliás, a vantagem de nos fornecer um meio-termo entre as duas concepções contrárias da vida coletiva que tem sido, durante longo tempo, partilhado pelos espíritos: quero dizer o nominalismo dos historiadores e o realismo extremo dos filósofos.[8]

Para esses filósofos, por exemplo, tipos sociais como tribos, cidades ou nações seriam apenas "combinações provisórias e contingentes sem realidade própria",[9] ao mesmo tempo que para os historiadores esses mesmos fenômenos não poderiam ser objeto de saber científico.

---

8 Ibidem, p.76. Esse realismo que Durkheim atribui aos filósofos significa que o real existente é o da humanidade e são dos "atributos gerais da natureza humana que deriva toda evolução social" (p.77). Quanto ao nominalismo dos historiadores – se bem que não de todos, como adverte o próprio Durkheim –, significa que as sociedades constituem "individualidades heterogêneas, incomparáveis entre si", sendo "toda generalização quase impossível" (ibidem).

9 Durkheim, *Les régles de la méthode sociologique*, p.76.

E é contra essas duas modalidades de inferência sobre o social que Durkheim opõe o método como a única via possível de condução ao conhecimento científico. Para Durkheim a realidade social não pode ser objeto apenas de uma

filosofia abstrata e vaga ou de monografias puramente descritivas. Porém se pode escapar a essa alternativa desde que se reconheça que entre a multidão confusa de sociedades históricas e o conceito único, mas ideal, de humanidade, há intermediários: são as espécies sociais.[10]

E isso porque as instituições sociais – morais, jurídicas, econômicas, entre outras – "são infinitamente variáveis", lembra Durkheim; variações essas que, em verdade, jamais deixarão de se constituir em dados suscetíveis de apreensão pelo pensamento científico. E é precisamente aí que ele faz recair uma de suas mais pertinentes críticas a Comte, mostrando que o filósofo jamais soube reconhecer a existência das espécies sociais, tomando – por via de consequência – o progresso das sociedades como equivalente ao de um único povo: a humanidade. E no esboço de sua teoria das espécies sociais, Durkheim recorre naturalmente à sua conhecida classificação dos tipos sociais, seguindo, portanto, no limite, a orientação classificatória de uma morfologia de inspiração biológica – aliás, já presente na sociologia de Spencer, como o próprio Durkheim reconhece, em que pesem as duras restrições que não deixa de dirigir àquela classificação.

Haveria muitos outros argumentos durkheimianos baseados em analogias com a biologia, como o que sustenta a independência do hábito ante sua utilidade, mostrando que uma prática social – ou uma instituição – pode mudar de função sem que seja mudada sua natureza, ao mesmo tempo que pode continuar existindo pela simples força do hábito. E, reconhece ainda, apoiando-se em seu forte

10 Ibidem, p.77.

biologismo, que há "ainda mais sobrevivências na sociedade do que nos organismos"; e conclui afirmando

> ser uma proposição verdadeira tanto em sociologia quanto em biologia que o órgão é independente da função, isto é que, não obstante permanecendo o mesmo, ele pode servir a fins diferentes.[11]

Em suma, não é difícil entender a razão da biologia ocupar tão plenamente o lugar da matemática ou da física como modelo de cientificidade. Não só pela presença intermitente, porém contínua, de Comte e de Spencer no discurso durkheimiano como seus interlocutores mais presentes, mas ainda por ser a biologia uma ciência da vida, suficientemente já consolidada para servir de parâmetro para uma sociologia ainda em processo de constituição.

Gostaria agora de voltar a atenção para um problema que me parece dos mais interessantes no pensamento durkheimiano, uma vez que mostra uma nítida continuidade entre *Les règles de la méthode sociologique* e a epistemologia clássica, seja ela racionalista ou empirista. Refiro-me ao exorcismo metódico a que submete as *prenoções* que povoam todo pensamento, levando-o a distorções inadmissíveis à investigação científica. Não só essa crítica às ideias preconcebidas, portanto "nem claras nem distintas", é um elemento basilar do cartesianismo, como vai encontrar em filósofos ditos empiristas, como Bacon, o seu desenvolvimento mais típico, marcador do objetivismo científico. Trata-se de renunciar de uma maneira de proceder que está na origem mesma de ciências como a própria física. Aponta Durkheim que Bacon, seguindo Aristóteles, entende que muitas noções como as que estão na base da alquimia ante a química, ou da astrologia ante a astronomia, não são mais do que *notiones vulgares* ou *praenotiones*.

---

11 Durkheim, *Les règles de la méthode sociologique*, p.91.

São esses *idola* [diz Durkheim, valendo-se aqui de um termo de Bacon], espécie de fantasmas que desfiguram o verdadeiro aspecto das coisas e que os tomamos, portanto, pelas coisas mesmas.[12] E se tem sido assim para as ciências naturais, por uma razão mais forte deve ser o mesmo para a sociologia. [...] Ora, é sobretudo em sociologia que essas prenoções, para retomar uma expressão de Bacon, estão em estado de dominar os espíritos e de se substituir às coisas.[13]

E pode-se dizer que isso é especialmente importante em uma disciplina como a sociologia pelo fato de que, segundo Durkheim, ela tem tratado quase exclusivamente de conceitos, não de coisas. E é aí que Durkheim vai identificar uma das maiores mazelas da sociologia anterior, pois nem mesmo Comte, que já havia reconhecido o caráter de coisa dos fenômenos sociais, conseguiu escapar de tomar as ideias – e não as coisas – como objeto de estudo. Exemplo disso estaria na concepção vulgar que Comte tinha da noção de humanidade e de seu desenvolvimento histórico. Podendo-se dizer o mesmo de Spencer que, mesmo abandonando o conceito de humanidade, o substitui pelo de sociedade como objeto de ciência, porém caindo no mesmo erro de Comte por fazer "desaparecer a coisa de que fala para pôr em seu lugar a prenoção",[14] isto é, tomando a ideia que possui de

---

12 A teoria dos ídolos ou dos erros do espírito, constante do *Novum Organum* de Bacon, aponta para quatro espécies de erros, que vale a pena rememorar aqui, ainda que sucintamente:
  1. os *idola tribus* que, por defeito do espírito, consistem em uma sorte de inércia ou de preguiça que nos leva a generalizar sem maiores cuidados;
  2. os *idola specus*, segundo os quais nos encontramos como que presos em uma caverna – alusão ao mito da caverna de Platão –, cingidos à inércia dos costumes e da educação;
  3. os *idola fori* ou ídolos da praça pública que concernem às palavras que falseiam nosso conceito das coisas; e
  4. os *idola theatri*, originários do prestígio das teorias filosóficas, no interior das quais acabamos por ficar igualmente presos.
  Cf. Bréhier, *Historia de la Filosofía*, tomo II, p.48-9.
13 Durkheim, *Les règles de la méthode sociologique*, p.18.
14 Ibidem, p.21.

sociedade sem preliminarmente submetê-la, como coisa social que é, à investigação metódica.

Vamos nos ater agora a algumas considerações sobre a possibilidade de uma convivência da subjetividade e das prenoções no interior de uma sociologia que se pretenda moderna – e não necessariamente pós-moderna – a despeito da crítica durkheimiana. Minha intenção não é, naturalmente, rebater críticas do mesmo teor, pois afinal de contas elas já se encontram incorporadas naquilo que poderíamos considerar como o *momento metódico* não apenas da sociologia, mas das ciências sociais tomadas em seu conjunto. Nesse sentido, não há que refutá-las, pois estão na base de um conjunto de disciplinas bem consolidadas e marcadas pelo predomínio do método. O que me anima a abordar esses dois temas é a inquestionável retomada – a bem dizer, tardia – de um ponto de vista instituído no século passado pela crítica romântica às ciências sociais positivas pelo fato de haverem adotado as ciências naturais como referência paradigmática, então consideradas como as únicas capazes de conferir cientificidade a qualquer modalidade de conhecimento. Refiro-me à antinomia *Naturwissenschaft* e *Geisteswissenschaft* estabelecida por Dilthey. Se bem que esse filósofo não tenha ido além do que estou chamando – inspirado em Ricoeur – *momento metódico*, por sua preocupação em lograr a mesma objetividade alcançada pelas ciências naturais, os argumentos que sustentam aquela antinomia estabeleceram vigorosamente os limites entre um e outro tipo de ciência.

Lembremo-nos de que todo o esforço metódico de Durkheim concentra-se na busca da *explicação* sociológica, conferindo a ela o que poderíamos chamar de *status* nomológico, marcado pela busca de leis ou de regras comuns às *ciências duras*.[15] E, por explicação, devemos entender, *lato sensu*, o estabelecimento de conexões

---

15 Cabe lembrar que esse *status* nomológico impõe-se a Durkheim por meio das analogias que faz com as *ciências duras* de seu tempo, portanto bem antes do desenvolvimento da linguística estrutural, por exemplo, disciplina *soft*, na qual seu herdeiro Lévi Strauss vai se inspirar.

causais e funcionais capazes de serem traduzidas em proposições. Esse conhecimento proposicional passa a ser, portanto, o atestado de cientificidade da sociologia ou de qualquer outra disciplina das ciências sociais. Diante dessa forma de conceber o conhecimento, autores modernos como Gadamer – para citarmos um pensador radical que aborda a questão – opõem a noção de *compreensão* – *Verstandnis* – e de *compreender* – *Verstehen* –, desenvolvendo, em seu notável livro *Verdade e método*, uma crítica de inspiração heideggeriana à pretensão do método científico de monopolizar a busca da verdade. Verdade que seria alcançada supostamente pela via única da explicação metódica. E nessa explicação pela via do método – o que o nosso autor aponta como sendo uma confusão proporcionada pelos cultores da ciência – estaria a identificação da "verdade" com a "certeza". Eis como se manifesta Gadamer, antecipando-se, em alguns anos, ao que iria formular em seu *Verdade e método*:

> *Methodos* significa "caminho para ir em busca de algo". O metódico é poder percorrer de novo o caminho andado, e tal é o modo de proceder da ciência. Mas isso supõe necessariamente uma restrição nas pretensões de alcançar a verdade. Se a verdade (*veritas*) supõe verificabilidade – em uma ou outra forma –, o critério que mede o conhecimento não é já sua verdade, senão sua certeza.

E Gadamer conclui seu argumento:

> Por isso o autêntico *ethos* da ciência moderna é – desde que Descartes formulara a clássica regra de certeza – que ela só admite como satisfazendo as condições de verdade o que satisfaz o ideal de certeza.[16]

A despeito dessa afirmação de Gadamer, que transcende a questão epistemológica propriamente dita – à medida que envolve todas as dimensões da existência humana e não exclusivamente a da ciência –, interessa chamar a atenção para a substituição do ideal de

---

16 ¿*Qué es la verdad?*, apud Gadamer, *Verdad y método II*, p.54.

verdade – que, como tal, sempre desempenhará um papel fundamental na busca do conhecimento, quer como *ideia diretriz*, quer como *ideia organizadora* dessa mesma busca – por outro ideal, o de certeza, absolutamente dependente de métodos! Não precisamos evocar o que todos aprendemos com e sobre o método: em suma, que ele "mensura" o que pode ser por ele "mensurado", excluindo, por via de consequência, tudo aquilo que não esteja previsto como "mensurável" – sendo que, nada custa lembrar, sempre podemos substituir a ideia de mensuração pelas de descrição, avaliação ou, mesmo, explicação, de maneira que inscrevamos nas possibilidades de aplicação do método também critérios qualitativos.

Mas o que pode estar no lugar do método na busca de conhecimento? Vejam bem: não se trata de substituir o método em tudo, mas apenas saber o que pode estar em seu lugar quando – e somente quando – dele escaparem realidades tangíveis por qualquer outra modalidade de conhecimento que não seja metódica. Isso quer dizer que não se trataria, ao contrário, de substituir a explicação, tornando-a apenas ilusória, simplesmente pelas possibilidades abertas graças ao ato de compreender – *Verstchen*! Se não são certezas – e por que haveriam de ser? – o conhecimento obtido pela via da compreensão, que tipo de conhecimento é esse? Na esteira da explicação ou da construção de proposições verificáveis pelo exercício do método, a compreensão não teria então outra função que a de formular hipóteses sujeitas, sempre, à confirmação pelo conhecimento – verdade? –, apenas alcançável pela via metódica, em um cumprimento claro do ideário cartesiano.[17] O que procurarei mostrar aqui, a despeito da importância do método e de suas conquistas

---

17 Devo mencionar aqui, por sua posição caudatária ao cientismo prevalecente a tantos quantos pensam o conhecimento exclusivamente em termos Iluministas, o filósofo Michael Martin, em seu interessante e controvertido artigo "Understanding and participant observation in cultural and social anthropology", in *Verstehen: Subjective understanding in the social sciences*, p.102-33. Interessa-nos a argumentação de Martin por cingir especialmente a problemática de nossa disciplina. Nesse sentido, ver também meu artigo "A dupla interpretação na antropologia", Capítulo 5 deste volume, no qual trato desse tema mais extensamente.

iniludíveis na formulação de proposições verificáveis – e aqui prefiro restringir-me à minha disciplina, a antropologia social, para dizer que nela temos alcançado esse mesmo *desideratum*, como, por exemplo, na construção de teorias de parentesco –, será precisamente o teor do exorcismo feito pelo pensamento hermenêutico às limitações impostas pelo cientismo às dimensões da subjetividade e das prenoções no processo de conhecimento obtido por nossa disciplina e por outras congêneres.

Comecemos pelas prenoções que, com Gadamer, passam a ser chamadas de *preconceitos* – *Vorhabe, Vorsichte, Vorgriff*, em que a reiteração do prefixo *vor*, "pré", comunica a ideia de antecipação, de algo previsto, se assim posso me exprimir. Suas reflexões sobre o problema dos preconceitos ou prejuízos são conduzidas de maneira bastante densa em uma das seções mais interessantes de seu *Verdade e método*, intitulada "Fundamentos para uma teoria da experiência hermenêutica". Vamos dar a palavra a Gadamer:

> Só este reconhecimento do caráter essencialmente preconcebido de toda compreensão confere ao problema hermenêutico toda a agudeza de sua dimensão.[18]

Mas que reconhecimento é este? É precisamente aquele feito por Heidegger sobre o caráter pré-estruturado do conhecimento. Essa pré-estruturação do conhecimento significa o envolvimento do sujeito cognoscente e do objeto cognoscível no contexto do "mundo da vida" – *Lebenswelt* – ou, em outras palavras, significa que mais do que conhecermos, nós *reconhecemos*, ou, ainda, só conhecemos aquilo que nós estamos (pre)parados para conhecer. Em termos antropológicos diríamos que, no processo de endoculturação pessoal ou grupal, recebemos um quadro de categorias culturais condicionadoras de nossas possibilidades de conhecimento. Há, portanto, uma sorte de socialização antecipada por meio da qual se viabiliza

---

18 Edição consultada: *Verdad y método I: Fundamentos de una hermenéutica filosófica*, 5.ed., p.337.

nossa pré-compreensão. Se isso é verdadeiro – e nada indica que não seja –, então se resgata a noção de preconceito da esfera da subversão epistêmica a que foi lançada pelo Iluminismo.

Uma análise da história do conceito mostra que só na Ilustração adquire o *conceito de prejuízo* o mais negativo que agora possui. Em si mesmo, "prejuizo" quer dizer um juízo que se forma antes de sua validação definitiva de todos os momentos que são objetivamente determinantes. [...] Por isso, em francês [e poderíamos dizer igualmente em português] "préjudice", igual a "praejudicium", significa também simplesmente prejuízo, desvantagem, dano. Não obstante, essa negação é apenas secundária, é a consequência negativa de uma validez positiva, o valor prejudicial de uma pré-decisão [...]. "Prejuízo" não significa pois em nenhum modo juízo falso, senão que está contido em seu conceito o que pode ser avaliado positivamente ou negativamente.[19]

Daí sentir-se Gadamer autorizado a falar em prejuízo ou preconceito positivo e negativo, legítimo e ilegítimo.[20] A desqualificação de qualquer tipo de prejuízo no processo de cognição foi, portanto, a herança deixada pelo cientismo absoluto reinante na Ilustração.

Exorcizado o fantasma das prenoções diante da inevitabilidade da presença dos prejuízos ou dos preconceitos, uma vez que eles são componentes constitutivos de um conhecimento antecipado, cabe verificar em que medida a questão da subjetividade passa a sofrer uma refração aos olhos da hermenêutica, por intermédio da qual suas limitações ou mesmo obstáculos no processo cognitivo são igualmente eliminados. E é precisamente Gadamer que, ao enfrentar a

---

19 Ibidem.
20 Na moderna história da ciência, autores como Thomas Kuhn aproximam-se do ponto de vista hermenêutico ao considerarem as tradições científicas ou os paradigmas como verdadeiras antecipações do ato de conhecer. Tais paradigmas são também consistentes com a ideia wittgensteineana de "jogos de linguagem", que, pode se dizer com R. Howard, inserem-se em uma sorte de "hermenêutica analítica".

questão da *intersubjetividade*, esclarece-nos sobre o lugar que a "compreensão intersubjetiva" ocupa na esfera da cognição, e isso de maneira inexorável! E não apenas no que diz respeito às ciências sociais, mas igualmente no que toca às ciências da natureza. Eis como se manifesta uma comentadora de Gadamer, Georgia Warnke, professora de filosofia da Universidade de Yale:

> A virtude de Gadamer é a de ter revelado o reino da compreensão intersubjetiva que é pressuposta por qualquer "ciência objetiva", uma vez que cientistas também precisam chegar a um entendimento entre si sobre o sentido de termos, critérios para testar hipóteses e assim por diante.[21]

Gadamer mostra ainda que a tarefa hermenêutica de elucidar o sentido e de facilitar a comunicação é insubstituível por qualquer outra modalidade artificial de linguagem – lógica, matemática etc. – que não seja a língua natural, própria do domínio da compreensão intersubjetiva, consensual. O que significa que na esfera da comunicação, até mesmo naquela em que se comunicam cientistas de qualquer campo de conhecimento, *soft* ou *hard*, eles estão circunscritos à obediência de acordos tácitos ou explícitos, configurados em normas estandardizadas no seu próprio meio. Essas normas não seriam nem arbitrárias e muito menos subjetivas, pois são o resultado de uma tradição científica na qual a experiência acumulada em termos de comunicação e de consenso entre cientistas foi capaz de instituí-las.[22]

Isso induz ao seguinte comentário: se a esfera da subjetividade mostrou-se, ao longo da história das ciências – incluindo-se as ciências sociais, como a sociologia e a antropologia social –, passível de neutralização pelo método, já a esfera da intersubjetividade mostrou-se capaz de se impor com tal vigor no horizonte do conhecimento científico que não há como deixar de considerá-la como um

---

21 Cf. Warnke, *Gadamer: Hermeneutics, tradition and reason*, p.117.
22 Ibidem.

fato – por certo epistêmico – intransponível sem o recurso da reflexão hermenêutica. O homem de ciência, tal como o homem comum, tem de conviver com a realidade da compreensão intersubjetiva; ou, em outras palavras, tanto o cientista como o leigo encontram-se presos às suas determinações. Nesse sentido, seria, de certo modo, o equivalente, no domínio da atividade científica, do fenômeno da pré-estruturação do conhecimento descoberto pela fenomenologia heideggeriana. Se essa intersubjetividade é uma imposição dos fatos, então pode-se admitir sem muita dificuldade que os procedimentos nomológicos que conferem cientificidade à teoria social – e aqui sigo Giddens,[23] em referência a qualquer produto gerado pelas ciências sociais – só o fazem para aqueles que persistem em ignorá-la. Estão marcados por um cientismo radical, comum ao horizonte neopositivista. Porém, se nos detivermos apenas na questão da intersubjetividade no campo da sociologia e da antropologia social, veremos que, com mais razão ainda, circunscrever a produção de conhecimento exclusivamente ao exercício do método – como desejaria Durkheim, herdeiro da tradição cartesiana, como vimos –, significaria ignorar o papel da compreensão intersubjetiva como preliminar, ou mesmo antecedente, a qualquer modalidade de conhecimento dito científico. Como podemos compatibilizar essa realidade vivida pela cognição – quando o método mostra suas limitações – com a legitimação do conhecimento alcançado pelas disciplinas sociológicas? E aqui incluo a antropologia social.

Retomemos o que falei no início desta exposição relativamente ao momento metódico, contrapondo-o ao momento não metódico. Nessa direção é que as investigações de Ricoeur vão revelar-se bastante sugestivas e devem ser evocadas. Preliminarmente, gostaria de recordar que, em 1993, tive a oportunidade de participar de um seminário sobre "Ciência e Sociedade: A Crise dos Modelos", com uma conferência que intitulei "A antropologia e a 'crise' dos modelos explicativos", ocasião em que pude me valer de um texto de Ricoeur

---

23 Cf. Giddens, Hermeneutics and social theory, in *Hermeneutics: Questions and prospects*, Shapiro; Sica (orgs.), p.215-30.

para equacionar a mesma questão de método, que agora retomo.[24] É assim que, para bem esclarecer o que são esses dois momentos, escreve Ricoeur:

> Sobre o plano epistemológico, primeiramente, diria que não há dois métodos, o método explicativo e o método compreensivo. Estritamente falando, só a explicação é metódica. A compreensão é, sobretudo, o momento não metódico que, nas ciências interpretativas, se compõe com o momento metódico da explicação. Este momento precede, acompanha, fecha e assim *envolve* a explicação. Em compensação, *desenvolve analiticamente* a compreensão. Este vínculo dialético entre explicar e compreender tem por consequência uma relação muito complexa e paradoxal entre as ciências humanas e as ciências da natureza.[25]

Se, na época da conferência, eu estava empenhado em mostrar a articulação entre a explicação e a compreensão no contexto do que chamei enxerto – ou a *greffe*, como já dissera o mesmo Ricoeur – da hermenêutica na matriz disciplinar da antropologia,[26] no sentido de

---

24 Essa conferência está reproduzida como Capítulo 3 desse volume. Quanto à referência relativa a Paul Ricoeur, trata-se do ensaio Le modele du texte: l'action sensée considérée comme un texte, in *Du texte à l'action: Essais d'hermencutique, II*. Há também sua versão em inglês, The model of the text: Meaningful action considered as a text, in *Interpretive social science: A reader*, Rabinow; Sullivan (orgs.).

25 Ricoeur, Expliquer et comprendre: Sur quelques connexions remarqunbles entre la théorie du texte, la chéoric de l'action et la théoric de l'histoire, in *Du texte à l'action. Essais d'herméneutique, II*, p.181.

26 Esse conceito de "matriz disciplinar", tomado em uma primeira instância de Thomas Kuhn, que o considera equivalente a "paradigma", cuidei de diferenciá-los de maneira que atribua ao segundo um componente – paradigmático – do primeiro; em termos concretos, referindo-me à antropologia, temos que o convívio denso – e historicamente demonstrável – dos paradigmas racionalista, estrutural-funcionalista, culturalista e hermenêutico criam um campo semântico que se articula como uma matriz disciplinar.
Cf. Cardoso de Oliveira, op. cit., Capítulos 1-4; e, especialmente, o Capítulo 3 deste volume.

impor uma nova dinâmica e, com isso, revigorá-la; agora, nesta oportunidade, desejo unicamente sublinhar que o método não monopoliza – como desejariam aqueles influenciados pelo cientismo – a produção de conhecimento relativo à realidade social ou cultural. Pois bem. Se existe um tipo de conhecimento que não se vale do método para ser alcançado, que conhecimento é esse? Tenho procurado mostrar, em diferentes oportunidades, que a possibilidade de domesticação da realidade pelo método encontra seus limites naquilo que Ricoeur chama *surcroît de sens* – excedente de significação. Isso quer dizer precisamente que o método, não conseguindo abrigar sob seus parâmetros toda a realidade sociocultural, deixa escapar algo cujo sentido ou cuja significação esse método não está (pre)determinado a dar conta. É esse excedente de significação que somente um momento não metódico pode apreender. Em minha disciplina, esse momento não metódico pode ser facilmente ilustrado pelo exercício da "observação participante", cujas informações dela resultantes povoam as monografias produzidas mercê do trabalho de campo. Quero chamar a atenção para o fato de que são exatamente essas informações as que agem na colagem dos dados no discurso, sejam esses dados qualitativos ou quantitativos, presentes na narrativa do antropólogo. Nesse sentido, monografias exemplares como as de Malinowski, de Evans-Pritchard ou de Curt Nimuendajú – esse último, pelo menos para a etnologia brasileira, durante muito tempo um autor de monografias exemplares –, conseguem constituir-se em relatos dotados de grande poder de persuasão, por vezes acusados até de impressionismo literário. Sobre esse ponto, aliás, haveria muito a discutir, particularmente no que diz respeito aos problemas envolvidos na textualização da cultura ou de como inscrevê-la no discurso escrito. Pude examinar isso em outra conferência, "O trabalho do antropólogo: Olhar, ouvir, escrever", originalmente elaborada para a Aula Magna que ministrei na Unicamp, em 1994, publicada posteriormente na *Revista de Antropologia*.[27] Na presente exposição gostaria unicamente de abordar uns poucos

---

27 *Revista de Antropologia*, v.39, n 1, 1996, p.13-37. Cf. o Capítulo 1 deste volume.

pontos que acredito servirem para encaminhar mais detidamente a nossa questão central.

O primeiro ponto a ser considerado é o de que tanto as ciências sociais como as ciências naturais estão irremediavelmente condicionadas pela pré-estruturalização do conhecimento descoberta por Heidegger, como vimos na argumentação de Gadamer e nos oportunos comentários de Georgia Warnke, de modo que não faça mais sentido a tradicional e equivocada hierarquização entre elas, atribuindo às ciências *duras* um *status* superior ao das ciências *moles*.[28] Não seria portanto por esse caminho que se poderia chegar a uma boa avaliação entre essas modalidades de ciência. O caminho que, à luz dos argumentos precedentes, poderá ser seguido, cinge-se muito mais à questão da experimentação com a qual, efetivamente, as ciências sociais, voltadas para a observação, não teriam condições de enfrentar. Contudo, isso seria um assunto para uma outra discussão, porém vale, pelo menos, o registro. Ora, o caminho mais frutífero para desenvolvermos as preocupações aqui apresentadas seguramente não será pela via da oposição entre tipos de ciência, social e natural, nem mesmo por uma radicalização da oposição entre os momentos metódico e não metódico na investigação sociocultural, senão por uma tentativa de elucidação da relação de complementaridade entre ambos os momentos.

Nesse sentido, as investigações epistemológicas de Ricoeur e de Apel têm se mostrado extremamente úteis! Elas conduzem-nos a interessantes explorações a respeito da construção do conhecimento nas disciplinas sociais. Temos, assim, um segundo ponto a destacar, a saber, aquele que nos permite considerar que a proposta durkheimiana que faz das "representações coletivas" o alvo por excelência da investigação sociológica pode ser invertida no sentido de considerar as comunidades de profissionais da disciplina, portanto uma

---

28 Embora esses termos em português já sejam de uso corrente, considero mais adequada a separação dessas ciências, respectivamente, em *rígidas* e *flexíveis* que considero designações mais adequadas por qualificarem mais positivamente as ciências sociais, tirando-lhes o caráter de fraqueza ou imaturidade que o termo *soft* sugere. Agradeço a sugestão de meu colega mexicano Dr. Esteban Krotz.

comunidade *inter-pares*, como detentora de uma intersubjetividade tal – uma sorte de "consciência coletiva"? –, capaz de anular qualquer subjetivismo que a crítica mais positivista possa querer impor. Seria como passar de uma intersubjetividade constitutiva das representações coletivas para outra, de teor diverso, inerente à comunidade a que pertence o sujeito cognoscente. A relevância disso estaria no fato de se constatar no interior dessa comunidade de pares a instância de elaboração de critérios de veracidade – mais do que de verdades – que se projetam finalmente nas metodologias instituídas. Os métodos estabelecidos pela comunidade de profissionais geram um campo intersubjetivo por meio do qual os resultados das investigações passam a ser considerados válidos ou não. Se são metodologias formais, os critérios popperianos de falsificação são perfeitamente adequados; se não, outros critérios devem ser aplicados, como os que se caracterizam, por exemplo, pelo binômio "conjectura–validação", na forma como esse binômio expressa o famoso conceito de "círculo hermenêutico". Ouçamos, mais uma vez, Ricoeur:

> Conjectura e validação estão em uma relação circular, como uma abordagem subjetiva e outra objetiva do texto. Mas esse círculo não é um círculo vicioso.[29]

E mostrando que os procedimentos de validação e de invalidação são de certa maneira comparáveis ao critério popperiano de falseabilidade, esclarece-nos que

> o papel da falsificação é assumido aqui pelo conflito de interpretações rivais. Uma interpretação não deve ser somente provável, mas mais provável que uma outra. Há critérios de superioridade relativa que podem ser facilmente derivados da lógica de probabilidade subjetiva.[30]

---

29 Ricoeur, "Expliquer et comprendre: Sur quelques connexions remarquables entre la théorie du texte, la théorie de l'action et la théorie de l'histoire", p.202.
30 Ibidem.

E Ricoeur não nos diz, mas podemos inferir que o que ele chama "lógica de probabilidade subjetiva" está, a rigor, legitimado por acordos intersubjetivos que têm lugar no interior de comunidades de comunicação e de argumentação *inter-pares*, nos termos formulados por Apel.[31]

Um terceiro ponto seria o da validação de resultados alcançáveis pela via não metódica em que o papel tradicional da compreensão, como geradora de hipóteses ou conjecturas, passa a ter função de indiscutível valor cognitivo. É quando a interpretação explicativa, apoiada em dados obtidos pela via metódica, articula-se com a interpretação compreensiva, não metódica, porém perfeitamente habilitada para alcançar resultados igualmente sujeitos à validação hermenêutica, marcada pelo conflito de interpretações mencionado há pouco. Isso significa que limitações ao papel da compreensão na esfera cognitiva, atribuindo a ela função exclusiva de gerar hipóteses – em virtude das informações que logra obter serem resultantes de empatia, como querem autores como Michael Martin,[32] e o próprio Weber, se levarmos em conta alguns de seus comentadores[33] –, não se sustentam diante dos argumentos até aqui apresentados. Nesse sentido, espero haver deixado claro que a validação das observações construídas no interior

---

31 O ponto de vista de Karl-Otto Apel está bem justificado em seu ensaio La comunidad de comunicación como presupuesto trascendental de las ciencias sociales, in *La transformación de la filosofía*, tomo II, p.209-249.

32 Martin, Understanding and participant observation in cultural and social anthropology.

33 Nesse sentido, vale a pena consultar o livro de Judith Janoska-Bendl, *Max Weber y la sociología de la historia: Aspectos metodológicos del tipo ideal*. Na seção intitulada "Tipo ideal e hipótesis" (p.97-113), a autora examina extensamente a controvérsia sobre o lugar da compreensão (*verstehen*), na construção do tipo ideal, bem como sobre a natureza hipotética desse último. Embora Janoska-Bendl esteja mais preocupada com a natureza do tipo ideal – se "hipótese", se "teoria implícita" etc. – do que com a faculdade da compreensão, o exame da controvérsia mostra o quanto Weber está comprometido com uma sorte de *cientismo* que, a rigor, o afasta de uma posição efetivamente hermenêutica – no sentido que a ela estamos atribuindo na esteira das reflexões de Gadamer e Ricoeur.

das experiências vividas pelo pesquisador – tipicamente no exercício da pesquisa de campo – não tiram seu caráter eminentemente interpretativo-compreensivo; o que as distingue, por sua vez, do conhecimento interpretativo-explicativo, característico das ciências nomológicas e, portanto, sujeito à falseabilidade popperiana. Creio que podemos concluir dizendo que já é tempo de deixarmos de opor sistematicamente, como vasos não comunicantes, a compreensão e a explicação; a primeira tributária da perspectiva hermenêutica; a segunda caudatária das ciências empírico-analíticas – e não necessariamente positivistas ou, mesmo, neopositivistas, como tem sido hábito caracterizá-las com o intuito de deslegitimá-las. Em lugar de tomarmos ambas modalidades de conhecimento como incompatíveis, o que se pretendeu defender aqui foi, precisamente, a compatibilidade entre os dois modos de conhecer, preservando as duas instâncias em que se exercita a cognição: a metódica e a não metódica.

Durkheim mostrou-nos pioneiramente para a sociologia o lugar do método na legitimação do conhecimento produzido por uma então nova ciência. Passado um século, essa mesma sociologia – e, com ela, sua irmã antropologia – somou expressivos resultados legitimamente alcançados graças ao uso competente de métodos. E nada indica que esses métodos tenham de ceder lugar para investigações que os eliminem, por deles não necessitarem. Ao contrário, a instância metódica tende a continuar nutrindo a teoria social de evidências cada vez mais dependentes do aperfeiçoamento de metodologias; basta considerar, mesmo em um rápido e superficial sobrevoo pela história das ciências sociais, o quanto essas metodologias se sofisticaram! Por outro lado, vale também ressaltar, que a recente – ainda que tardia – reapropriação do ponto de vista hermenêutico pela epistemologia das disciplinas socioculturais permitiu exorcizar a ilusão da objetividade radical – a saber, o objetivismo –, revelando uma instância não metódica, porém provedora de conhecimentos igualmente tangíveis, ainda que por critérios diversos que, por conseguinte, não tomem a certeza como norma absoluta de verdade.

Diante do que procurei expor, o conflito entre partidários da compreensão hermenêutica e da explicação nomológica parece-me um conflito equivocado. Com referência à minha disciplina, a antropologia, a existência desse conflito está visível em uma copiosa bibliografia, especialmente produzida nos centros anglo-saxões, em que "tradicionalistas" e "pós-modernos" esgrimem seus argumentos *ad nauseam*! Gostaria de ilustrar isso com uma referência a um único autor e, com isso, finalizo minha exposição. Trata-se de um professor da Universidade de New Hampshire, S. P. Reyna,[34] que em um artigo publicado na revista inglesa *Man*, com o sugestivo título "Literary anthropology and the case against science", classifica a "antropologia interpretativa" norte-americana, que se pretende herdeira da perspectiva hermenêutica, como sendo uma "antropologia literária", no que se oporia logicamente a uma antropologia verdadeiramente científica. A despeito do comprometimento explícito de Reyna com as ciências empírico-analíticas, suas restrições às críticas "pós-modernas" àquelas ciências não devem ser desconsideradas, uma vez que mostram que tais críticas, a rigor, não as atingem verdadeiramente. Isso significa que continua havendo um espaço próprio para os procedimentos analíticos que deveriam ser mais bem conhecidos da chamada crítica pós-moderna. E se esse autor, por seu lado, tem dificuldades em avaliar as amplas possibilidades da compreensão hermenêutica − como procurei mostrar, seguindo Ricoeur e Apel −, isso é um fato que não deve impedir o exercício do diálogo *inter-pares*, isto é, no interior da ampla e diversificada comunidade de antropólogos − ou de cientistas sociais, de forma geral −, organizada − ainda que não tão bem organizada como seria a desejar − em âmbito internacional. Ao contrário: deve incentivar esse diálogo, sobretudo após uma diminuição que espero venha a ocorrer relativamente à gama de mal-entendidos que a radicalização das respectivas posições gerou no debate. Mas o importante é que já existe um diálogo, só faltando amadurecê-lo, de modo que seja escoimado de posturas rígidas e

---

34 Cf. *Man − The Journal of the Royal Anthropological Institute*, v.29, n.3, p.555-581.

dogmáticas. Penso que, a partir de reuniões regionais ou nacionais como esta, ou internacionais realizadas com o objetivo de alcançar entendimentos em nível planetário, a sociologia – que um dia foi toda durkheimiana –, abra-se mais a esse debate que a antropologia vive atualmente, trazendo uma saudável tensão à sua prática de investigação tanto quanto à construção da teoria social.

# Capítulo 5
# A dupla interpretação na antropologia

Falar em interpretação nas ciências sociais hoje em dia e, sobretudo, na antropologia, é uma temeridade, pois facilmente quem assim o faz pode ser confundido com um defensor de uma "antropologia interpretativista", comumente chamada de "pós-moderna". É evidente que não é isso que pretendo fazer nesta comunicação,[1] cuja finalidade maior é a de dar algum relevo a questões de metodologia, como também de teoria, que digam respeito ao trabalho antropológico. E se estou aduzindo teoria à metodologia, faço pela simples razão de que não vejo utilidade em tratar essa sem aquela. Pensar metodologias implica necessariamente invadir dimensões metateóricas. Por essa razão, justifico examinar aqui aspectos preliminares a metodologias específicas, debruçando-me sobre aquilo que estou chamando de "dupla interpretação". Por isso, pretendo expor algumas ideias que possam nos conduzir a evitar qualquer maniqueísmo que sempre assoma quando o tema é a *interpretação* e, com ela, o binômio *explicar–compreender*. No desenvolvimento dessas ideias,

---

1 Este texto foi originalmente elaborado como comunicação à mesa-redonda "Discussões Metodológicas da Antropologia Contemporânea", programada no âmbito da *Semana de Antropologia*, organizada pelo Departamento de Antropologia do Instituto de Filosofia e Ciências Humanas da Unicamp, Campinas, 1994; e publicado no *Anuário Antropológico-94*, p.9-20.

espero fazer valer a própria experiência ganha por nossa disciplina em sua idade já secular que – é bom esclarecer – não mais admite ser tratada como "jovem ciência", e, quase sempre, em sentido pejorativo. Juventude essa que lhe tem custado o descrédito em muitos contextos, notadamente naqueles em que se encontram as agências de fomento.

Procurarei ser o mais sucinto possível, sem me alongar em considerações prévias relativas ao lugar da interpretação em nossa disciplina – ou em outras que lhe são congêneres –, posto que essa noção nos é bastante familiar, desde que temos admitido facilmente que a mais singela descrição carrega sempre um certo grau de interpretação, cuja avaliação – alguns até poderiam dizer mensuração – poderá indicar uma variação suscetível de ser tomada, ela mesma, como dado de pesquisa. Quero dizer com isso que a própria divergência na interpretação da realidade sociocultural sofre pelo menos duas refrações: uma, resultante da descrição mesma, a rigor, uma interpretação de primeiro grau; a outra, de segundo grau, uma interpretação da descrição – sendo essa descrição, ela própria, interpretativa. E isso parece ser tão evidente na antropologia que, relativamente à primeira refração – a da interpretação na descrição – mesmo a mais contundente antropologia positivista reconheceu isso com a expressão *analytical description*, nos termos pelos quais essa expressão foi formulada desde princípios dos anos 1950 por um dos epígonos do estrutural-funcionalismo britânico, Meyer Fortes.[2]

---

2 Cf. Fortes, Analysis and description in social anthropology, in *The advancement of science*, v.X, p.190-201.
Vale distinguir aqui o que estou chamando de interpretação de primeiro e de segundo grau – ou refrações –, da distinção que faz um autor como Giddens entre duas hermenêuticas – ou *double hermeneutic* –, uma relativa à própria matéria social com que trabalha o sociólogo – ela mesma produto de representações dos agentes sociais –, outra referente à interpretação dessa matéria social pelo pesquisador.
Cf. Giddens, *New rules of sociological method*, p.146; e, também, J. Bleicher, *The hermeneutic imagination: Outline of a positive critique of scientism and sociology*, p.52.

Portanto, o que há de novo na interpretação? Creio que a noção e a maneira pela qual tem sido usada no discurso da disciplina não são mais suficientes para iluminar o nosso caminho em busca de um melhor esclarecimento da questão. Temos de passar da noção ao conceito. E é precisamente o conceito de interpretação que eu gostaria de explorar na oportunidade deste artigo. Antes, devo dizer que distingo *interpretação* de *compreensão* – *Verstehen* –, seguindo, aqui, Paul Ricoeur, quando esse autor examina a relação dialética entre *compreensão* e *explicação* em vários de seus escritos.[3] Entretanto, se considerarmos que o conceito de interpretação é mais extenso – logicamente falando – que os de explicação e compreensão, uma vez que os recobre, totalizando-os em uma única categoria cognitiva, verificaremos que tanto a explicação como a compreensão passam a ter funções de adjetivar a interpretação. É o reconhecimento de que não há descrição, por mais intencionalmente objetiva que seja, sem um mínimo de interpretação. Está condicionada por um contexto intersubjetivo – a comunidade de profissionais da disciplina. Teríamos, assim, a *interpretação explicativa* e a *interpretação compreensiva*. Essas duas modalidades de interpretação guardam entre si uma relação dialética, isto é, de mútua ou recíproca contaminação. Para simplificar, recorro ao "arco interpretativo" de que nos fala o mesmo Ricoeur e que habita, muitas vezes inconscientemente, a nossa prática etnográfica. Em um extremo desse arco, exercitamos uma *compreensão ingênua*, de superfície, quase uma intuição daquilo que nos é dado à percepção. No outro extremo, realizamos uma *compreensão sábia*, de profundidade, uma indução fortalecida pela mediação ou

---

Há de se distinguir ainda essa "dupla hermenêutica" daquilo que chamo de dupla interpretação – como se verá adiante.

3 Destaco pelo menos três deles, todos inseridos em um volume de ensaios sobre hermenêutica. São eles: Qu'est-ce qu'un texte? (1970); Expliquer et comprendre (1977); e Le modèle du texte: L'action sensée considereé comme un texte (1971). Cf. Ricoeur, *Du texte à l'action*.

Soma-se a esses ensaios um pequeno, mas interessante livro, tradução do original inglês de 1976, a rigor uma série de lições ministradas em uma universidade norte-americana.

Cf. Ricoeur, *Teoria da interpretação: O discurso e o excesso de significação*.

anterioridade da *explicação* – nomológica –, situada no vértice do arco interpretativo.

Seja-me permitido recorrer aqui a uma ilustração, tirada de meu livro *O índio e o mundo dos brancos*, em que procurei assentar minha interpretação dos Tükúna em uma análise formalizante do sistema de classificação totêmico ainda vigente entre aqueles índios, portanto de indispensável exame pelo pesquisador. De uma maneira muito sucinta, diria que minha preocupação então era a de identificar alguns critérios inerentes à cultura tükúna tradicional – visto que esses índios viviam uma conjunção intercultural secular –, critérios esses que os orientassem em sua vida intratribal. A "análise componencial" adotada, em um esforço de algebrização do parentesco tükúna, mostrou-se suficientemente rentável para permitir explicitar esses critérios. Em número de quatro, foram eles: *sexo* [A], *geração* [B], *linealidade* [C], *metade* [D].

O que significa dizer que esses índios privilegiavam, no processo de interação interna à vida tribal, a separação entre sexos [A], graças à dicotomia masculino-feminino; a consideração da geração [B], expressa em um diagrama de parentesco pela relação dinâmica das duas gerações ascendentes e as descendentes relativamente a ego; o princípio de linealidade [C], por meio do qual se fortaleceria a patrilinealidade em oposição à colateralidade; para, finalmente, reconhecer a função das metades [D] – anônimas – na regulamentação do matrimônio exogâmico. Porém, a análise componencial mostrar-se--ia adequada no exame da terminologia de parentesco. Como? Algebrizando cada termo de parentesco de maneira que os transforme em equações capazes de sintetizar, termo a termo, a operação dos quatro critérios – ou valores – sobre a relação social efetivamente indicada pela categoria de parentesco. A quem interessar esmiuçar o assunto, lembro que está tratado no livro citado, em seu Capítulo IV, "Da ordem tribal à ordem nacional". Agora, limito-me a ilustrar minha tentativa de formalização, recorrendo a um único exemplo.

Tomemos o termo indígena *dz'au:ta?a* que engloba nada menos do que 18 posições demonstráveis em um sistema de parentesco, todas situadas na geração de ego [B3] e nas duas primeiras gerações descendentes [B4 e B5], sendo que, na primeira e na segunda das gerações ascendentes [B2 e B1], esse termo estaria excluído. Todavia, teria sido impossível levar avante a análise do sistema terminológico de parentesco, sem o uso de uma notação algébrica que registrasse não apenas o termo relativamente ao critério de *geração* [B], mas também que igualmente considerasse os demais critérios enunciados.

Repito: *sexo* A1 e A2, para masculino e feminino respectivamente; *linealidade* C1 para patrilinearidade, C2 para colateralidade; e *metade* D1, agnática ou a metade a que pertence ego, e D2, não agnática ou metade oposta, marcadora de exogamia. Quero insistir no exemplo só para sugerir o quanto uma tentativa de formalização pode servir para oferecer uma descrição analítica possível a mais, destinada a apreender o *código* do parentesco, portanto sua gramaticalidade. A aludida palavra *dz'au:ta?a* somente poderia ser decomposta em seus componentes mercê do recurso a uma modalidade de tratamento algébrico dos termos de parentesco.

Exemplificando: a equação *A2B4C2D1*, indica, respectivamente, o sexo feminino, a primeira geração descendente, a linealidade e a metade agnática, envolvendo a filha do Filho (fF), com a qual o matrimônio é vedado para ego masculino, uma vez que o sistema é totêmico, constituído por clãs e metades exogâmicas; enquanto a equação *A2B5C1D2* englobaria apenas a filha da filha (ff) do mesmo ego, com a qual o matrimônio é permitido, posto que pertence à metade oposta de ego. Como veremos adiante, haverá equações que englobam várias posições identificáveis em um diagrama de parentesco. As letras maiúsculas e os números que lhes são associados permitem descrever com economia o teor das relações sociais que transcendem o parentesco propriamente dito. Buscando-se o significado dos componentes – ou valores –, um a um, a análise tem a finalidade de identificar categorias – equações – que, por sua vez, não se confundem com os termos de parentesco.

Por conseguinte, será graças a essa modalidade de análise que as 18 posições de parentesco cobertas pelo termo *dz'au:ta?a* poderão ser, assim, reduzidas a oito categorias diferentes contidas naquele mesmo termo tükúna: por meio de reduções progressivas ainda se pode reduzir a quatro, desde que se coloque entre colchetes, ou que se suspenda provisoriamente sua função classificatória, o critério de sexo [A].

Recorro, agora, a umas poucas linhas então escritas:

> Dessas quatro categorias (reduzidas assim a seus componentes B, C e D) três delas (caracterizadas pelo componente D2, que indica o membro da metade oposta) estão incluídas no vocativo *too'ta?a* [termo este aplicável, por sua vez, àquelas pessoas com relação às quais o casamento é possível], exprimindo, portanto, a possibilidade matrimonial; uma dessas categorias (caracterizada pelo componente D1, que compreende membros da metade de ego) é distinguida pelos Tükúna, que negam aos indivíduos nela incluídos o apelativo *too'ta?a*, embora continuem a se referir aos mesmos pelo termo (denotativo) *dz'au:ta?a.*[4]

A análise permite concluir, assim, que esse último termo, em face da pluralidade de posições que ele cobre no sistema de parentesco, tem de ser contraposto a um segundo termo, o vocativo ou apelativo *too'ta?a*, de cuja utilização se valem os Tükúna para identificar na vida cotidiana os seus cônjuges potenciais, situados, todos, na metade oposta. Temos, portanto, as três seguintes categorias identificadas pelo termo *too'ta?a*, falando ego masculino:

*A2B4C2D2* = [filha da irmã (fi), filha da filha do Irmão do Pai (ffIP), filha do Filho da irmã do Pai (fFiP), filha da filha da irmã da mãe (ffim), filha do Filho do Irmão da mãe (fFIm)];

*A2B3C2D2* = [filha da irmã do Pai (fiP), filha do Irmão da mãe (fIm)];

*A2B5CJD2* = [filha da filha (ff)].

O enigma, portanto, de haver um único termo denotativo para uma pluralidade de posições no sistema de parentesco, sem uma

---

4 Cardoso de Oliveira, *O índio e o mundo dos brancos*, p.106.

identificação aparente entre cônjuges possíveis, em se tratando de uma sociedade dividida em metades exogâmicas, fica desfeita com a introdução no léxico do parentesco de um termo vocativo, como uma estratégia desse povo indígena na elaboração de seu cálculo social. Quais as implicações do que acabo de expor para a questão da interpretação? Considere-se que já não falo agora de níveis de interpretação – de primeiro ou de segundo grau – como mencionei parágrafos atrás. Refiro-me agora à *interpretação explicativa*, que surge em decorrência de análises formais ou formalizantes, portanto sob o signo de procedimentos nomológicos. A essa análise, que no exemplo dado incide na instância do parentesco em busca de sua sintaxe e, com ela, na descoberta de um código, vai se contrapor – em uma primeira apreciação – uma sorte de *interpretação compreensiva*, por meio da qual se procura dar conta de significações apreensíveis por uma abordagem hermenêutica. Já se tem falado muito sobre as possibilidades da hermenêutica no trato de fenômenos socioculturais. Por isso, limito-me aqui a apenas mencionar que menos de hermenêutica e mais de interpretativismo – e sublinho o *ismo* – é que temos lido e ouvido. Porém, não vejo necessidade de desenvolver considerações mais extensas sobre o tema da hermenêutica *stricto sensu*, contentando-me a dizer que, ao aceitarmos os argumentos de Ricoeur – que se amparam, por sua vez, em escritos bastante profundos de Karl-Otto Apel[5] –, a explicação e a compreensão podem se constituir – no caso da antropologia, pelo menos – em modalidades de interpretação até certo ponto complementares, a primeira voltada para a identificação de regras e de padrões suscetíveis de um tratamento proposicional; a segunda voltada para a apreensão do campo semântico em que se movimenta uma sociedade particular; uma apreensão, aliás, comumente feita por todos nós no exercício da "observação participante" – sempre reconhecida, seja dito, como inerentemente impressionista, precisamente

---

5 Cf. especialmente Apel, La comunidad de comunicación como presupuesto trascendental de las ciencias sociales, in *La transformación de la filosofía*, tomo II, p.209-49, como o texto que melhor esclarece esse ponto.

por não fornecer proposições nomológicas; ao passo que, para os "cientificistas" mais ardorosos, tal observação participante não nos poderia fornecer senão hipóteses[6] a serem testadas pela via metódica de uma explicação absolutamente neutra. É o que nos sugerem certos autores ciosos do caráter proposicional do discurso científico.[7] E nós sabemos que no trabalho típico do antropólogo, pelo menos desde Malinowski – na forma moderna de nossa disciplina –, praticamente todas as monografias, que por sua exemplaridade consolidaram o nosso ofício, têm nos resultados dessa mesma observação participante – por mais variável que seja a competência com que essa observação foi exercitada – talvez a melhor expressão de interpretação compreensiva. Portanto, a maior intimidade de todos nós com essa segunda modalidade de interpretação dispensa-me de ilustrá-la da maneira mais pormenorizada, como fiz relativamente à interpretação explicativa.

No entanto, gostaria de examinar muito rapidamente a concepção que do tratamento hermenêutico tem um autor como Clifford

---

6 Como ilustração dessa redução da compreensão, a mera produtora de hipótese, veja-se Abel, The operation called *Verstehen*, in *Verstehen: subjective understanding in the social sciences*, Truzzi, (Org.), p.40-55; e Replay to professor Wax, p.83-86. Escreve ele: "É um fato aceito que, na formulação de hipóteses, começamos com algum *palpite* ou *intuição*. Agora parece muito provável que os palpites que nos levam a certas hipóteses concernentes ao comportamento humano originam-se da aplicação da operação do *Verstehen*" – p.53. Ou, ainda, em sua réplica a um crítico – Murray L. Wax, é ainda mais enfático quando diz que "em minha opinião *Verstehen* é a fonte principal de hipóteses em sociologia" – p.85.
7 Cf., por exemplo, Michael Martin, "Understanding and participant observation in cultural and social anthropology", in *Verstchen: Subjective understanding in the social sciences*, p.102-133. Esse epistemólogo considera que "em qualquer caso [...] compreender [*understanding*] uma pessoa parece ser redutível a conhecer certos fatos sobre ela. Chamamos a esse tipo de conhecimento de conhecimento proposicional. [...] A mesma coisa poderia ser dita sobre compreender uma comunidade. Compreender uma comunidade parece consistir em ler certo conhecimento proposicional sobre essa comunidade" – p.106. Embora o autor considere outras modalidades de compreensão, como a que tem lugar por meio da observação participante, a única modalidade que ele reconhece como sendo científica é aquela que permite um conhecimento factual, traduzido em proposições.

Geertz,[8] quando submete a uma interpretação compreensiva o conjunto de rituais balineses em busca de seu significado, a saber, da mensagem que eles veiculam. Escreve o autor:

Tal como a poesia, que no seu sentido vasto de *poiesis* ("fazer") é aquilo que está implicado, a mensagem está neste caso tão profundamente submersa no meio que transformá-la em uma rede de proposições é arriscar cometer simultaneamente ambos os crimes característicos da exegese: ver nas coisas mais do que realmente lá está, e reduzir uma riqueza de significados concretos a uma parada monótona de generalidades.

Porém, adverte ainda Geertz, que "sejam quais forem as dificuldades e perigos, a tarefa exegética tem de ser levada a cabo se se quer ficar com mais do que o mero fascínio maravilhado".[9]

Demonstrando, com essa advertência, a necessidade de uma certa articulação entre a interpretação compreensiva e a explicativa – ou proposicional –, ambas, entretanto – ao que entendo –, guardando sua autonomia. Assim, se para a compreensão da ordem balinesa seu "Estado teatro" ou *Negara* – "é necessário captar o sentido do acontecimento":[10]

Nem a descrição rigorosa de objetos e comportamentos associada à etnografia tradicional, nem o traçar cuidadoso dos motivos

---

8 Cf. Geertz, *Negara: O Estado teatro do século XIX*. Nesse livro, vê-se que Geertz inspira-se claramente na tradição hermenêutica, ao dizer que "duas abordagens, dois tipos de compreensão, devem convergir se se quer interpretar uma cultura: uma descrição e formas simbólicas específicas (um gesto ritual, uma estátua hierática) enquanto expressões definidas; e uma contextualização de tais formas no seio da estrutura significante total de que fazem parte e em termos da qual obtém a sua definição. No fundo, isto é, obviamente, o já conhecido círculo hermenêutico: a apreensão dialética das partes que estão incluídas no todo e do todo que motiva as partes, de modo a tornar visíveis simultaneamente as partes e o todo" – p.133.
9 Ibidem, p.132.
10 Ibidem, p.133.

estilísticos que é a iconografia tradicional, nem a dissecação delicada de significados textuais que é a filologia tradicional são em si suficientes. Têm que se fazer convergir de um modo tal que a iminência concreta do teatro representado produza a fé nele contida.[11]

E isso porque o *Negara*, se bem que fosse uma estrutura de ação – sangrenta ou cerimonial –, era também "uma estrutura de pensamento. Descrevê-lo é descrever uma constelação de ideias guardadas em um relicário".[12] Eis como Geertz caracteriza os rituais da corte de Bali:

> Os cerimoniais de Estado do Bali clássico eram teatro metafísico: teatro concebido para exprimir uma visão da natureza fundamental da realidade e para, ao mesmo tempo, moldar as condições de vida existentes em consonância com essa realidade; isto é, teatro para apresentar uma ontologia e, ao formulá-la, fazê-la acontecer, torná-la real.[13]

Em apoio a essas considerações, creio que vale a pena recorrer a uma comparação mais ordenada entre explicação e compreensão de modo que elucide melhor o lugar que ambas ocupam relativamente a suas possibilidades cognitivas.[14] Vou lançar mão de um modelo

---

11 Geertz, *Negara: O Estado teatro do século XIX*, p.134.
12 Ibidem, p.169.
13 Ibidem, p.134.
14 É oportuno registrar que, certamente, uma boa e profunda tentativa de equacionar entre nós a questão da explicação-compreensão, no âmbito da história da antropologia social, foi realizada por Celso Azzan Júnior em *Antropologia e interpretação: Explicação e compreensão nas antropologias de Lévi-Strauss e Geertz*. A propósito de uma cuidadosa leitura desses dois autores, cada um deles ilustrando um e outro polo da equação, Celso Azzan consegue realizar um exame bastante esclarecedor dessa questão, *leitmotiv* de seu livro – elaborado originalmente como dissertação acadêmica. O ponto mais interessante de seu trabalho é quando mostra – no que diz respeito ao interpretativismo geertziano – o quanto se torna difícil com ele realizar um programa que seja efetivamente hermenêutico; e isso, por falta de um léxico adequado, uma vez que Geertz busca na semiologia de Peirce, o que só faz afastá-lo da própria hermenêutica.

muito simples para tentar tornar mais claro o que estou chamando de dupla interpretação.[15] Se colocarmos lado a lado *explicação* e *compreensão*, encabeçando duas colunas imaginárias A e B, e associarmos a elas os valores *sim* e *não* para expressar *validade* ou a *falsidade* de uma ou de outra forma de cognição, teremos as seguintes quatro combinações:

1. quando *explicação* e *compreensão* não são, nenhuma das duas, reconhecidas como suscetíveis de oferecer-nos conhecimento, portanto são falsas, podemos dizer que estamos frente a uma postura cética;
2. quando na coluna A, da *explicação*, temos o *não* e na coluna B, na mesma linha, temos o *sim*, estamos diante de uma hermenêutica tradicional, pois negamos a validade da *explicação* para reconhecer a da *compreensão* – portanto, uma postura *romântica*;
3. ao relacionar novamente a *explicação* e a *compreensão* e aduzindo o *sim* para a primeira e o *não* para a segunda, teremos a expressão clara da postura *nomológica* e, em sua manifestação mais radical, positivista; finalmente
4. quando relacionamos *explicação* e *compreensão*, porém considerando ambas perfeitamente válidas em proporcionar-nos conhecimento antropológico, estamos assumindo uma postura hermenêutica moderna dialógica, ou ainda

---

Um segundo ponto a merecer destaque, ainda relativamente à interpretação hermenêutica – ou compreensiva –, é quando sugere sua associação à teoria da ação de Austin, como que completando a guinada linguística da antropologia atual. São pontos que não tratarei aqui, mas se os trago é para indicar o quanto pode ser superficial a identificação pura e simples do paradigma hermenêutico com a chamada antropologia "pós-moderna"; os argumentos de Celso Azzan servem para mostrar a complexidade da questão.

15 Para a elaboração desse modelo, inspirei-me no pequeno livro de R. J. Howard, *Three faces of hermeneutics: An introduction to current theories of understanding*, p.162. Para esse autor, o que estou chamando de dupla interpretação, como uma posição epistemológica comprometida com a modernização da antropologia, ele denomina "hermenêutica moderna" ou dialética para, no âmbito da filosofia, distingui-la, especialmente, da hermenêutica tradicional ou romântica.

*dialética*,[16] portanto exercitando o que estou chamando de dupla interpretação.

Em uma demonstração por diagrama, teríamos:

| Coluna A<br>Explicação | Coluna B<br>Compreensão | Posições epistemológicas |
|---|---|---|
| Sim | Sim | (4) Dialética |
| Sim | Não | (3) Nomológica |
| Não | Sim | (2) Romântica |
| Não | Não | (1) Cética |

Gostaria ainda de acrescentar, antes de concluir, que estou considerando a contribuição de Ricoeur e do próprio Apel em termos muito próprios, relacionados com minha experiência de membro de uma comunidade de antropólogos e não de filósofos – é bom esclarecer. Isso quer dizer que entendo os dois sentidos de interpretação no quadro de minha disciplina, procurando, por conseguinte, avaliar essa dupla interpretação na esteira de uma experiência também coletiva, registrada na já longa história da antropologia. E se mencionei há pouco um procedimento nomológico – como a análise componencial –, não foi absolutamente por reconhecer nesse método uma contribuição permanente à nossa disciplina; ao contrário, penso que tal tipo de análise, desenvolvida nos anos 1960, no âmbito da chamada *ethnoscience*, já deu o que podia dar, revelando

---

16 Ainda sobre o uso do termo *dialética* – tão desgastado nas ciências humanas –, cabe advertir que ele se reporta aqui para um sentido bem específico. Segundo o mesmo Howard, que o relaciona estreitamente com as investigações hermenêuticas atuais, a "hermenêutica é propícia para repensar a lógica dialética de Hegel, mas não para aceitar sua conclusão sobre o espírito absoluto. Esta posição anti-idealista da hermenêutica contemporânea significa que ela aceita a *contingência irredutível das estratégias do próprio pensador e da realidade mesma*" – p.166, o grifo é meu. Um ponto que ainda deve ser destacado, seguindo o próprio Howard, é a questão da *intencionalidade*, que nas ciências humanas é, particularmente, da maior importância, uma vez que está presente, tão operativa como efetiva em sua modalidade dialética, nos dois lados do diagrama, na coluna A e na B.

sua eficácia apenas em umas poucas instâncias da cultura – particularmente as etnoclassificações; entretanto, ela serve para o argumento segundo o qual uma metodologia radicalmente objetivista pode servir, no limite, ao refinamento de uma interpretação – que passa por um momento metódico – para, finalmente, alcançar seu instante de profundidade na realização da compreensão sábia – como nos aponta o arco hermenêutico a que já me referi. Essa compreensão sábia pode ser entendida como o momento de apreensão do "excedente de sentido", de que fala Ricoeur, precisamente o momento não metódico da investigação. Trata-se daquele sentido não apreensível por via metódica, seja ela formal ou mesmo formalizante – como no estruturalismo lévi-straussiano –, seja simplesmente obstinada na neutralização absoluta do pesquisador, acreditando vaciná-lo contra qualquer vírus subjetivista – exemplifica isso a obsessiva busca de objetividade pelos antropólogos orientados por aquilo que venho chamando de "paradigmas da ordem".[17] Para o antropólogo esse momento pode ser identificado como tendo seu início verdadeiramente criativo *na* e *durante a* pesquisa de campo, especialmente quando em sua etnografia se vale da observação participante; mas deve também continuar durante a própria elaboração de sua narrativa, ou de textualização da cultura.[18]

Penso que a dupla interpretação na antropologia, na forma como a entendo, tem várias consequências:

1. a primeira é a não exclusão de nenhuma das modalidades de interpretação, vendo-as igualmente importantes no exercício da disciplina;
2. a segunda – como um desdobramento da anterior – implica na compatibilização dos progressos evidentes alcançados pela disciplina (e demonstrados pela exemplaridade das

---

17 Cf. Cardoso de Oliveira, *Sobre o pensamento antropológico*, especialmente Capítulos 1 e 4.
18 Para não dizer que entre nós não se registra uma monografia que expressa competentemente essa tensão entre os paradigmas da ordem e o hermenêutico, gostaria de mencionar o bonito livro de Alcida Rita Ramos, *Memórias Sanumá: Espaço e tempo em uma sociedade yanomami*.

monografias antropológicas, clássicas e modernas) com a preocupação atual (via hermenêutica) de submeter a disciplina a uma crítica saudável, levando-a a exorcizar o mito da objetividade absoluta ou, sinteticamente, o seu renitente objetivismo;

3. a terceira consequência estaria na rejeição de outra ideologia que pode corroer por dentro a disciplina, isto é, o interpretativismo em sua feição "pós-moderna", livrando com tal rejeição a própria hermenêutica, a ser retomada em suas origens, livre de leituras apressadas como temos observado na história recente de nossa disciplina, especialmente nos Estados Unidos.

Sem dimensionar a contribuição da hermenêutica na epistemologia da disciplina, ou, ainda, sem reconhecer o papel fundador do método tanto quanto sua permanente atualidade na investigação antropológica, cria-se o cenário de um debate equivocado. E foi com o objetivo de contribuir para evitar tais equívocos que as presentes considerações foram elaboradas.

# Segunda parte
# Tradições intelectuais

# Capítulo 6
# Antropologias periféricas versus antropologias centrais

O tema que me foi dado examinar nesta oportunidade – que me foi sugerido por meu colega Dr. Segundo Moreno Yánez, secretário geral deste congresso – contém já em sua formulação uma inevitável interrogação: como interpretar o termo *versus*?[1] Uma oposição intransponível entre comunidades profissionais "periféricas" e "metropolitanas"? Um conflito entre paradigmas exercitados em diferentes latitudes? Ou uma relação eventualmente complementar entre perspectivas engendradas em mundos não complementares, a se ter em mente uma visão crítica terceiro-mundista... Gostaria, assim, de aceitar o desafio que me oferece um tema tão complexo, começando por considerar – ainda que de sobrevoo – o tratamento que tem recebido nos diferentes cenários de debate internacional, selecionando uns poucos eventos que, aliás, parecem-me bem ilustrativos de desconforto mesclado de certo sentimento de inferioridade e de muita idiossincrasia, que têm marcado as relações entre

---

1 Este texto foi elaborado para constituir-se, em sua versão em espanhol, em uma das "conferencias magistrales" do 49º Congresso Internacional de Americanistas, realizado em Quito, Equador, de 7 a 11 de julho de 1997. Uma segunda versão, algo reduzida, foi apresentada, também como conferência, no V Congreso argentino de Antropología Social, realizado em La Plata, Argentina, de 29 de julho a 1º de agosto de 1997.

as comunidades de profissionais da disciplina situadas na periferia dos centros metropolitanos de onde se difundiu a chamada antropologia moderna.

Desde já, todavia, gostaria de esclarecer sobre o que entendo pelo termo *versus* contido no título da conferência: não o vejo, de modo algum, por uma perspectiva negativa; ao contrário, interpreto a palavra "versus" como significando uma tensão, não social ou política, mas teórica – melhor dizendo, metafórica, ou seja, epistêmica. E acredito que tal tensão seja extremamente fértil para o desenvolvimento da antropologia, tal como todos desejamos. Embora as contradições de caráter econômico, social e político existam e não possam ser ignoradas, creio que, mesmo reconhecendo esse estado de coisas e não desprezando o seu componente terceiro-mundista, não posso deixar de constatar que há um espaço para o diálogo teórico e epistemológico em nível planetário – diálogo esse do qual não poderemos nos furtar se desejamos, efetivamente, melhor nos capacitarmos na realização de nosso oficio. Preocupado com essa relação "centro/ periferia", um grupo de antropólogos vem realizando no Brasil um programa de investigações com o objetivo de estudar comparativamente a singularidade das chamadas "antropologias periféricas" sob a óptica de uma abordagem estilística que contemple, simultaneamente, a vocação universalista de qualquer disciplina que se pretenda científica ante a realidade de seu exercício em contextos nacionais outros que não sejam aqueles de onde se originaram os paradigmas fundadores da antropologia. Mais adiante, procurarei dar uma ideia desse programa e, a seguir, concluirei minha exposição com uma reflexão sobre o tema, no intuito de estimular novas investigações que tenham por alvo as relações entre antropologias que, por serem tensas, não são, necessariamente, antagônicas.

Antes um esclarecimento: embora eu me interesse mais por tensões de ordem metafórica ou paradigmática, não posso deixar de reconhecer que teorias e paradigmas são *pensados* e *ativados* por comunidades de profissionais de carne e osso – como nos ensinou Thomas Kuhn, esse competente historiador da ciência –, ensejando, com isso, o desenvolvimento de análises extremamente agudas em que se combinam, sem se excluírem, duas tradições clássicas da história da ciência, a *internalista* e a *externalista*; a que trabalha na esfera das ideias com a que procura descrever o contexto histórico-social dessas mesmas ideias. Curiosamente, nas diversas tentativas de interpretar a história e o presente da antropologia, raramente o ponto de vista articulador dessas duas tradições pôde ser implementado, o que resultou em uma preponderância da preocupação quase que exclusivamente contextual, concorrendo para que o olhar político preponderasse sobre o epistemológico e tornando questões como o colonialismo ou a dependência cultural temas dominantes na literatura crítica da disciplina, bem como nos encontros ou reuniões entre seus profissionais. Creio que essas reuniões merecem alguns comentários.

Essas três últimas décadas foram pródigas em simpósios e seminários sobre o assunto. Destaco alguns deles, uma vez que estamos limitados pelo tempo desta conferência. Eu mesmo tive a chance de participar de seis: a primeira chance deu-se em Viena, no Burg Wartenstein, em 1967, e chamou-se *Reunión para la Integración de la Enseñanza con las Investigaciones Antropológicas*; a segunda e a terceira, deram-se no México, respectivamente um desdobramento da reunião anterior intitulada *II Reunión para la Integración de la Enseñanza con las Investigaciones Antropológicas*, realizada em 1968, na Cidade do México, e a *I Reunión Técnica de Antropólogos y Arqueólogos de América Latina y el Caribe*, ocorrida na Hacienda Cocoyoc, no estado de Moreias, em 1979; a quarta e a quinta, ambas realizadas no Brasil, em 1980, no Rio de Janeiro, e, em 1987, em Brasília, sendo a do Rio organizada pela Associação Brasileira de Antropologia (ABA), com o título Rumos da Antropologia, enquanto a de Brasília, patrocinada pelo Instituto Panamericano de Geografía e Historia, pelo CNPq e pela mesma ABA, teve por título A Antropologia na América Latina. Nessa última reunião, pude ministrar uma conferência sobre "Identidade e diferença entre antropologias periféricas",[2] ocasião em que examinei, *grosso modo*, os principais

---

2 O texto foi publicado em Zarur (coord.), *A antropologia na América Latina*, p.15-30.

resultados dessas reuniões e de outras – de que não participei – mas que me pareceram extremamente importantes pelo ternário geral e pela presença de seus participantes: refiro-me, especificamente, a duas delas: uma, em 1978 realizada no mesmo Burg Wartenstein, com o título *Indigenous Anthropology in Non-Western Countries*; outra, em 1982, proporcionada pela revista sueca *Ethnos*, com o título *The Shaping of National Anthropologies*.

Não pretendo aqui reproduzir o que então pude dizer no evento de Brasília, mas gostaria de retomar duas considerações que me parecem apropriadas nesta oportunidade. Uma diz respeito à temática das reuniões da década de 1960, praticamente circunscrita à avaliação do campo antropológico na América Latina, considerado, particularmente, em suas carências institucionais, o que revelava, então, uma preocupação marcadamente acadêmica, ainda que as questões epistemológicas se mantivessem longe de ser abordadas. Outra consideração, que cabe agora fazer, diz respeito à crescente politização do campo antropológico a partir dos anos 1970 e 1980, quando a questão da construção da nação – *nation building* – começa a tomar corpo naqueles eventos, em um reconhecimento da dimensão política inerente às relações entre a comunidade de profissionais da disciplina e os Estados nacionais. Evidentemente, as temáticas observadas em todos os eventos estiveram sempre sensíveis às relações entre os países de *centro*, cujas antropologias eram tacitamente consideradas como metropolitanas em comparação às dos países *periféricos*, tomados também de modo tácito como "culturalmente colonizados", entendendo-se, aqui, a própria antropologia como uma subcultura ocidental. Aliás, vários entre nós, na América Latina, na África e na Ásia, muito escrevemos sobre essa dependência e sobre o urgente processo de desenvolvimento – certamente autônomo – de nossas antropologias.

Não quero retomar agora esse último tema nos termos até então propostos, uma vez que já foi objeto de muitas discussões nos cenários nacionais e internacionais. Desejo sim sublinhar as duas dimensões – a acadêmica-institucional, que envolve as atividades de ensino e de pesquisa; e a política, na qual se colocam as questões étnicas e nacionais, e em cujas avaliações as políticas estatais são sempre objeto de crítica –, sobre as quais não se pode deixar de examinar mais detidamente as atuais tendências que começam a se esboçar nas relações entre as antropologias que, na falta de melhor termo, chamaremos de "periféricas" em contraposição às antropologias "centrais", isto é, aquelas que surgiram em fins do século passado na Inglaterra, na França e nos Estados Unidos. Desejo enfatizar – como tenho feito repetidas vezes – que os conceitos de periferia e de centro não possuem mais do que um significado geométrico, certamente em $n$ dimensões, em que espaço e tempo são igualmente levados em conta, sem, porém, implicarem um quadro valorativo, isto é de "boa" ou "má" antropologia... Minha última participação em eventos dessa ordem deu-se mais recentemente, em 1994, quando a Associação Latino-americana de Antropologia (ALA) organizou uma reunião em Niterói, Rio de Janeiro, no âmbito da XIX Reunião Brasileira de Antropologia (ABA). O tema desse fórum foi a "Organização do 'campo antropológico' latino-americano", no qual participaram os vice-presidentes Myriam Jimeno Santoyo, Carlos Serrano, Segundo Moreno Yáñez e Roque de Barros Laraia, que apresentaram comunicações sobre suas respectivas áreas de atuação. O número 4 do *Boletim da ALA* (abril de 1995) apresentou sumários dessas comunicações que nos serviram de ponto de partida para a organização do fórum que acabamos de realizar na presente reunião, aqui em Quito, e que tive a satisfação de presidir. Menciono todos esses eventos para mostrar que o empenho dos colegas latino--americanos em discutir o estado-da-arte da antropologia revela que nossa comunidade profissional não tem estado desinteressada sobre o destino da disciplina em âmbito continental, mas, pelo contrário, tem procurado realizar interessantes reflexões sobre diferentes aspectos do exercício da disciplina.

Algumas ideias que podem ser ressaltadas do conjunto desses eventos devem servir como importante referencial nesta oportunidade. A primeira seria o reconhecimento de que a disciplina, na América Latina, está inserida na categoria de "antropologia de nações novas", empenhada na construção da nação e destituída de grandes tradições intelectuais – ao contrário do que ocorre nas antropologias de antigas civilizações como a China, o Japão ou a Índia. Ao mesmo tempo – e isso não ocorreria apenas na América Latina –, a disciplina estaria eminentemente interessada em seu próprio território ou região – como a região andina ou a região maia ou, em menor intensidade, a região amazônica –, e seus antropólogos dedicam-se prioritariamente aos trabalhos originários dos países de centro, devotando, em consequência, muito pouca atenção ao que se produz no interior das antropologias periféricas do continente e, sobretudo, fora dele. Quantos de nós têm familiaridade com a produção antropológica de países da periferia europeia, por exemplo, como a da Espanha ou Portugal, da Grécia ou de países do leste europeu? Pode-se dizer que, além das fronteiras de cada um de nossos países, pouco sabemos sequer sobre as antropologias do nosso próprio continente e, sobretudo, das possibilidades de suas respectivas contribuições ao desenvolvimento da disciplina, sejam elas de caráter teórico ou mesmo metodológico. Contudo, há de se reconhecer igualmente que essas características que, segundo alguns autores, poderiam ser consideradas como marcadoras do tipo periférico, nem por isso se constituem em obstáculo insuperável com vistas à condução de nossas antropologias a um efetivo desenvolvimento em escala planetária.

Com essas preocupações em mente, decidimos realizar um programa de estudo sobre "estilos de antropologia", dele resultando um seminário levado a efeito uns poucos anos atrás, na Universidade Estadual de Campinas (Unicamp), e que serviu de ponto de partida para um conjunto de pesquisas projetadas para diferentes antropologias periféricas, tais como as que têm lugar na Austrália, em Israel (Jerusalém), no Canadá (Quebec) e na Espanha (Catalunha).[3]

Antes de falar sobre essas pesquisas, gostaria de dar uma ideia geral sobre algumas conclusões a que cheguei, pessoalmente, no aludido Seminário. Ao reunir colegas possuidores de experiência de pesquisa e de reflexão sobre a antropologia de seus respectivos países

---

[3] Os trabalhos apresentados nesse Seminário foram publicados em Cardoso de Oliveira; Ruben (orgs.), *Estilos de antropologia*.

a par de contarem com alguma vivência na antropologia feita no Brasil, decidimos estabelecer um encontro que permitisse comparações, se não sistemáticas e globais, pelo menos fortuitas e tópicas, de modo que crie um clima de debate entre diferentes pontos de vista sobre a diversidade de atualização de uma mesma disciplina cada vez mais internacionalizada. Retomo a questão inicial: como compreender a singularidade de atualização da antropologia nas chamadas "periferias" – que uso no plural, pois não é uma, são muitas – com a natureza universalista de qualquer disciplina que se queira científica? Nesse sentido, procurou-se mostrar que essa singularidade – manifestada pela disciplina em seu processo de difusão para fora dos centros em que se originou historicamente, tanto quanto sua inserção e desenvolvimento em outros países – não haveria de significar uma abdicação de sua pretensão universalista, uma vez que, tecnicamente, a disciplina sempre "falou" uma única "linguagem", talvez mudando apenas o "tom", alguma coisa de sua "fonologia", ademais de uma ou outra contribuição para seu "léxico", porém muito pouco – se é que efetivamente contribuiu – para sua "gramática". Ressalve-se, aqui, que o recurso a metáforas provenientes de uma disciplina irmã, como a linguística, se, de um lado, auxilia-nos para a compreensão do problema – como suponho –, por outro, certamente, não é suficiente do ponto de vista epistemológico, pois deixa em aberto uma importante questão: como aplicar o conceito de *estilo* para caracterizar a antropologia – portanto, como algo mais do que uma metáfora igualmente originária da linguística? Todavia, ainda valendo-me de metáforas linguísticas, creio que se a "gramaticalidade" da disciplina corresponde à sua *matriz disciplinar*, que tenho definido – seguindo elipticamente os passos de Thomas Kuhn – como constituída por um conjunto de paradigmas articulados em um campo de tensão epistêmica, de maneira que nenhum paradigma supera ou anula outro paradigma, como no caso da matemática ou das ciências físico-químicas, nas quais ocorre a superação de um paradigma por outro. Diria que na antropologia, e imagino em várias das ciências humanas, essa matriz disciplinar não chega a alterar sua estrutura em quaisquer das latitudes em que se atualiza. Assim, se a concebermos – como, aliás, tenho feito nesses últimos anos – como constituída de pelo menos quatro paradigmas perfeitamente ativos na modernidade da antropologia – o estruturalista lévi-straussiano, o estrutural-funcionalista de inspiração britânica, o culturalista norte-americano e o interpretativista geertziano; aos quais se poderia agregar outros, como o marxista, ou outros mais, de menor expressão na história moderna da antropologia, sem que isso afete o teor de meu argumento –, o fato é que as vicissitudes da matriz, vista na ordem planetária da disciplina, afetariam mais a sua dinâmica interna – portanto, gerando mudanças *na* matriz – do que determinando mudanças em sua estrutura – isto é, mudança *da* matriz. Portanto, a permanência ativa de uma estrutura constituída por um sistema de paradigmas em tensa interação, significa – voltando às metáforas – que a "gramática" da disciplina não se altera ou, pelo menos, não tem se alterado substancialmente. Em meu entendimento, o único paradigma novo – quer dizer, surgido nesta metade de século e que se expressa na chamada antropologia interpretativista – não é mais do que uma recuperação tardia de um paradigma filosófico do século passado, o hermenêutico, recuperado, por sua vez, por Dilthey das filosofias clássica e medieval, e modernizado por Gadamer ou Ricoeur no presente século, cujo final estamos testemunhando. Pois bem: se a matriz tem permanecido praticamente a mesma, com uma ou outra alteração observável nas antropologias centrais, garantindo assim a universalidade da disciplina, o que se pode entender então por sua singularidade na periferia? É aqui que entra a noção de estilo.

Tomo emprestado a noção de *estilo*, na forma pela qual ela foi desenvolvida por Gilles-Gaston Granger, em seu livro *Essai d'une philosophie d'style*, que a entende associada à noção de *redundância* – não mais como meras metáforas linguísticas, mas como conceitos operacionais. Não vejo necessidade em deter-me no exame desses conceitos – uma tarefa que realizei em outro lugar, em minhas "Notas sobre uma estilística da antropologia", apresentadas no aludido simpósio sobre estilos de antropologia –, mas apenas mostrar a possibilidade aberta pela utilização dos mesmos em direção a uma estilística. Nesse sentido, redundância passa a ser um conceito complementar a estilo na medida em que exprime algo no discurso que não acrescenta nada à mensagem, salvo o efeito de prolongá-la. Ao contrário do uso que os linguistas fazem da redundância, quando a tomam como perda de informação relativamente à informação máxima autorizada pela língua – e aqui tomo a antropologia como uma "linguagem" científica –, para mim, e aqui, talvez, me distancie um pouco de Granger, a redundância é a expressão de um estado-de-coisas, é o resultado de uma análise realizada por meio da matriz disciplinar, portanto na linguagem da antropologia, em que qualquer outro acréscimo de informação seria inoperante relativamente a uma possível ampliação de nossa capacidade de cognição empírico-analítica; em outras palavras, essa capacidade está virtualmente oferecida pela potencialidade analítica da matriz disciplinar.

Isso não é tudo. A antropologia, que aufere todas as suas potencialidades de *explicação* mediante a atualização de sua matriz disciplinar, lança-se simultaneamente à aventura da *compreensão*; a rigor, uma aventura não metódica, profundamente individualizante, cujas consequências, impressas no discurso antropológico resultante, só podemos considerar como *fator de estilo*. É, portanto, nesse sentido, que podemos considerar os elementos individualizantes nas antropologias periféricas que lhes conferem particularidades que, por mais marcantes que sejam, não nos autorizam a classificá-las com o epíteto de nacionais. Assim, não há necessidade de buscarmos nacionalizar nossas antropologias para alcançarmos maior autonomia ou, mesmo, independência ante as antropologias centrais. Tal busca parece-me fundada em um falso problema. Para as antropologias periféricas e, evidentemente, também, para as metropolitanas, o objetivo das diferentes comunidades profissionais está em dominar cada vez mais a matriz disciplinar, sua dinâmica gerada pela tensão interparadigmática, bem como os resultados que alcança, ou tem alcançado, nas diferentes latitudes do planeta.

Dizia que o Programa sobre Estilos de Antropologias vem dando resultados bastante promissores. Tentarei destacar alguns, ainda que obtidos em pesquisas não necessariamente limitadas à América Latina, em que o olhar dos colegas esteve orientado a partir de nosso continente, pois todos partiram de uma perspectiva engendrada no Brasil e condicionada por uma antropologia enraizada no país. Como não existe um lugar neutro de onde se pode observar a realidade, todos os estudos enfeixados nesse programa devotado à construção de uma estilística envolvem, portanto, pontos de vista constituídos no quadro social, político e intelectual latino-americano. Foi o caso, por exemplo, de três das recentes pesquisas do programa: uma primeira sobre a Austrália, realizada por nosso colega da Universidade de Brasília, Stephen Baynes; outra efetuada em Jerusalém, por Marta Francisca Topei, e apresentada como tese de doutoramento na Unicamp; e a terceira feita em Barcelona, por mim, como professor-visitante da Universidade Autônoma de Barcelona.[4] A antropologia, ou melhor, a etnografia indígena produzida na Austrália, a antropologia judaica de Jerusalém – pois há que diferenciá-la da palestina –, bem como a catalã, que, de certo modo, mantém sua particularidade quando a confrontamos com a castelhana, especialmente quando estudamos o processo histórico de sua formação, todas essas antropologias foram observadas a partir de um lugar perfeitamente definido: a América Latina, mais especificamente o Brasil. Isso confere à investigação uma característica que só podemos equacionar em termos de estilo, pois compreender o outro significa um passo a mais do que simplesmente explicá-lo; é também apreendê-lo por meio de seus elementos ou instâncias empíricas não suscetíveis de explicação analítica, ou seja, o que se apreende é o "excedente de sentido" – ou o *surcroît de sens*, para usar uma expressão originária da hermenêutica de Paul Ricoeur, para quem esse excesso de significação é alcançado graças ao momento não metódico da investigação –, que, para mim, é precisamente o momento em que se transcende a própria matriz disciplinar, isto é, ultrapassando-a sem negá-la. É o momento em que se inaugura o estilo próprio de tal ou qual antropologia, particularizando-a sem

---

4 O primeiro resultado de minhas investigações em Barcelona foi publicado na revista *Mana: Estudos de Antropologia Social*, com o título Identidade catalã e ideologia étnica, p.9-47.

que ela perca sua vocação universalista assegurada pela matriz disciplinar – uma matriz alicerçada sob uma pluralidade de métodos bem como por um conjunto articulado ou articulável de paradigmas. Várias questões podem ser levantadas sobre a natureza do conhecimento obtido pela via metódica quando o comparamos com o conhecimento gerado pela interpretação compreensiva. Examinei-as em outras oportunidades,[5] quando segui muito de perto as contribuições de Ricoeur e de Apel sobre o tema; por isso, permito-me deixar de examiná-las agora, dizendo apenas que, independentemente do fato da interpretação compreensiva ter ou não valor apenas hipotético – posto que ela não está autorizada a formular "leis", regras, ou generalizações mais ambiciosas alcançadas pela explicação, – o certo é que um debate como esse, mesmo que o levássemos a efeito nesta oportunidade, não alteraria o sentido de nossa argumentação, pois o que desejo trazer à consideração dos colegas é uma linha de investigações que, no meu entender, tem dado interessantes resultados.

Trata-se, todavia, de um conjunto de estudos que objetiva desenvolver-se no âmbito da América Latina, procurando, por meio das antropologias praticadas nos seus diferentes países, avaliar, por um lado, as possibilidades de desenvolvimento das mesmas; por outro, despertar um interesse recíproco entre elas de maneira que incentive um diálogo horizontal, sem que isso diminua a necessidade da manutenção de um maduro contato com as antropologias centrais e que seja mais do que um monólogo, mas a verticalização do mesmo diálogo. Como dizia – acerca do Seminário sobre Estilos –, colegas latino-americanos presentes no evento trouxeram, além da boa vivência na comunidade de antropólogos brasileiros, uma boa dose de informações sobre a disciplina em seus países. Se, da Venezuela, tivemos a participação de Hebe Vessuri, com seu trabalho "Estilos nacionais de antropologia? Reflexões a partir da sociologia da ciência", e da Argentina, a de Leonardo Figoli, com sua exposição "A antropologia na Argentina e a construção

---

5 Consultar especialmente os capítulos 4 e 5 deste volume, onde essa temática foi examinada com maior profundidade.

da nação", tivemos também do Quebec, com Robert Crépeau, uma interessante exposição sobre "A antropologia indígena brasileira vista do Quebec", em que o autor não deixa de compará-la com a antropologia quebequense, e ainda uma segunda comunicação sobre a antropologia canadense de expressão francesa, intitulada "O 'tio materno' e a antropologia quebequense", apresentada por Guilhermo Ruben, meu colega da Unicamp. Já considerávamos então, em nosso programa de pesquisas, o Quebec como parte da América Latina. Vale dizer que talvez tenha sido essa região da América do Norte aquela que mais atraiu a atenção de nossos colegas, uma vez que sobre ela fixaram suas investigações não somente Ruben, como também Celso Azzan Jr., então doutorando da Unicamp, ambos devotados ao estudo da disciplina antropológica no Canadá de língua francesa. E para não dizer que o nosso interesse sobre a América Latina excluiria outras manifestações entre aquelas que estamos denominando antropologias periféricas, cuidamos de realizar uma investigação comparada entre duas das mais desenvolvidas dessas antropologias: precisamente a quebequense e a catalã, respectivamente estudadas por Guilhermo Ruben e por mim. O livro resultante encontra-se em elaboração e pensamos intitulá-lo *As aventuras da etnicidade: antropologia e ideologia étnica*. O objetivo do estudo foi o exame do processo de formação da antropologia em contextos socioculturais minados pela etnicidade, em que se pode observar nitidamente o papel de ideologias étnicas na conformação da disciplina. Os nacionalismos quebequense e catalão estão de tal forma enraizados nas respectivas sociedades que contaminaram a formação histórica de suas antropologias, submetendo-as a um nítido *processo de etnização*. Todavia, cabe esclarecer que, na modernidade atual das disciplinas, pouco se pôde observar sobre o domínio da ideologia étnica em suas respectivas atualizações no Quebec ou na Catalunha. Não se pode, todavia, ignorar que essa etnização, constatada na formação da disciplina, tenha deixado suas marcas, passíveis de observação tão somente por meio de uma concepção estilística da antropologia.

Pois bem. Se, por um lado, esse fato mostra a força do contexto social, político e cultural na adaptação da disciplina na periferia de seus centros de difusão, penetrando-a de novos elementos dinamizadores da matriz disciplinar, por outro, como estive procurando mostrar, os elementos dinamizadores não concorreram para qualquer mudança da estrutura matricial, que pôde, assim, manter a mesma *gestalt*. A disciplina, nos contextos nacionais do Quebec e da Catalunha – como já indiquei, aliás –, pouco se diferencia do tipo metropolitano de antropologia, seja no que diz respeito ao caráter universal de sua produção, seja no que tange à sua qualidade e produtividade. Mas a eficiência das antropologias exercitadas em Montreal ou em Barcelona não encobre a força de suas respectivas tradições que contêm, afora do processo de etnização já examinado, outros elementos de ordem cultural que são muito próprios a cada uma dessas antropologias. Esse é um fator ao qual não se tem dado muita atenção, como bem observa nosso colega mexicano, o antropólogo Esteban Krotz. Não é a primeira vez que a leitura de trabalhos seus me foram de grande utilidade. Recentemente, em uma reunião organizada por Myriam Jimeno, em Bogotá, sobre o tema "La antropología latinoamericana: crisis de los modelos explicativos",[6] pude valer-me das análises de Krotz sobre a antropologia que se realiza na América Latina e sobre seus comentários a respeito de algumas de minhas próprias ideias veiculadas em meu livro *Sobre o pensamento antropológico*. Embora o recorte epistemológico que venho adotando em minhas análises não coincida com sua perspectiva – mais próxima da história e da sociologia da ciência –, considero-as mais complementares do que conflituosas: defendemos, igualmente, que o trabalho a ser desenvolvido na América Latina só pode ser coletivo. Estou certo de que nossos respectivos recortes, por diferentes que possam ser, haverão de contribuir para a intensificação e o refinamento desse diálogo horizontal que ambos

---

6 O título de sua exposição foi "La generación de teoría antropológica en América Latina: Silenciamientos, tensiones intrínsecas y puntos de partida", que se seguiu à minha conferência, "La antropología latinoamericana y la 'crisis' de los modelos explicativos: Paradigmas y teorías", ambas publicadas na revista colombiana *Maguare*, n[os] 11-12, 1996. Quanto à minha conferência, ela está inserida, em sua versão em português, neste volume como seu Capítulo 3.

defendemos, de forma que, inspirado em uma ou outra de suas considerações que julgo mais pertinentes para o prosseguimento desse diálogo, retomo a seguir o tema das tradições.

Ainda que não se possa comparar o papel exercido pelas tradições letradas de grandes civilizações, como as da China, do Japão ou da Índia, na conformação da antropologia nesses países, com as "pequenas tradições", encontradiças nas nações novas da América Latina, essas não devem ser desprezadas quanto às suas presenças – de algum modo aferível – na instalação da disciplina entre nós. Minha experiência brasileira não me permite sequer pensar qual o grau de influência que as antigas civilizações americanas – como a Inca, a Asteca ou a Maia[7] – podem ter exercido na antropologia que se pratica nos países andinos, no México ou na América Central. Como também me é difícil avaliar a importância nesses e em outros países do papel desempenhado por seus cronistas, viajantes e missionários quinhentistas e seiscentistas no estabelecimento de temas ou na construção de abordagens de investigação, eventualmente ainda relevantes na atualidade da disciplina na América Latina. Já minha visão da antropologia que fazemos no Brasil sugere descontinuidades óbvias. Talvez o fato de a disciplina ser entre nós, membros da comunidade profissional brasileira, uma atividade preponderantemente universitária, ela – pelo menos durante esses últimos quarenta anos – abasteceu-se de ideias e de padrões de comportamento provenientes dos centros acadêmicos europeus e norte-americanos. Certamente, a influência francesa, extremamente forte e hegemônica nos anos 1940

---

7 No Capítulo 8 deste volume, a propósito de um interessante livro organizado por meu colega do Centro de Lógica, Epistemologia e História da Ciência (CLE), da Unicamp, o filósofo Marcelo Dascal, intitulado *Cultural Relativism and Philosophy: North and Latin American Perspectives*, faço considerações a respeito da relação entre tradições culturais – eurocêntricas e autóctones das Américas – no âmbito da filosofia que, de certa maneira, tem alguma utilidade para nossa comparação entre antropologias centrais e periféricas. A diferença estaria no fato de ambas modalidades de antropologia estarem vinculadas a uma mesma raiz, europeia; ao passo que: as filosofias dos Nahuatl ou dos Trique nada teriam a ver com o pensamento ocidental. Nesse caso, a comparação teria a função de uma elucidação recíproca entre modalidades de pensamento.

e 1950, foi progressivamente substituída pela anglo-americana nas décadas seguintes, em que pese a importante influência do estruturalismo lévi-straussiano em toda esta metade de século. A presença de etnólogos de língua alemã, pelo menos desde os anos 1930, não foi suficiente para deixar sua marca na antropologia que fazemos hoje. Já as "raízes", de que nos fala Krotz em um texto anterior,[8] pouco nos dizem quando procuramos resgatá-las em nossa prática profissional da disciplina. Contudo, se as raízes no Brasil não possuem a mesma profundidade histórica – e pré-histórica – que aquelas observadas no México, tal não significa que elas não existam. É só tomarmos em consideração a tradição ensaísta brasileira, instituída desde o século passado, pelo menos. Porém, dizer que essa tradição tem ou teve o poder de marcar sua presença na matriz disciplinar é algo que jamais ocorreu. Essa tradição ensaística constitui-se, a rigor, em *fator de estilo*. Se, no Brasil, tal tradição pode ser observada facilmente em autores como Gilberto Freyre, ontem, ou Roberto Da Matta, hoje, marcando não *o* estilo brasileiro, mas *um dos* estilos de antropologia que no Brasil se pratica, posso imaginar – e isso vale apenas como hipótese de trabalho – que em países como o México, suas várias tradições, não importando o grau de profundidade que possuam, podem ser consideradas igualmente como fator de estilo.[9] Continuo a acreditar que o melhor caminho para investigar a particularidade da antropologia que se faz no México também seja o da estilística; e gostaria que tal investigação fosse realizada por meio de uma pesquisa comparada, não para lograr uma teoria geral da antropologia latino-americana – tal comparação só nos tornaria "colecionadores de borboletas", para me valer aqui da feliz expressão de Leach –,

---

8 Cf. Krotz, Antropología y antropólogos en México: Elementos de balance para construir perspectivas, in Lourdes Arizpe e Carlos Serrano (orgs.), *Balance de la Antropología en América Latina y el Caribe*, p.361-80.
9 Recentemente, pude explorar uma modalidade especifica de tradição na antropologia catalã – que podemos definir como etnicidade em um ensaio intitulado Etnicidade como fator de estilo, publicado nos *Cadernos de História e Filosofia da Ciência*, Série 3, v.5, número Especial, p.145-71, e aqui republicado como Capítulo 7.

mas para tirarmos proveito da comparação como um instrumento de elucidação recíproca das respectivas antropologias, submetidas a um cuidadoso escrutínio. Considere-se, ainda, que uma estilística, menos do que pretender substituir outras modalidades de estudo das antropologias periféricas, nada mais é do que um acréscimo, uma ênfase especial no *discurso* da antropologia, portanto, um recurso a mais destinado a ampliar nossa capacidade de compreender as particularidades de uma disciplina nos novos ambientes socioculturais que a encerram.

O que fazer para lograrmos a consolidação da disciplina nos países latino-americanos onde ela, por diferentes motivos, ainda encontra obstáculos para o seu desenvolvimento? Claro que não tenho a pretensão de ter a solução para esse problema, muito menos uma receita... Mesmo porque, como há uma extrema diversidade nos diferentes contextos latino-americanos em que se insere a disciplina, é impossível uma solução geral e é improvável que qualquer um entre nós, de forma individual, tenha a pretensão de conhecer a antropologia em escala continental, de modo que possa sugerir soluções, ainda que tópicas. Tome-se, como exemplo, o problema institucional envolvendo a relação da disciplina, isto é, da pesquisa e de seu ensino, com os Estados nacionais. Esta é uma questão, entre muitas outras, que só poderá ser enfrentada pelos antropólogos de cada país; e, fazendo minhas as palavras de Guillermo Bonfil, quando se refere ao que ironicamente chama de "casamento" entre o Estado mexicano e a antropologia, reproduzo sua fala:

> Sin embargo, el maridaje con el Estado persiste, lleno de conflictos, insatisfacciones y frustraciones. A los antropólogos proponemos nuevas bases de la relación conjugal (o el divorcio), o será el Estado quien lo haga. Más nos vale participar en esto con nuestra propia decisión.[10]

---

10 Bonfil Batalla, ¿Problemas conjugales?: Una hipótese sobre las relaciones del Estado y la antropología social en México, in G. C. L. Zarur (org.), *A antropologia na América Latina*, p.99.

E como a presença do Estado é, em regra, sempre muito forte em nossos países – ainda que jamais na mesma proporção daquela que se observa no México –, o comentário de Bonfil é mais do que oportuno. Incita-nos a tomarmos nossas próprias iniciativas, enquanto comunidade profissional, diante de questões cruciais como esta, que contextualiza decisivamente nossa disciplina. É precisamente o momento em que se articulam, no processo de investigação, as perspectivas externas e internas, a análise institucional e a análise do discurso, a interpretação sociológica e a estilística.

Por tudo isso, em lugar de soluções, gostaria apenas de apontar para um conjunto de indicadores que acredito de alguma utilidade no exame comparado e nos diagnósticos das antropologias que fazemos em nossos países. Alguns desses indicadores, que aqui relaciono sem nenhuma pretensão de esgotá-los, podem ser os seguintes:

1. a *concentração das investigações no território nacional*, que, no caso das antropologias periféricas, parece ser um traço característico, pelo menos para a América Latina;
2. as *debilidades institucionais*, particularmente nas esferas universitárias e científicas, com carências de boas bibliotecas, ausência de implantação ou implantação deficiente do estatuto de "dedicação exclusiva" e suas consequências salariais, além de poucos recursos para financiamento de pesquisas etc.;
3. a *dependência do exterior para a formação profissional avançada*, dependência que, em alguns países, é extremamente elevada enquanto, em outros, pode ser bem mais reduzida, porém não está ausente;
4. o *mercado de trabalho aquém da demanda* e cujas características próprias vão desde uma pobreza franciscana, com reduzida oferta de cargos nas universidades ou fora delas, até uma razoável oferta, como se pode observar em pouquíssimos países do continente;
5. a *ausência de periódicos de circulação internacional*, pelo menos nas regiões latino-americanas, onde – ao que parece – só recentemente o idioma português começa a ter

mais leitores de língua castelhana, fato que, por sua vez, não explica a deficiente circulação desses mesmos periódicos na Hispano-América; e, finalmente,

6. o *perfil metafórico da antropologia em nossos países*, em verdade, um perfil que pode ir desde o eventual predomínio de um ou outro dos paradigmas fundadores da disciplina, até a atualização crítica da matriz disciplinar – como a temos definido –, a saber, como articulação simultânea, tensa e interdependente de paradigmas originários historicamente na Inglaterra, França e Estados Unidos da América e ainda presentes na modernidade da disciplina; isso merece uma consideração adicional: em vários lugares, tenho questionado a ideia de que mesmo nas antropologias metropolitanas os paradigmas que conformam a matriz disciplinar sejam, hoje, absolutamente autônomos, como foram, ou procuraram ser, desde o final do século passado até meados deste; o fato que efetivamente se observa, na atualidade da disciplina, é que, mesmo naquelas antropologias, seus respectivos paradigmas originais já estão em intensa interação com os demais, igualmente abrigados na mesma matriz disciplinar; o que ocorre, todavia, é que essa interação tem características diferentes daquela que tem lugar nas antropologias periféricas: nessas, ela é mais fácil, pois as comunidades profissionais da disciplina estão despojadas de compromissos epistemológicos históricos, o que resulta em um diálogo mais fluente, com uma carga menor de *preconceito teórico*, expressão que uso aqui no sentido gadameriano ou hermenêutico.

Procurarei ilustrar brevemente a aplicação desse conjunto de indicadores com a antropologia que se pratica no Brasil. Não darei números, nenhuma estatística, para não sobrecarregar a exposição. Procurarei fazer algumas considerações sobre cada um desses indicadores, de maneira que forneça uma ideia sobre o que haveria de específico no "caso brasileiro", se confrontado com outras antropologias periféricas.

1. Efetivamente, observa-se, no Brasil, uma concentração desmesurada nos temas nacionais e no endereçamento da pesquisa nos limites do território nacional. Isso vem de longe e se justifica amplamente, visto que até os anos 1940 – se assim posso arbitrar – a massa dos estudos sobre o país esteve a cargo de pesquisadores e/ou viajantes e cronistas estrangeiros. Um bom indicador disso foi o celebrado *Manual bibliográfico de estudos brasileiros*, de 1949, organizado por Rubens Borba de Moraes, um importante historiador brasileiro, então subdiretor dos Serviços Bibliotecários da ONU, e William Berrien, professor da Universidade de Harvard. Nessa bibliografia, observa-se a absoluta preponderância de autores estrangeiros sobre os autores nacionais, revelando, nitidamente, que os estudos relativos ao país eram hegemonicamente realizados por brasilianistas europeus e norte-americanos. Diante disso, é claro que havia necessidade de se reverter essa relação, de maneira que fizesse com que o Brasil fosse também investigado por seus próprios intelectuais. E isso era verdadeiro para o conjunto das ciências sociais, para a história e para a literatura. Nesse sentido, cerca de duas décadas depois, essa relação começaria a se inverter, em direção ao predomínio das obras escritas por nacionais. E, atualmente, não é exagero dizer que os brasilianistas tornaram-se absolutamente minoritários. Explico isso com o forte desenvolvimento dos cursos de pós-graduação que, a partir de meados dos anos 1960, começaram a produzir pesquisadores em ciências sociais e em história, cujas teses de mestrado, inicialmente, e, depois, as de doutorado, tiveram significativo reflexo no movimento editorial, uma vez que grande parte dessas teses foi publicada por editoras universitárias e comerciais. Hoje, o que se pode dizer é que pelo menos na área da antropologia não se justifica mais a exclusiva atenção à realidade nacional, podendo os antropólogos voltarem seu interesse também para além-fronteiras. Digo os antropólogos porque a característica mais marcante de nossa disciplina é tratar com a alteridade, com a diversidade cultural, com a variação de forma de vida, objetivo que só logramos alcançar em nossas próprias sociedades quando transformamos por meio de recursos de método o familiar

em exótico, conseguindo, com isso, estranhar suficientemente tudo aquilo que nos é próximo, de maneira que se possa alcançar uma distância mínima que nos habilite ao questionamento típico do olhar etnográfico. Entendo que o momento presente começa a ser extremamente favorável para programarmos pesquisas no exterior simultaneamente aos estudos que devemos continuar a fazer dentro do território nacional. E isso começa a ser facilitado pela estrutura de ensino e pesquisa avançada que vem se esboçando no país, com possibilidade de consolidação futura. Refiro-me, especificamente, ao papel das agências nacionais de apoio à pesquisa e ao ensino de pós-graduação. Isso nos leva ao segundo indicador mencionado.

2. Quanto à questão da debilidade institucional encontradiça nas antropologias periféricas, dela não escapa a antropologia que fazemos no Brasil. Se é verdade que contamos com algumas agências de financiamento governamental, como o Conselho Nacional de Desenvolvimento Científico e Tecnológico, mais bem conhecido por sua antiga sigla CNPq; ou a Financiadora de Pesquisas Científica e Tecnológicas (Finep); ou ainda a Coordenação do Aperfeiçoamento de Pessoal de Nível Superior (Capes), é igualmente verdade que elas cobrem apenas uma parte da demanda por financiamento da pesquisa científica e de ensino avançado. Além dessas, há de se considerar as agências estaduais, desvinculadas do sistema federal. A mais prestigiosa é a Fundação para o Amparo à Pesquisa do Estado de São Paulo (Fapesp), que, há décadas, dá suporte financeiro às atividades de ensino e pesquisa no estado de São Paulo, apoiando, sobretudo, suas três universidades estaduais: a USP, a Unicamp e a Unesp. Todas essas agências funcionam há quase meio século, o que dá ao sistema uma razoável continuidade que, no caso da América Latina, é um dado até certo ponto surpreendente! Nesse sentido, não é exagero dizer que as universidades paulistas, bem como os institutos estaduais de pesquisa, ou ainda as melhores de suas instituições particulares de nível superior, estão bastante amparadas em comparação com os demais estados da federação. Em alguns, como os estados do Rio de Janeiro, do Rio Grande do Sul, de Santa Catarina, do Paraná ou do próprio Distrito Federal, em Brasília, em

que se instalaram fundações formalmente análogas, tal fato não vem tendo o mesmo sucesso – salvo engano – que o alcançado por São Paulo. Isso faz que se observe um grande desequilíbrio na distribuição de recursos em escala nacional, ficando praticamente todo o ônus desse desequilíbrio para as agências federais, como a Capes, o CNPq ou a Finep – que, ainda assim, colaboram com as instituições científicas e de ensino superior paulistas. Com exceção da Finep – que também, mas residualmente, opera na formação de quadros científicos acadêmicos –, as outras agências de financiamento vêm atuando principalmente na concessão de bolsas de estudo e de pesquisa, com prejuízo para o fomento da pesquisa propriamente dita, a saber, à satisfação da demanda por verbas operacionais de investigação. Atualmente, o governo federal criou o Pronex – sigla do Programa Nacional de Centros de Excelência –, vinculado diretamente ao Ministério de Ciência e Tecnologia, por meio do qual se espera que grupos de investigadores de alto nível possam obter os recursos de que necessitam para a realização de projetos específicos e de alta relevância científica ou tecnológica.

    A antropologia social e cultural vem se socorrendo de todas essas agências, incluindo o Pronex, disputando seu lugar com as ciências exatas e naturais. Essa é uma competição por recursos que, aliás, envolve todo o campo de pesquisa e de ensino avançado, e em que não só o Pronex é mobilizado, mas também as demais agências de financiamento, como os programas integrados do CNPq ou da Fapesp, para ilustrarmos com as mais solicitadas agências de fomento da pesquisa. Diante da relativa escassez de verbas para projetos de pesquisa, têm surgido novas estratégias para a obtenção de recursos. Minha própria experiência de trabalho, nos quatro principais programas de pós-graduação do país – o Museu Nacional, da Universidade Federal do Rio de Janeiro (UFRJ); a Universidade de Brasília (UnB); a Universidade Estadual de Campinas (Unicamp) e a Universidade de São Paulo (USP) –, tem indicado como adequado para a realização de pesquisas em nossa disciplina o recurso à chamada bolsa "sanduíche". É uma bolsa de estudo concedida pela Capes e pelo CNPq destinada a estudantes pós-graduados que estejam no final de curso, quando já tenham sido aprovados na maior parte das disciplinas curriculares e tenham obtido aceitação de seu projeto de pesquisa, quer para dissertação de mestrado, quer para tese de doutorado. Em ambos os casos, o estudante candidata-se a uma bolsa que lhe permita seja obter alguns créditos-disciplina em outras instituições, nacionais ou estrangeiras, ou, por meio de sua aceitação nessas universidades na qualidade de "aluno especial", fazer a pesquisa para cuja realização teve seu projeto aprovado na universidade de origem. Isso nos leva ao exame do terceiro indicador: a dependência do exterior para a formação avançada.

3. Como avaliar essa dependência da antropologia que se faz no Brasil? O que eu poderia dizer, *grosso modo*, é que, desde o evento do primeiro doutor em antropologia formado nos Estados Unidos – o falecido antropólogo Eduardo Galvão, Ph.D. pela Universidade Columbia em 1952 –, muitos outros, tanto lá como na Europa, graduaram-se. Em verdade, não se poderia dizer que o doutorado no exterior, por mais prestigioso que fosse, como os de Columbia, de Harvard ou da Universidade de Paris, foi o único doutoramento disponível para o estudante brasileiro. O doutorado oferecido pela USP, desde os anos 1940, e inspirado no modelo europeu continental – francês e alemão –, supria a demanda de uma elite, sobretudo a paulista, assim como o mestrado oferecido pela então Escola Livre de Sociologia e Política, instituição particular de ensino superior. Somente com a reforma universitária federal, ocorrida em meados dos anos 1960, é que a pós-graduação teve condições para desenvolver-se surpreendentemente. Para ficarmos só com os mestrados e doutorados em antropologia, há de se registrar o do Museu Nacional, criado em 1968; o da Unicamp, em 1971; o da UnB, em 1972; e o da USP, reformulado para o modelo de inspiração norte-americana – isto é, cursos organizados por disciplina-créditos –, em 1971. Como já mencionei, tal fato haveria de se refletir, uma década depois, no aumento substancial da produção de ensaios e monografias antropológicas. Como resultado desse incremento na formação de quadros em antropologias – e, certamente, com menor intensidade, em sociologia e em ciência política –, começou a haver uma retração

na oferta de bolsas para doutoramento no exterior, posto que para mestrado, em regra, as únicas bolsas eram destinadas a universidades brasileiras, desde que possuidoras de status A concedido pela Capes. Mas é bom deixar claro que isso não significa que o sistema de pós-graduação brasileiro considere-se autossuficiente; diante da escassez de recursos, foi necessário estimular os doutoramentos nacionais, sem deixar de conceder um número mais reduzido de bolsas aos candidatos que demonstrassem ser indispensável para sua formação avançada o ingresso em um doutorado fora do Brasil. Mas, a rigor, pelo menos em nossa disciplina, a dependência do exterior vem diminuindo sensivelmente nesses últimos dez ou quinze anos.

4. Com relação ao mercado de trabalho, gostaria de limitar-me a umas poucas considerações de caráter genérico. Diria, inicialmente, que o mercado caminha para uma hierarquização crescente. Significa que as universidades de maior prestígio estão praticamente restritas à contratação de doutores; dificilmente um possuidor de título de mestre por elas será contratado. Ao mesmo tempo, as demais universidades do país, possuidoras de cursos de ciências sociais, quer em nível de pós-graduação (*stricto* e *lato sensu*), quer unicamente em nível de graduação, buscam docentes ao menos possuidores do título de mestre. Tudo isso porque há, atualmente, entre nós, uma obsessão por cursos pós-graduados – e grande parte dos reitores de universidades às margens dos grandes centros nacionais procuram qualificar suas instituições da melhor maneira possível, uma vez que isso significa aumento de recursos financeiros. A grande ambição desses dirigentes universitários da área federal é conseguir prestígio acadêmico que os leve a dialogar com o Ministério da Educação com maiores chances de obtenção desses recursos.

Mas entendo que o mercado de trabalho para antropólogos, no Brasil, ainda que quase restrito ao âmbito das universidades, não está esgotado. O grande número de concursos realizados em diferentes universidades, sobretudo nas federais, onde – pelo menos em antropologia – registra-se um número muito pequeno de candidatos, sejam eles mestres ou doutores. Depois da reforma constitucional de 1988, somente se pode ingressar em uma universidade estadual ou federal por meio de concurso público; portanto, esses concursos são conhecidos por seus editais, exigidos por lei. E o que vemos é a pequena migração de mestres e doutores para universidades de pouco prestígio acadêmico e/ou que estejam distantes das cidades onde residem. A forte migração interna que se observa nos Estados Unidos, por exemplo, não se dá no Brasil. Isso faz que não ocorra uma boa distribuição nacional dos egressos dos cursos de pós-graduação mais credenciados. Por outro lado, contudo, é interessante observar que a maioria dos estudantes latino-americanos que obtém seus títulos pós-graduados no Brasil, em lugar de retornar aos seus países de origem, tende a permanecer entre nós, concorrendo com seus colegas brasileiros. Ainda que exista um dispositivo legal que impede a estrangeiros fazer concurso para ingresso nos quadros permanentes das universidades, isso praticamente só ocorre na área federal, uma vez que em estados da federação, como São Paulo, tal dispositivo não é levado em conta. Como tampouco é levada em consideração a diferenciação entre nacionais e estrangeiros para a obtenção de bolsas de estudo ou de pesquisa. Embora eu não possa oferecer números, posso dizer que é bastante expressiva a quantidade de estudantes estrangeiros, latino-americanos, como clientes do sistema de fomento da pesquisa e do ensino avançado brasileiro.

5. A ausência ou a reduzida presença de periódicos de circulação nacional em antropologia no Brasil é um fato. De antropologia, não mais do que três periódicos são de circulação nacional, ainda que de modo deficiente, em razão da pequena tiragem e das dificuldades de distribuição. A mais antiga é a *Revista de Antropologia*, publicada pelo Departamento de Antropologia da Universidade de São Paulo: criada em 1953, foi totalmente reformulada, modernizada e ampliada em número de páginas a partir de 1991, após o falecimento de Egon Schaden, seu fundador; em seguida, temos o *Anuário Antropológico*, do Departamento de Antropologia da Universidade de Brasília, proposto por mim, em 1976, quatro anos depois de minha chegada na UnB, proveniente do Museu Nacional; finalmente, temos, agora, uma nova revista, *Mana: Estudos de Antropologia Social*, criada em 1995, pela nova geração de

antropólogos do Museu Nacional da Universidade Federal do Rio de Janeiro. Contudo, durante muitos anos, o periódico de maior prestígio foi a *Revista do Museu Paulista*, cuja nova série data de 1947, e que teve como seu grande mentor o antropólogo Herbert Baldus, que a dirigiu até 1967, entrando em declínio após seu falecimento. Porém, os antropólogos brasileiros não dispõem apenas de revistas exclusivamente de antropologia, pois contam ainda com várias outras de ciências sociais, como a editada pela Associação Nacional de Pós-graduação em Ciências Sociais (Anpocs), além de uma dezena do mesmo gênero, porém vinculadas a universidades. Há, enfim, outras mais, do tipo miscelânea – como a *Revista da USP* ou *Novos Estudos/Cebrap* – em que artigos de antropologia comparecem ocasionalmente.

A divulgação desses periódicos é deficiente, não só em nível nacional, como, notadamente, em escala internacional, no âmbito da América Latina.[11] Se isso já ocorre na Hispano-América, com os textos escritos em espanhol, é muito maior a dificuldade de divulgação dos escritos em português. Todos os colegas que possuem alguma experiência de atividades no Brasil devem concordar sobre a receptividade do idioma castelhano no campo intelectual brasileiro; a recíproca não é verdadeira. Os cerca de 150 milhões de falantes do português no Brasil não são suficientes para despertar o interesse dos hispano-americanos em, pelo menos, se esforçarem para ler o que escrevemos – salvo, como sempre, as exceções de praxe... Há, no entanto, indícios de mudança, como um crescente interesse de aprendizado da língua portuguesa pelos países do Mercosul, por razões óbvias... Se isso ocorrer, tenho a esperança de que resultados mais animadores chegarão para a antropologia que praticamos no Brasil. Uma coisa, todavia, eu gostaria de firmar: entendo, pessoalmente, que a internacionalização dessa antropologia será tanto mais importante para nós quanto mais ela for lida

---

11 Por exemplo, em relação ao México, cf. Krotz, La generación de teoría antropológica en América Latina: Silenciamientos, tensiones intrínsecas y puntos de partida, p.33.

nos espaços latino-americanos; para mim, pelo menos, o *feedback* mais desejado será aquele que virá da comunidade de antropólogos da América Latina. E isso porque estou seguro de que poderemos aprender muito com a experiência que a disciplina vem recebendo no continente, posto que, sob a variação insofismável dessa experiência entre nós, é lícito esperar que um conjunto de questões comuns, de um modo ou de outro, repercuta na dinâmica da matriz disciplinar.

6. Em um ensaio escrito há alguns anos, intitulado "O que é isso que chamamos de Antropologia Brasileira?",[12] procurei elaborar um esquema capaz de reproduzir a estrutura da matriz disciplinar que, no meu modo de ver, apontasse para suas dimensões mais ativas do ponto de vista da modernidade da disciplina.[13] Ao mostrar preliminarmente o quanto a tradição de *estudos cronológicos relativos ao povos indígenas* se comportava diante da segunda tradição importante entre nós, aquela referente aos *estudos sobre a sociedade nacional*, e tomando como variáveis relevantes os *estudos culturalistas* diferenciados dos *estruturalistas*, cheguei a esboçar um quadro descritivo no qual pudemos localizar, em cada um dos quatro espaços criados no âmbito de uma coordenada cartesiana, o seguinte panorama: no primeiro espaço, em que se cruzam a tradição de estudos etnológicos com a perspectiva culturalista, localizamos dois de nossos maiores etnólogos: Curt Nimuendajú, respondendo ao que chamei de período "heroico" da etnologia, e Darcy Ribeiro, respondendo igualmente ao período "carismático" – imediatamente posterior ao primeiro. Ainda considerando a perspectiva culturalista, porém relativamente aos estudos sobre a sociedade nacional, entendi que Gilberto Freyre era um legítimo representante do período "heroico", enquanto o brasilianista Charles Wagley – por força de sua influência na implantação dos estudos de comunidade no Brasil – expressaria adequadamente o período "carismático". E indispensável esclarecer que

---

12 Publicado primeiramente no *Anuário Antropológico*, n.85, p.227-46; republicado em *Sobre o pensamento antropológico*, p.109-41.
13 Cf. figura 1, do texto O que é isso que chamamos de Antropologia Brasileira?, em *Sobre o Pensamento Antropológico*.

por *heroico* entendo o período em que a disciplina ainda não estava institucionalizada no pais, ao passo que por *carismático* entendo o período em que, estimulando o processo de institucionalização da antropologia, destacam-se profissionais de grande influência, capazes de mobilizar o campo intelectual dos que se devotam à disciplina. Já no que tange ao cruzamento das duas tradições – a relativa aos estudos etnológicos cruzada com a de estudos sobre a sociedade nacional –, com a perspectiva estruturalista comum, seja a de raiz anglo-saxônica, seja a de raiz francesa, temos de nos restringir ao período carismático, posto que tal perspectiva é bem posterior à implantação dos estudos culturalistas entre nós. Pudemos registrar, assim, a influência de Florestan Fernandes nos estudos de etnologia indígena – considerando-se, aqui, sua fase etnológica, graças a suas monografias sobre os Tupinambá – e a influência do sociólogo norte-americano Donald Pierson – não por acaso representante do período carismático –, dada sua influência decisiva na organização da Escola Livre de Sociologia e Política, onde, aliás, estudaram Florestan Fernandes e Darcy Ribeiro. Vale dizer, nesse sentido, que a vertente sociocultural da antropologia – hoje preferentemente denominada antropologia social – é bastante solidária da sociologia, daí porque não é de se estranhar que autores como Florestan Fernandes, Charles Wagley, Roger Bastide – e o próprio Claude Lévi-Strauss, quando ensinou na USP, nos anos 1930, como professor de sociologia – estiveram sempre na fronteira das duas disciplinas. Além do mais, há um dado que não deve ser desconsiderado: o fato de não existir no Brasil cursos de graduação em antropologia, mas cursos de ciências sociais, ficando a formação específica em antropologia em cursos de pós-graduação, em níveis de mestrado e doutorado. A disciplina sociologia é, assim, ministrada no Brasil durante os quatro anos que leva em média a graduação em ciências sociais, com uma ligeira preponderância pedagógica sobre a antropologia e a ciência política. O resultado disso, mesmo na formação pós-graduada do antropólogo, é que o jovem mestre ou doutor transita com facilidade nas disciplinas que constituíram seu currículo de graduação. Os "estudos de comunidade" foram, assim, indistintamente realizados por sociólogos e antropólogos nos anos 1940 e 1950, tempo em que tiveram bastante prestígio nos meios universitários brasileiros, começando seu declínio nos anos 1960. Como vejo atualmente as potencialidades da matriz disciplinar na antropologia que fazemos no Brasil? Para mostrar o rumo que a disciplina tem tomado no seio da comunidade de seus profissionais, gostaria de me valer do mesmo recurso de que me vali em outra ocasião, quando me questionaram sobre o que chamamos de *antropologia brasileira*. Retomo agora para consideração dois conceitos importantes, demarcadores do exercício de nossa disciplina, ou dois "megaconceitos", como diria Clifford Geertz: *cultura* e *estrutura*. Ao tomá-los, verificamos que há uma evidente polissemia, somente esclarecida quando procuramos relacioná-los com o paradigma no qual estão inseridos. É assim que se pôde constatar – tomando os termos cultura e estrutura no âmbito de tradições linguísticas específicas –, que, na tradição alemã, observam-se dois sentidos claramente distintos: o de *Kultur*, referente à cultura como sistema de costumes e de elementos materiais produzidos em seu interior; e *Bildung*, como expressão "espiritual de um povo". Essas duas palavras alemãs podem servir de referência no processo de formação da antropologia nos Estados Unidos se considerarmos o papel desempenhado por Franz Boas, certamente o seu "pai fundador" no final do século passado, herdeiro, por um lado, do romantismo alemão, e, por outro, um antropólogo determinado a dar à sua disciplina um verdadeiro *status* de ciência. Diria, portanto, que Boas pode servir como uma boa "metáfora humana" indicadora de uma certa ambiguidade no uso da noção de cultura. E, se quisermos elaborar uma genealogia do paradigma culturalista, encontraremos em Boas a atual duplicidade da antropologia moderna norte-americana, ora voltada para o seu tradicional culturalismo, ora aberta para o seu desdobramento, a saber, para um novo paradigma – o interpretativista –, também preocupado com a dimensão cultural, porém em uma acepção muito próxima ao sentido de *Bildung*. Eu compreendo o binômio *Kultur/Bildung* como expressão de uma ambivalência, cuja história estamos testemunhando nos dias que correm. Tomando-se, agora, um segundo binômio, aquele que se expressa pela equação *Structural/ Structurale* – o primeiro termo nativo da antropologia britânica, o segundo igualmente nativo da antropologia francesa –, temos, respectivamente, a palavra *estrutura* como expressando o megaconceito do paradigma estrutural-funcionalista britânico e o do estruturalismo de Lévi-Strauss. Ao se considerar, assim, o relacionamento desses quatro conceitos que tendencialmente expressam quatro paradigmas abrigados na matriz disciplinar, podemos acompanhar o movimento que realizam no campo antropológico brasileiro. Infelizmente, não há tempo aqui para examinarmos esse movimento dos conceitos, como pudemos fazer em outra oportunidade, quando examinamos o deslocamento de um conjunto de conceitos da Europa para a América Latina.[14]

Podemos contudo dizer – como conclusão desta conferência – que a antropologia no Brasil tende a atualizar de forma criativa a matriz disciplinar, ao tirar da tensão entre seus paradigmas e da dinâmica de seus megaconceitos muito daquilo que poderíamos considerar como sendo próprio de uma "antropologia de ponta". E essa constatação é algo que se pode observar não só no Brasil, mas em várias das antropologias periféricas, seja na América Latina, seja na Europa ou no Oriente Médio como ocorre exemplarmente na Espanha e em Israel. Apesar das dificuldades que sempre encontramos, mas que não ignoramos – particularmente as institucionais e financeiras, vejo com um moderado otimismo o que está ocorrendo em nosso continente. E esse otimismo justifica-se quando constato o interesse cada vez maior, na América Latina, sobre a avaliação da disciplina, seja em âmbito local ou regional, como demonstram vários dos textos aqui referidos, como os organizados por Lourdes Arizpe e Carlos Serrano sobre o *Balance de la Antropología en América Latina y el Caribe*; o editado por Esteban Krotz, *Aspectos de las Antropologías en América Latina*; ou, ainda, o organizado por George Cerqueira Leite Zarur, *A Antropologia na América Latina* ou por Myriam

---

14 Cf. Cardoso de Oliveira, O movimento dos conceitos na Antropologia, in *Revista de Antropologia*, v.36, p.13-31, republicado neste volume como Capítulo 2.

Jimeno, *Antropología en Latinoamérica*, além de estudos restritos a países específicos, mas destinados a induzir uma reflexão teórica com alcance comparativo. Contam, entre esses estudos, o interessantíssimo livro de Gonzalo Aguirre Beltran, *El pensar y el quehacer antropológico en México*; o de Manuel M. Marsal, *Historia de la antropología indigenista: México y Perú*; o de Mariza Corrêa, *História da antropologia no Brasil (1930-1960)*; o de Segundo Moreno Yánez, *Antropología ecuatoriana: Pasado y presente*; e, compilado pelo mesmo Moreno Yánez, *Antropología del Ecuador*; acrescentando-se, ainda, nesta relação por certo incompleta, o volume coletivo sobre *Un sigla de investigación social: Antropología en Colombia*, editado por Jaime Arocha Rodríguez e Nina S. de Friedemann. Algum etnógrafo mais obstinado poderia ver nisso uma certa dose de narcisismo inerente às comunidades profissionais, quando insistem em refletir sobre si mesmas em lugar de se devotarem exclusivamente ao estudo do outro. Eu não vejo assim: pois como se limitar a estudar alteridades sem se dar conta do próprio campo semântico em que o investigador está inserido? Ou sem se examinar detidamente o horizonte por meio do qual se filtram todas as imagens que nosso olhar constrói sobre o outro etnográfico? Enfim, temos aqui uma parte expressiva da comunidade de antropólogos dedicados aos estudos americanistas e uma forte representação dos colegas latino--americanos, aos quais gostaria que coubesse a última palavra sobre se estamos no rumo certo.

# Capítulo 7
# A etnicidade como fator de estilo[1]

**Introdução**

Há duas décadas, tive a oportunidade de publicar uma coletânea de meus primeiros ensaios sobre identidade, etnia e organização social por meio dos quais procurava dimensionar o significado, para a antropologia, de fenômenos socioculturais emergentes das situações de confronto entre diferentes etnias situadas no interior de Estados nacionais.[2] Fenômenos esses que passariam a ser classificados como etnicidade. Menciono isso para dizer que a temática tratada naquele volume volta ainda que com outra roupagem a constituir-se, agora, no tema central do presente artigo, aduzido da questão da contaminação da disciplina por essa mesma etnicidade, entendida como um fator de estilo.

Ao considerar que nesses últimos vinte anos a teoria das relações interétnicas enriqueceu-se sobremaneira, ampliando e aprofundando o conhecimento que a antropologia tem podido trazer para o esclarecimento da etnicidade, não procurarei tratar aqui daquilo

---

1 O presente ensaio foi publicado originalmente pelo Centro de Lógica, Epistemologia e História da Ciência CLE/Unicamp em seus *Cadernos de História e Filosofia da Ciência*, série 3, n° especial, jan.-dez. 1995, p.45-171.

2 Cardoso de Oliveira, *Identidade, etnia e estrutura social*, também foi publicado em espanhol, em uma edição ampliada, com mais dois capítulos, intitulada *Etnicidad y estructura social*.

que entendo por contribuições à teoria das relações interétnicas, ou sobre o que se poderia entender como sendo o "vivo e o morto" da teoria na atualidade. O que pretendo desenvolver é uma reflexão sobre a relação entre a etnicidade e a disciplina antropologia, menos no exame das possibilidades de essa conhecer aquela, senão sobre o fenômeno de a própria etnicidade inserir-se no processo de adaptação da antropologia nas áreas periféricas aos centros de onde ela, como disciplina autônoma, originou-se. Essas áreas, com exclusão da Inglaterra, da França e dos Estados Unidos, podem incluir qualquer outro país desde que tenha abrigado a disciplina em seu processo de difusão por todas as latitudes do planeta.

Porém, nesta oportunidade, não se está focalizando essa dispersão da disciplina em qualquer outro cenário que não seja aquele marcado pela presença de relações interétnicas que se dão no interior de Estados nacionais. O problema, portanto, é a forma como se manifesta a presença da etnicidade na própria conformação da antropologia. Seria uma espécie de reinvenção da disciplina em espaços marcados por antagonismos étnicos, quando deles nem sequer a disciplina consegue ficar incólume? A esse cenário é que se aplica o termo *etnicidade*, a ser tomado aqui como tendo por referente um espaço social, interno a um determinado país, onde as etnias existentes mantêm relações assimétricas; sendo, nesse sentido, "essencialmente uma forma de interação entre grupos culturais operando dentro de contextos sociais comuns".[3] Eu ainda acrescentaria que pelo menos uma dessas etnias desfrutaria de um poder emanado de um Estado, de cuja constituição tal etnia participaria de forma majoritária.

## Universalidade e singularidade da disciplina

Contudo, antes de examinar um caso específico, em que a antropologia estaria envolvida ela mesma em um processo de etnização,

---

3 Cohen, *Ethnicity*, p.XI.

gostaria de me deter em uma preliminar: a de reconhecer que sob as eventuais alterações que uma determinada disciplina – no caso, a antropologia social e cultural – pode sofrer, ela não pode fugir de sua incontornável pretensão à universalidade, ou, em outras palavras, para não abdicar de sua cientificidade, ela não tem outra alternativa senão a de reproduzir aquilo que se pode chamar – na falta de um termo melhor e sem me rotular de "essencialista" – de *essência* disciplinar, aquilo que marca a antropologia enquanto tal. A saber, o que a torna reconhecível como antropologia – portanto sua *universalidade* – não importa a *particularidade* de sua inserção em uma ou em outra latitude, onde a questão da etnicidade a contamina, nem mesmo na *singularidade* dessa contaminação em antropologias igualmente marcadas pelo confronto étnico. Isso significa que a disciplina não pode perder seu alcance planetário, em que pese a particularidade que ganha em absorver a etnicidade – dado o contexto interétnico em que se insere – e a singularidade determinada por sua adaptação em tal ou qual país anfitrião.

E o teste desse alcance será sempre o da plena possibilidade de sua interlocução no interior da comunidade internacional de profissionais da antropologia. Nesses termos, pode-se dizer que a "linguagem falada" pelas disciplinas periféricas não pode deixar de ser inteligível em escala planetária. Costumo valer-me aqui de uma metáfora originária da linguística, segundo a qual a antropologia, em seu diálogo planetário, seria equivalente a uma "língua" – cuja estrutura, por exemplo, poderia ser análoga àquilo que tenho chamado de "matriz disciplinar",[4] sendo suas manifestações locais, seus "dialetos" e suas atualizações em tais ou quais comunidades profissionais em um mesmo cenário nacional ou regional, seu "idioleto". Ter-se-ia, assim, nesse modelo exploratório, a universalidade da língua, a particularidade do dialeto, a singularidade do idioleto. Quero crer que, pelo menos como metáfora exclusivamente válida como recurso de reflexão sobre a disciplina, ela sirva

---

4 Cf. Cardoso de Oliveira, *Sobre o pensamento antropológico*, especialmente o Capítulo 1.

para expressar nosso modelo, mesmo que encontre, eventualmente, resistência entre os linguistas. Mas tomemos essa matriz disciplinar. Em outras oportunidades pude elaborá-la extensamente, razão pela qual vou reproduzi-la apenas em suas linhas mestras e limitando-me a destacar os argumentos principais. A ideia básica que sustenta a elaboração da matriz é a de paradigma, em sua acepção kuhniana,[5] o que não significa que o conceito de matriz disciplinar de que estou me valendo corresponda exatamente ao de Kuhn; e, muito menos, que as controvérsias[6] em torno de sua obra, no que tange à história da ciência, tenham maior repercussão nas considerações a seguir. E isso porque estou recorrendo mais à *noção* de paradigma, do que ao seu *conceito* propriamente dito. Portanto, se o conceito de Kuhn pode estar envolvido em controvérsias, já a ideia geral nele contida – portanto, sua noção – pode perfeitamente transcender o nível de debate em que sua obra se viu envolvida. Assim sendo, enquanto esse autor identifica paradigma com matriz disciplinar, praticamente utilizando as duas expressões como equivalentes, preferi distingui-las, na medida em que procuro mostrar que na antropologia não tem lugar aquela sucessão de paradigmas que se observa nas ciências naturais, nos termos em que Kuhn tem podido mostrar.

Entendo, ao contrário, que, na antropologia, os paradigmas existem em simultaneidade. Se na física o paradigma newtoniano foi substituído pelo da relatividade, ou na matemática a geometria euclidiana foi superada pela de Lobatchevski, na disciplina antropológica o paradigma racionalista, o estrutural-funcionalista, o culturalista e o hermenêutico coexistem no interior de uma única matriz. Naturalmente que a história desses quatro paradigmas pode ser rastreada a partir das "escolas" que surgiram na segunda metade do século passado,[7] às quais vale acrescentar o recente "movimento", de vocação pós-moderna,[8]

---

5 Cf. Kuhn, *The structure of scientific revolutions*.
6 Cf., por exemplo, Lakatos; Musgrave (orgs.), *Criticism and growth of knowledge*.
7 A École Française de Sociologie, a British School of Social Anthropology e a American Historical School of Cultural Anthropology.
8 O Interpretive Movement.

surgido a partir dos anos 1960. Portanto, são *fatos datados* de fácil aferição empírica. Fatos que se distribuem por duas das tradições filosóficas mais significativas na história do pensamento ocidental: a intelectualista e a empirista. Dois a dois, os paradigmas se classificam em uma e em outra tradição: o racionalista e o hermenêutico na primeira tradição; o estrutural-funcionalista e o culturalista na segunda. Vejamos o que são esses paradigmas e como articulam-se entre si.

Sucintamente, diria que os paradigmas intelectualistas – o racionalista e o hermenêutico – estão enraizados, respectivamente, na Escola Francesa de Sociologia e no Movimento Interpretativista norte-americano; os paradigmas empiristas, isto é, o estrutural-funcionalista e o culturalista, têm sua origem na Escola Britânica de Antropologia Social e na Escola Norte-americana Histórico-Cultural. Conforme indica o Quadro 1, a justaposição desses paradigmas dá-se no interior de um espaço criado e subdividido por coordenadas cartesianas, uma delas representando as tradições intelectualista e empirista; outra, a dimensão tempo – *cronos* –, em termos de sua relevância para a explicação ou a compreensão da realidade sociocultural – a presença do tempo está indicada com o termo *diacronia*; sua ausência, com seu oposto *sincronia*. Uma explanação mais completa sobre a elaboração desse modelo está detalhada em outro lugar.[9]

| tempo \ tradição | INTELECTUALISTA | EMPIRISTA |
|---|---|---|
| SINCRONIA | *Escola Francesa de Sociologia* Paradigma racionalista e, em sua forma moderna, estruturalista (1) | *Escola Britânica de Antropologia* Paradigma empirista e estrutural funcionalista. (2) |
| DIACRONIA | *Antropologia Interpretativa* Paradigma hermenêutico (3) | *Escola Histórico-Cultural* Paradigma culturalista (4) |

Quadro 1

---

9 Cf. Cardoso de Oliveira, *Sobre o pensamento antropológico*, Capítulos 1 a 4.

Mais importante do que localizar esses paradigmas em um modelo geométrico é examinar as possibilidades abertas pelo processo de articulação que tem lugar entre eles. Imaginemos quatro círculos, cada um correspondendo a um dos paradigmas mencionados, submetidos a um movimento centrípeto direcionado para um ponto central e único de interseção, conforme mostra a Figura 1. Tomemos esse ponto de interseção como indicador de um nódulo em que se articulam os quatro paradigmas. A conjunção entre esses círculos representaria – nesse nosso exercício metafórico – uma articulação de paradigmas tendente a constituir, a seu tempo, um único paradigma. Em outras palavras, ter-se-ia a transformação de uma matriz disciplinar originária – formada por quatro paradigmas históricos – naquilo que se poderia reconhecer como sendo "o" paradigma observável sem maiores dificuldades na antropologia de nossos dias.

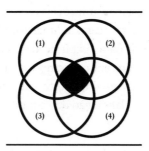

Figura 1

A área escura é para onde tendem a confluir os paradigmas originais numerados de 1 a 4 no que poderá resultar em um novo paradigma.

Penso estar certo quando constato não haver, atualmente, modalidade do fazer antropológico em que não se possa identificar a combinação de dois ou mais desses paradigmas históricos. Tomemos dois exemplos:
1. a obra de Lévi-Strauss, na qual se pode identificar facilmente a articulação entre o paradigma racionalista – responsável por seu estruturalismo – e o paradigma culturalista – esse último, em razão da influência da etnologia boasiana efetivada

durante seu período nova-iorquino, vivido durante a Segunda Guerra Mundial;
2. o de Edmund Leach, formado no interior da tradição empirista e no âmbito do paradigma estrutural-funcionalista britânico, porém fortemente influenciado pelo estruturalismo lévi-straussiano.

Todavia, observa-se também que tanto Lévi-Strauss quanto Leach guardam indiscutível fidelidade epistemológica aos seus paradigmas originais; fidelidade essa perfeitamente aferível por qualquer leitor atento. Tais exemplos se repetem bastante quanto mais façamos leituras diligentes de antropólogos de expressão internacional. Esclareça-se que, por expressão internacional quero realçar aqueles profissionais que participam efetivamente da comunidade planetária da disciplina, portanto que fazem parte ativa de uma ampla "comunidade de comunicação e de argumentação".[10] A identificação de paradigmas originais na formação de tal ou qual antropólogo faz parte da própria prática do diálogo que tem lugar no interior dessas comunidades, graças à qual nos inserimos em "jogos de linguagem" específicos. A metáfora linguística de que lancei mão linhas atrás permite entender cada um desses paradigmas como "dialetos" de uma mesma linguagem antropológica – a rigor uma única "língua" – em cujo âmbito identificaríamos igualmente o estilo de cada autor, responsável por seu "idioleto". Contudo, não desejo valer-me da noção de estilo exclusivamente para dar conta de características individuais sinalizadoras da produção intelectual de tal ou qual escritor, como certos autores, como o historiador Peter Gay, lograram realizar.[11] Meu interesse aqui é tratar a questão estilística relativamente à produção intelectual de coletividades, particularmente de comunidades de profissionais da antropologia, em prosseguimento

---

10 Cf. Apel, La comunidad de comunicación como presupuesto trascendental de las ciencias sociales, in *La transformación de la filosofía*, tomo II.
11 Gay, *O estilo na história*.

ao que venho escrevendo sobre o assunto.[12] Portanto, menos do que tratar do problema da individualização de discursos antropológicos, trata-se de *individuar* ou especificar estilos inerentes a certas tradições comunitárias de trabalho antropológico – no que penso, aliás, estar em consonância com ideias do professor Granger.[13] Com essa formulação, já estamos nos introduzindo na problemática estilística propriamente dita. E nada melhor do que tomarmos um caso específico que sirva de referência empírica relativamente ao encaminhamento de nossa questão central.

## A formação da antropologia catalã

Tive a oportunidade de tratar recentemente do cenário cultural e político catalão do final do século passado e princípios deste,[14] destacando-o como o contexto do qual emergem a identidade étnica historicamente constituída e a ideologia da catalanidade que a sustenta. Procurei, então, indicar algumas das características que marcam a identidade catalã, formada por uma sorte de oposição sistemática à identidade castelhana. Pensadores catalães dos finais dos oitocentos, como Josep Torras i Bages ou Valentí Almirall, e autores dos princípios do século XX, como Enric Prat de la Riba, Josep Ferrater Mora ou Jaume Vicens i Vives, todos refletiram sobre essa identidade no marco dessa oposição. O caldo de cultura em que subjaz dita identidade está, assim, na representação coletiva que o povo catalão faz das relações sociais, econômicas e políticas que mantêm com o povo castelhano, mediadas, por sua vez, pelo Estado espanhol. Um Estado dominado pelos herdeiros da Casa de Castela, tida, pelos catalães, como secularmente opressora. E tive ocasião de mostrar o quadro étnico que congrega a população imigrante, envolvida

---

12  Cardoso de Oliveira, *Sobre o pensamento antropológico*; e Notas sobre uma estilística da antropologia, in Cardoso de Oliveira; Ruben, *Estilos de antropologia*.
13  Granger, *Essay d'une philosophie du style*.
14  Cf. Cardoso de Oliveira, Identidade catalã e ideologia étnica, in *Mana: Estudos de Antropologia Social*, v.1, n.1, out. 1955.

no processo de incorporação pelo mercado de trabalho existente na cidade de Barcelona, capital da região catalã, e local escolhido para a pesquisa. Resumidamente, diria que, se aplicássemos o conceito de etnicidade ao sistema interétnico barcelonês, não alcançaríamos a mesma rentabilidade de análise com relação aos catalães, uma vez que esses estariam vivendo a condição de povo majoritário, portanto dominador das etnias imigrantes, tais como a basca, a galega ou a andaluza para exemplificarmos apenas com essas três, que parecem ser as mais expressivas no quadro étnico local. O poder político, no interior da região, está instalado na *Generalitat de Catalunya* e demais órgãos administrativos, portanto nas mãos de catalães que vivem, internamente, a *situação* de povo dominante. Todavia, tal situação não é suficiente para anular neles uma *consciência* de povo dominado, externamente dominado pelo Estado espanhol marcadamente castelhano. Essa consciência, que abre o horizonte catalão para além de sua própria região, vai inseri-los ao mesmo tempo na dinâmica da etnicidade. E gera um ressentimento anticastelhano de amplitude cósmica, alcançando todos os recantos do *Volkgeist* catalão. A afirmação de sua identidade étnica é sistematicamente levada a efeito pela negação da identidade castelhana. Realiza-se aqui, exemplarmente, o que a teoria barthiana da "identidade contrastante" consideraria como nuclear:[15] a afirmação de si como negação do outro; no caso catalão: o assumir-se como povo em contraste à gente castelhana.

A etnicidade catalã configura-se como tal no sistema de relações interétnicas administrado pelo Estado espanhol. E é nesse sentido que se pode entender desde as posições mais radicais – como ilustra no limite o caso basco –, porém minoritárias no quadro catalão, até as posturas mais condizentes com o Estado democrático, nas quais a disputa se faz por via parlamentar ou por outras modalidades de luta que não a armada. Contudo, o seu esforço em lograr algo mais do que uma mera autonomia administrativa, como conquistou desde

---

15 Cf. Barth, *Ethnic groups and boundaries*; e Cardoso de Oliveira, Identidade catalã e ideologia étnica.

a queda do franquismo, não esmoreceu. E, por via democrática, o catalão continua a lutar por seus direitos, ancorados em sua cultura milenar, em seu idioma, em seu *Volkgeist*. E foi precisamente nessa direção que a intelectualidade catalã convergiu seus interesses, pelo menos desde fins do século passado. Tais interesses resultaram em uma forma de etnização dos setores mais relevantes da cultura, de modo que desse processo quase compulsivo de etnização não escaparia a própria antropologia, pelo menos em seus primórdios.

Entendo, por conseguinte, que se pode traçar sem maiores dificuldades uma linha de desenvolvimento que vai do folclore – tomado aqui como uma disciplina das mais antigas no campo da pesquisa cultural na Catalunha – à constituição da antropologia como disciplina autônoma, no quadro da investigação e do ensino acadêmico na região. O direito consuetudinário, a literatura, as artes plásticas e rítmicas, o folclore catalão propriamente dito, foram sempre minuciosamente estudados, dentro de um espírito obcecado pela busca das origens da nacionalidade catalã. E isso com o intuito declarado de distinguir-se das demais etnias do território espanhol, notadamente da população castelhana. Comenta um dos mais argutos historiadores da antropologia catalã, Luís Calvo i Calvo, que "para o ressurgimento da consciência nacional [...] o folclore tem contribuído de maneira poderosa"; e acrescenta, ainda, que "o nacionalismo marcou o desenvolvimento do folclore até o ponto de poder afirmar que ele tem sido um de seus motores".[16] Todavia, no que tange à questão específica do nacionalismo, é necessário esclarecer que o caso catalão não pode ser simplesmente categorizado no âmbito dos fenômenos da *nation building*, como fenômenos que emergem do seio de movimentos de construção de nações, particularmente daquelas que se localizam em nosso hemisfério – nações novas – e com as quais partilhamos uma grande experiência histórica; experiência que se reflete até mesmo no que diz respeito à própria constituição da antropologia brasileira[17] e, provavelmente, à construção de outras antropologias

---

16 Calvo, *Tomás Carreras i Artau o el tremp de l'etnologia catalana*, p.62.
17 Cf. Peirano, *The anthropology of anthropology: The Brazilian case*.

igualmente periféricas. Porém, pode-se dizer, relativamente ao caso catalão, marcado pela etnicidade, que ele seria, no máximo, uma subespécie da ampla categoria de "construção da nação", categoria essa em que a dominação étnica, no âmbito interno do sistema societário, não tem maior relevância explicativa – a sermos coerentes com a noção de etnicidade de que estamos nos valendo: como propõe o já mencionado Abner Cohen,

> o termo etnicidade será de pouca valia se ele for estendido para denotar diferenças culturais entre sociedades isoladas, regiões autônomas ou *stocks* independentes de populações.[18]

E exemplifica:

> As diferenças entre chineses e indianos, considerados em suas respectivas pátrias, são diferenças nacionais, não étnicas. Mas quando grupos de chineses e de indianos imigrantes interagem em uma terra estrangeira como chineses e indianos podem então ser referidos como grupos étnicos.[19]

Essa longa citação permite esclarecer, relativamente ao caso em foco, a duplicidade e a ambiguidade das posições assumidas pelos catalães, seja na própria Catalunha, quando agem como cultura hegemônica e – a partir da criação recente das Autonomias – como poder local administrativo sobre os imigrantes de outras regiões da Espanha ou do estrangeiro; seja com relação ao Estado espanhol, ante ao qual, mesmo no interior da Catalunha, mas sobretudo fora dela, devem a ele se submeter, razão pela qual vivem a condição de etnia dominada.

Esclarecido esse ponto – que me parece crucial para a compreensão da especificidade do caso catalão –, retomemos a questão do folclore e de seu papel na formação da antropologia. Um dos

---

18 Cohen, *Ethnicity*, p.XI.
19 Ibidem.

autores-atores mais importantes nessa passagem do folclore à antropologia foi Tomàs Carreras i Artau, criador de muitas instituições catalãs, merecendo maior destaque o prestigioso *Aiu d'etnografia i folklore de Catalunya*.[20] Em 1911, em seu artigo "Investigações sobre a ciência moral e jurídica de Catalunha", praticamente delineia um programa direcionado para a exploração científica do universo catalão por intermédio do que ele chamou de psicologia coletiva. Uma disciplina que não esconde as influências da *Volkerpsychologie* de Wundt, dos estudos de Lévy-Bruhl sobre "mentalidade primitiva", ou dos de Tylor sobre a "civilização primitiva" ou, ainda, os de Boas sobre a "mente do homem primitivo". São influências múltiplas, provenientes dos vários centros metropolitanos, onde já se começava então a estabelecer as bases da moderna antropologia. Diz ele:

> A aplicação dos procedimentos de psicologia coletiva à história da consciência moral e jurídica da Catalunha; o conteúdo e hierarquia dessa consciência, ou seja, as concepções científicas ou reflexivas e as concepções pessoais de gênio; o estudo particular das fontes de investigação dessas diversas categorias de concepções, a saber, das produções poéticas em seus diversos gêneros, das lendas e das tradições perpetuadas (*folk-lore*) com a conseguinte necessária depuração, dos tratados dos teólogos e dos filósofos, das obras jurídicas e legislativas, e mui especialmente das ricas e inesgotáveis concepções de direito e economia consuetudinários [...] tem, como resultado de toda essa investigação de conjunto, [...] de apontar os traços permanentemente característicos da consciência moral e jurídica da Catalunha, [para] revelar a fisionomia espiritual do povo catalão e mostrar a significação histórica e futura deste povo em suas relações naturais com os demais povos ibéricos.[21]

---

20 Cf. o interessante trabalho de L. Calvo, L'arxiu d'etnografia i folklore de Catalunya. El projecte noucentista de renovació i institucionalització de etnografia catalana, Lluis Calvo (org.), *Aportacions a la història de l'antropologia catalana i hispânica*.

21 Toda essa citação está em Calvo, L'arxiu d'etnografia i folklore de Catalunya. El projecto noucentista de renovació i institucionalització de etnografia cata-

Acredito que essa extensa citação se justifique, dada a ampla informação que nos oferece. Por ela, podemos verificar que o grande *desideratum* desses estudos está já – desde as suas origens – na elucidação da identidade catalã.

O folclore aparece assim como tema de investigação e como disciplina, destituída, todavia, da cientificidade que Carreras i Artau e seus contemporâneos, afinados com o mesmo objetivo, procuravam implantar nos mesmos estudos. O século XIX havia plantado fortemente as raízes desses estudos, inspirados no romantismo alemão – especialmente em Herder – e no movimento renascentista catalão, sua particular *Renaixença*, a rigor, o renascimento da língua, da cultura e da identidade catalãs, subjugadas por séculos de dominação castelhana. No bojo desses fatos,

> a via folclorista vai ficar profundamente influenciada pelo romantismo e a *Renaixença*. A salvaguarda ou a recuperação dos valores pátrios se convertem em estímulo permanente para muitos folcloristas. Nacionalismo e recuperação da própria identidade [são] como eixos vertebrais dos nossos folcloristas.[22]

Todavia, para dar a esses estudos o alcance científico de que necessitam, elabora-se um guia, particularmente inspirado no já então celebrado *Notes and queries on anthopology*, e redigido por Carreras i Artau, catedrático da Faculdade de filosofia e Letras, e Batista i Roca, professor auxiliar da mesma faculdade, ambas da Universidade de Barcelona. Intitulado *Manual per a recerques d'etnografia de Catalunya* e editado em catalão pelo *Arxiu d'etnografia i folklore de Catalunya*, em 1921, escrevem seus responsáveis que

> tratando-se de uma empresa coletiva que pouco a pouco vai desenvolvendo o seu pensamento, este Manual terá de ser objeto de revisão sempre que o *Arxiu* considere necessário condensar em forma

---

lana, p.87.
22 Cf. Calvo, *Tomas Carreras i Artau o el tremp de l'etnologia catlana*, p.91.

normativa os avanços obtidos durante um período determinado, nos seus métodos de investigação e nas novas perspectivas de trabalho.[23]

Entretanto, se o *Manual* atende às necessidades de caráter metodológico, mais exatamente à demanda de técnicas de coleta de dados, cabe perguntar sobre a orientação propriamente epistêmica dessa tentativa de cientifização. A se julgar pela presença do positivismo e da denominada "Filosofia do Senso Comum" como doutrinas de significativa influência no século XIX, pode-se dizer que foi por meio delas que os estudos sobre a cultura catalã postularam seu ingresso no campo propriamente científico — ou, pelo menos, nos termos em que esse campo era concebido pela intelectualidade da época. Valho-me de algumas avaliações do já mencionado Lluís Calvo.

Concretamente, consideramos que os postulados defendidos pela Filosofia do Senso Comum são uma das bases que deram alento à boa parte dos estudos folclóricos do século XIX catalão. — Por que afirmamos tal coisa? Obviamente, porque durante o tempo de vivência dessa filosofia, na Catalunha, sua transcendência foi importante, já que penetrou em muitos [e] distintos setores da vida catalã: desde os intelectuais [...] até a burguesia do momento,[24]

Ao alcançar um desenvolvimento mais acentuado na Escócia dos séculos XVIII e XIX — especialmente com Thomas Reid (1710-1796), Dugald Steward (1753-1828) e William Hamilton (1788-1856) —, a Filosofia do Senso Comum veio ao encontro da ideologia da catalanidade, contribuindo para a consolidação de um dos pilares da identidade catalã que se expressa em uma de suas categorias constitutivas: a de *seny*, um termo quase intraduzível que, tal como

---

23 Cf. L'arxiu d'etnografia i folklore de Catalunya, *Manual per a recerques d'etnografia de Catalunya*, p.4.
24 Calvo, El *"Arxiu d'etnografia i folclore de Catalunia"* y la antropologia catalana, p.37.

a palavra portuguesa "saudade", não a compreendemos senão pelo recurso a várias palavras. Conforme o filósofo catalão, Josep Ferrater Mora,

> Se tentarmos buscar outras palavras que reflitam com mais ou menos precisão o que significa esse *seny*, encontraremos, em primeiro lugar, os seguintes: "prudência", "entendimento", "discrição", "circunspecção". Nenhum desses termos quer dizer propriamente o mesmo que *seny*, *seny* equivale a todos.[25]

E mais adiante:

> Como a prudência e o entendimento, a circunspecção ou a discrição não significam propriamente o *seny*, porém nenhum *seny* é possível sem prudência, sem entendimento, sem circunspecção e sem discrição.[26]

Muito se poderia dizer sobre o conceito de *seny*, dado o lugar central que ocupa na definição da *persona* catalã, que sempre poderá ser constatada na extensa literatura a seu respeito. Mas é suficiente evocar, para os propósitos deste artigo, uma interessante afirmação de Lluís Calvo, justificando o uso corrente da expressão Filosofia do Senso Comum em seu país:

> Aqui se adota essa denominação em detrimento da denominada "filosofia escocesa" já que conflui mais com o pensamento próprio catalão daquele momento.[27]

Pode-se dizer que essa filosofia escocesa veio, afinal, encaixar-se perfeitamente em um dos alicerces da ideologia da catalanidade.

---

25 Ferrater Mora, *Les formes de la vida catalana i altres assaigs*, p.52.
26 Ibidem, p.53-4.
27 Cf. Calvo, El *"Arxiu d'etnografia i folclore de Catalunia" y la antropologia catalana*, p.37, nota 2.

Destarte, caso queiramos penetrar na história das ideias catalãs em busca do significado mais profundo da noção de *seny*, poderemos mencionar um dos clássicos mais importantes de seu pensamento filosófico, Joan Lluís Vives – nascido em finais do século XV –, conforme ele é interpretado pelo já citado Carreras i Artau.

Podem, pois, concluir que se os ideais do humanismo europeu proporcionaram a Lluís Vives as asas do seu pensamento, o fundo ancestral – reelaborado por um espírito que faz da observação de si e do mundo o primeiro cânone do correto pensar – lhe dá [...] o sentido de ponderação e de equilíbrio, ou dito em uma palavra usada pelo mesmo Vives, o *seny*.[28]

A invocação do *seny* por um pensador tão antigo na história das ideias catalãs faz-nos reconhecer a força de uma tradição intelectual que certamente serviu de elemento modelador – ou pelo menos de base – da nova disciplina que se desenhava em princípios do século XX. Isso equivale a dizer que o solo no qual se iria plantar a antropologia já nele germinavam ideias que acabariam por se expressar na Filosofia do Senso Comum dos séculos XVIII e XIX, de influência decisiva para a consolidação do folclore e de sua transformação em disciplina científica.

Fiel ao propósito de estabelecer ligações e revelar linhas de pensamento, me limitarei a apontar que desde Lluís Vives para cá, e graças ao concurso de diversos fatores históricos, se vem elaborando na Catalunha uma doutrina sistemática do sentido comum – verdadeira Filosofia do Seny –, pela qual se tem obtido importantes desenvolvimentos e aplicações, sobretudo durante o século XIX.[29]

E em uma demonstração da vitalidade dessa filosofia, Carreras i Artau assevera que

---

28 Cf. Carreras i Artau, *Inroducció a la historia del pensament filosofie a Catalunya*, p.79.
29 Ibidem, p.79-80.

A doutrina do sentido comum de Lluís Vives não é episódica, nem está reclusa ao âmbito estritamente filosófico, senão que informando toda a obra vivista, fecunda os diversos domínios da vida prática.[30]

Pode-se dizer que ela seria – com origem em uma visão quinhentista como a de Vives – o condimento da ideologia da catalanidade. Todavia, se a Filosofia do Senso Comum serviu como uma escora à ideologia da catalanidade, uma vez que não seria exagero admitir que a representação que o homem catalão soube construir secularmente sobre si adequava-se perfeitamente a essa concepção filosófica, o mesmo não se poderia afirmar com igual ênfase relativamente à questão do conhecimento científico. Esse deveria ser – como efetivamente chegou a ser, ainda que parcialmente – penetrado pela influência do positivismo. Pelo menos essa é a percepção de autores catalães à época. Ao tomarmos em conta posições de figuras significativas para o desenvolvimento da antropologia, particularmente em sua acepção sociocultural – portanto distinta da antropologia física, ou simplesmente antropologia, como era comumente chamada –, como Carreras i Artau, podemos aquilatar a importância do positivismo e, com ele, a emergência do cientismo como uma nova ideologia que se tornaria hegemônica na busca do conhecimento do homem catalão. Em uma solenidade de sua recepção pública na *Real Academia de Buenas Letras de Barcelona*, em 1918, Carreras i Artau, discursando sobre a psicologia e a etnografia de um clássico do pensamento catalão, Joaquim Costa, comenta haver ele tentado uma

> fórmula de renovação filosófica da Escola Histórica Catalã, concebida segundo um conteúdo mais amplo que o estritamente jurídico, emoldada em uma direção francamente psicoetnográfica. Como objeto concreto [...] assinalava a *psicologia do povo catalão*, tema

---

30 Ibidem, p.81.

esse que, no meu entender, já é hora de investir com toda parcimônia, mas com critério rigorosamente científico.[31]

E, a rigor, o que entendia por critério rigoroso nada mais era do que o predomínio de método sobre teorias vagas e abstratas. "Qualquer transformação científica não consistia, tão somente, em criar novos pressupostos teóricos senão também metodologias adequadas".[32] E, nesse sentido, com base nos escritos de Carreras i Artau – como é exemplo disso o seu excelente *compte rendu* sobre os "Problemas atuais da psicologia coletiva e étnica e sua transcendência filosófica"[33] –, pode-se dizer que, lá pelos anos 1920, já havia um pleno domínio das teorias antropológicas de procedência francesa, alemã, inglesa e norte-americana no cenário científico catalão. E o lugar do "método de observação objetiva"[34] estava assegurado, como se pode depreender de sua própria familiaridade com *Les règles de la méthode sociologique,* de Durkheim.[35]

A presença de um certo psicologismo, em autores como Carreras i Artau, faz pensar que seria difícil conceber uma etnologia totalmente separada da psicologia; naturalmente, de uma psicologia coletiva – como gostava de sublinhar, seguindo aí seus autores favoritos, como o Wundt da *Volkerpsychologie* e o Lévy-Bruhl da *mentalité primitive*. E não se pode deixar de considerar que esses mesmos autores seriam aqueles cujas investigações foram as que melhor teriam conduzido os "folcloristas científicos" e os primeiros etnógrafos ao tema privilegiado da psicologia do povo catalão. O *Manual per a recerques d'etnografia de Catalunya,* referido parágrafos atrás,

---

31 CK. Carreras i Artau, Una excursió de psicologia y etnografia hispanes. Joaquim Costa, in *Discursos llegits en la "Real Academia de Buenas Letras" de Barcelona,* p.9.
32 Cf. Calvo, *Tomàs Carreras i Artau o el tremp de l'etnologia catalana,* p.107.
33 Cf. Carreras i Artau, Problemas actuales de la psicología colectiva y étnica y su trascendencia filosófica, in Congreso de Barcelona. Asociación Española para el Progreso de las Ciencias, 1929.
34 Ibidem, p.83.
35 Ibidem, p.61-2.

ilustra eloquentemente o privilegiamento do tema, quando intitula todo seu capítulo final "Psicología del poble català". Há, assim, uma procura de procedimentos que levem o pesquisador a assenhorear--se dos recursos do método científico progressivamente. Percebe-se uma decidida intenção reformista na maneira de pesquisar, como comenta Calvo i Calvo:

> Esta reforma metodológica vai estar conectada com as mudanças que a ciência etnológica produziu nos anos 1920; o *modo de etnografar* inicia a sua transformação, até o ponto em que vai colocar a necessidade de estadias prolongadas nas povoações, o estudo intensivo de uma área ou o conhecimento da língua indígena. Neste momento, o *colecionar para explicar* vai deixar de ser prioritário.[36]

O estudioso passa da situação de excursionista e de mero colecionador de elementos do folclore, para a de pesquisador, agora dotado de recursos metodológicos conectados a teorias antropológicas disponíveis no início do século XX.

## Conclusão: uma questão de estilo

Ao tomar o "caso catalão", minha intenção não foi outra senão a de possibilitar o exame de uma situação em que o processo de etnização das formações discursivas observáveis na Catalunha chegasse a atingir também a própria antropologia no momento de sua constituição como uma disciplina autônoma. É o momento da transição entre os dois séculos, quando tem lugar o movimento denominado *noucentismo*, do qual várias figuras proeminentes da intelectualidade catalã participaram, até mesmo, e de forma destacada, Carreras i Artau. Fundado sobre três princípios singelamente estabelecidos:

---

36 Cf. o trabalho de Calvo, *Tomàs Carreras i Artau o el tremp de l'etnología catalana*, p.56, nota de rodapé n.15.

1. "contra o esquecimento do passado";
2. "contra o desconhecimento do estrangeiro"; e
3. "contra a falta de uma base científica".[37]

Esse movimento estava voltado para a modernização da Catalunha e, naturalmente, para uma renovação do pensamento científico, sem, por isso, aliená-lo de seu compromisso com a catalanidade. Como comenta Calvo i Calvo,

> Os vetores que vão marcar a atuação "científica noucentista" foram diversos, mas um deles teve especial importância: *o conhecimento das origens étnicas, linguísticas, antropológicas e arqueológicas da nação catalã*. O objetivo foi revelar a diferencialitat *do povo catalão*.[38]

Diante de todas essas considerações, pode-se entender finalmente o porquê de haver sido escolhido aquele período e não outro para o exame da etnicidade como fator de estilo na constituição da antropologia. Pelo menos duas razões podem ser evocadas de imediato:
1. a de poder surpreender a disciplina em seu pleno processo de emergência; uma estratégia, aliás, adotada nas demais investigações elencadas no projeto "Estilos de Antropologia";[39]
2. a de verificar que a antropologia, na atual Catalunha, ainda que abrigue em seu exercício um notável interesse sobre a etnicidade, essa não mais chega a conformar o ponto de vista disciplinar com a amplitude que o fizera no passado, deixando, portanto, de constituir-se em uma boa estratégia de investigação.

---

37 Citação de D'Ors, El renovamiento de la tradición catalana, in *Cataluña*, n.170-171, 1911, apud Calvo, *Tomàs Carreras i Artau o el tremp de l'etnología catalana*, p.86, nota de rodapé n.16.
38 Calvo, *Tomàs Carreras i Artau o el tremp de l'etnologia catalana*, p.51, nota de rodapé n.15. O grifo é meu.
39 Cf. Cardoso de Oliveira; Ruben, *Estilos de antropologia*.

Todavia, se a primeira razão está suficientemente amparada pelo conjunto de argumentos até aqui expostos, a segunda razão demanda alguns comentários que entendo ainda caberem nesta conclusão. Uma boa mostra da antropologia em curso na Catalunha de hoje pode ser obtida por uma simples leitura da obra coletiva *Antropología de los pueblos de España*.[40] Nessa obra, que infelizmente neste artigo não cabe resenhar, há um conjunto de trabalhos que são produzidos por autores catalães e que incidem sobre temas relacionados com a Catalunha, tanto quanto outros autores – galegos, bascos, andaluzes, castelhanos – que escrevem sobre suas respectivas regiões. Afinal, a coletânea é dedicada aos povos da Espanha. Mas o que parece interessante registrar é a massa de temas recorrentes entre os autores catalães, porém tratados dentro daquilo que se poderia classificar de uma antropologia moderna. Uma antropologia produzida nos termos de uma matriz disciplinar, cuja tensão entre seus paradigmas é facilmente perceptível. Uma tensão que, a rigor, já se poderia observar nos primórdios deste século, quando a disciplina começava a encontrar o seu rumo para a sua consolidação. Como observa Calvo i Calvo,

> a mudança do século comportou novas expectativas para a antropologia na Catalunha, já que apareceram novos paradigmas e metodologias que foram tão somente um dos sinais dos novíssimos modos e atitudes existenciais que naqueles momentos ocorriam na Europa. Os novos modelos científicos que irromperam ou se criaram não comportaram a anulação ou extinção dos anteriores. De fato, o que se deu foi sua coexistência com novas formas de fazer e entender o estudo do homem e suas culturas.[41]

Atualmente, essa mesma coexistência pode ser observada, a se levar em conta essa pequena mostra. A diferença estaria apenas na modernização dos paradigmas que se fazem presentes na matriz

---

40 Prat et al., *Antropología de los pueblos de España*.
41 Calvo, Folclore, etnografía y etnología en Cataluña, in Aguirre Baztán (org), *Historia de la antropología española*, p.217.

disciplinar, conforme mostrou a Figura 1, e cuja dinâmica os conduz para uma simultaneidade entre eles cada vez mais tensa, como mostrou a Figura 2.

Há, indubitavelmente, uma preocupação bem difundida entre os autores catalães da coletânea[42] em identificar as raízes da disciplina em sua região. Isso ocorre desde os excelentes artigos de Joan Prat sobre "Historia"[43] e "Teoría-Metodología",[44] até os de Llorenç Prats sobre "Los precedentes de los estudios etnológicos en Cataluña, folklore y etnografía",[45] os de Ignasi Terradas Saborit sobre "La historia de las estructuras y la historia de la vida: Reflexiones sobre las formas de relacionar la historia local u la historia general,[46] os de Joan J. Pujadas e Dolores Comas D'Argemir sobre "Identidad catalana y símbolos culturales",[47] nos quais se sucedem temas como o discurso folclórico, o regionalismo, a *Renaixença*, o *noucentismo*, a etnicidade, o nacionalismo ou o simbolismo que revelam a persistência de um interesse voltado para o mesmo *Volkgeist* catalão.

Porém, à diferença das abordagens das primeiras décadas do século, em que se misturam evolucionismo, difusionismo, *Kulturkreise*, historicismo etc., agora nota-se uma heterogeneidade em torno de paradigmas já condizentes com a antropologia sociocultural moderna, como o funcionalismo, o estruturalismo, o culturalismo e a hermenêutica geertziana, entre outros – deixando de destacar o materialismo cultural, o sociobiologismo ou a *ethnoscience*, que considero menos significativos para a consolidação da disciplina em seu estado atual. Há, ainda, projetos em andamento, como o de Teresa San Román, uma antropóloga da Universidade Autônoma de Barcelona, graças ao qual ficamos sabendo do refinamento de sua análise sobre processos de marginalização de idosos ou de ciganos catalães, conforme sua interessante contribuição à mesma

---

42 Prat et al., *Antropología de los pueblos de España*.
43 Ibidem, p.13-32.
44 Ibidem, p.113-40.
45 Ibidem, p.77-86.
46 Ibidem, p.159-76.
47 Ibidem, p.647-52.

coletânea, "La marginación como dominio conceptual: Comentarías sobre un proyecto en curso";[48] é uma pesquisa que, em termos teóricos, ou metodológicos, pouco distingue-se do que fazemos no Brasil. Como também pode-se observar, do ponto de vista especificamente epistemológico, nessa mesma e importante universidade catalã, as ideias popperianas aportaram e floresceram: é o que revela o artigo de Aurora González Echevarría, "Del estatuto científico de la antropología"[49] que se soma ao seu livro *La construcción teórica en antropología*.[50] Considerando que essa professora ministra os cursos de teoria e metodologia naquela universidade, pode-se admitir que, ao menos em nível do alunado, há muita chance de preponderar uma visão cientificista da disciplina.

Esse conjunto de trabalhos, se não cobre a totalidade de interesses que tem lugar no cenário catalão, permite acreditar que serve de indicador de que pelo menos existe uma produção antropológica de nível internacional. Embora voltada para dentro, no que concerne ao objeto empírico de estudo – no que é coerente com o padrão latente das antropologias periféricas –, essa produção não fica a dever ao que se pratica nas antropologias mais desenvolvidas, sejam elas periféricas ou não. Quero dizer com isso que a antropologia na Catalunha está entre aquelas – como costumo dizer – que deram certo em seu processo de recriação fora dos centros metropolitanos da disciplina.

Em que a noção de estilo pode ajudar na identificação da "antropologia catalã"? Como se viu, essa própria expressão "antropologia catalã" é equívoca, uma vez que, se pensarmos em termos universalistas, melhor seria falarmos em "antropologia na Catalunha": pois sendo uma disciplina de pretensão planetária – como sustenta toda a argumentação subjacente à matriz disciplinar –, sua dimensão catalã pode ser aferida exclusivamente pela via de uma estilística. Isto é, reconhecendo que o exercício da disciplina na Catalunha de hoje não é senão a atualização virtual da matriz disciplinar – nos termos da

---

48  Ibidem, p.151-58.
49  Ibidem, p.177-91.
50  Cf. Gonzales Echevarría, *La construcción teórica en antropología*.

Figura 1 –, pode-se verificar sem maiores dificuldades que ela não seria nada além de um *fato de estilo*, de conformidade com a definição que Granger dá ao *fait de style*.[51] E isso – seguindo o mesmo autor – porque estaríamos nos defrontando a um fenômeno de evidente *redundância* sempre que pretendermos identificar na prática da antropologia no cenário catalão alguma mudança na estrutura da matriz disciplinar. Como escrevi em outro lugar,

> as eventuais mudanças que poderiam ser observadas seriam *na* estrutura da disciplina – a saber, em sua matriz disciplinar –, mas não se observaria mudança *da* estrutura.[52]

Porém, o fato de não se constatar "nada de novo" do ponto de vista epistemológico na antropologia que se faz na Catalunha, não significa que ela não possua um estilo que possa ser suscetível de identificação. Significa apenas que a "mensagem epistemológica" que essa antropologia poderia transmitir é redundante, uma vez que o que se estaria observando não seria outra coisa que a atualização de uma mesma matriz disciplinar de alcance planetário. E como as investigações que até agora realizei em Barcelona e em Bellaterra – lugar da Universitat Autónoma de Barcelona – não permitem que se leve avante uma análise estilística da antropologia praticada na atualidade, estou limitando-me a examinar a questão estilística com relação ao processo de formação da disciplina na Catalunha. E é precisamente aí que se coloca a etnicidade como fator preponderante na marcação do estilo catalão dessa mesma antropologia. Nesse sentido, creio haver ficado suficientemente esclarecido que a ideologia da catalanidade exerceu um papel decisivo na modelação das formas de pensar da intelectualidade catalã em todo o período de emergência da disciplina. E, certamente, essa ideologia não esteve restrita à *intelligentzia*, pois há fortes indícios de que teria mobilizado um público muito amplo, a se levar em conta a tiragem de 100 mil exemplares da

---

51 Cf. Granger, *Essay d'une philosophie du style*.
52 Cf. Cardoso de Oliveira, Notas sobre uma estilística da antropologia, p.180.

obra de E. Prat de la Riba e P. Muntanyola, *Compendi de la doctrina catalanista*, publicada em 1894, considerada o catecismo catalão![53] Penso ainda haver mostrado o alto grau de etnização da antropologia que teria persistido mesmo após haver logrado distinguir-se do folclore com o então novo nome de etnologia ou etnografia, ou, ainda, como uma sorte de "psicologia do povo catalão". O certo é que a adoção das teorias antropológicas na Catalunha foi simultânea ao esforço coletivo de reconstrução da identidade catalã, posto que elas viriam a consolidar uma disciplina investida da responsabilidade de fornecer respaldo científico ao projeto político e cultural da catalanidade.

---

53 Mencionado por J. R. Llobera, em seu La idea de *Volkgeist* en la formació de la ideologia nacionalista catalana, in *Historia i Antropologia: a la memoria D'Angel Palerm*. (A cura de Neus Escandell i d'Ignasi Terradas), p.404.

# Capítulo 8
# Relativismo cultural e filosofias periféricas

É bastante auspicioso verificar que a questão do relativismo cultural não é mais monopólio da antropologia como tema de investigação e reflexão. O livro *Cultural relativism and philosophy*,[1] organizado por Marcelo Dascal, mostra que também os filósofos podem ser atraídos pelo problema e o enfrentam, naturalmente, com as armas de sua disciplina. Isso traz desdobramentos dos mais interessantes, pois indica, para aqueles de nós dedicados a percorrer espaços interdisciplinares e, particularmente, devotados à elucidação das relações entre centro e periferia, o quanto pode ser fecundo o enfrentamento de um mesmo tema por disciplinas diferentes.

Mas se a antropologia tem se voltado tradicionalmente para o exame das diferenças entre sistemas culturais os mais diversos, mercê sobretudo dos recursos do método comparativo, só mais recentemente e salvo raras exceções – tem se debruçado sobre si própria,

---

1 Este texto, aqui incluído com modificações, foi originalmente escrito para *Manuscrito: Revista Internacional de Filosofia*, v.XVI – n.1, 1993, p.207-316, como artigo-resenha do livro organizado por Marcelo Dascal e intitulado *Cultural relativism and philosophy: North and Latin American perspective*. Como um dos nossos temas nucleares é a relação entre "culturas antropológicas" centrais e periféricas, estender essa relação para "culturas filosóficas" pareceu-nos que estaríamos enriquecendo nossa reflexão.

vendo-se ela mesma como disciplina, uma modalidade de cultura. É precisamente nesse ponto que antropologia e filosofia encontram--se. E em um momento em que os sistemas cognitivos, dentro dos quais filósofos e antropólogos estão inseridos, são submetidos a um mesmo olhar interrogativo, de prudente estranhamento – para lembrar aqui palavras de um filósofo pouco lembrado, Aníbal Sánchez Reulet – e, ao mesmo tempo, de temor em se deixar levar, inadvertidamente, a perigosas posições etnocêntricas – que, no caso específico da filosofia, são profundamente eurocêntricas. Na antropologia, uma disciplina essencialmente devotada ao estudo da cultura "dos outros", se esse olhar episodicamente manifestou-se em sua história, sobretudo em seus primórdios – veja-se L. Lévy-Bruhl,[2] por exemplo –, só mais recentemente, na segunda metade deste nosso século, é que se tornou mais sistemático, graças ao trabalho de antropólogos como Louis Dumont[3] ou Clifford Geertz,[4] para destacar aqui apenas dois autores que, no meu entender, com maior criatividade enfrentaram o problema. Já na filosofia, ao tomarmos o aludido volume, que em boa hora M. Dascal oferece-nos, como bom indicador – espero que não o único – dessa tomada de consciência do problema, vemos que a colaboração entre as duas disciplinas não somente é possível, como impõe-se caso queiramos aproveitar o que cada uma delas pode oferecer a um empreendimento de interesse comum.

Gostaria de oferecer uma visão, mesmo sendo de sobrevoo, sobre o que contém o volume, que não deixasse de pousar nos pontos que se revelem suficientemente significativos para merecerem comentários. Na introdução do volume, Dascal assevera que

---

2 Em meu livro sobre Lévy-Bruhl, *Razão e afetividade: O pensamento de L. Lévy--Bruhl*, tentei mostrar esse estranhamento presente já na origem da antropologia em um dos seus principais fundadores.

3 Cf. Dumont, *Essais sur l'individualisme: Une perspective anthropologique sur l'idéologie moderne*, especialmente o Capítulo 6.

4 Cf. Geertz, *Local knowledge: Further essays in interpretive anthropology*, especialmente os capítulos 3 e 7.

Filósofos sempre consideraram, explícita ou implicitamente, a possibilidade de existirem "*standards* alternativos" de pensamento, moralidade ou racionalidade. Mas eles o fizeram, em sua maior parte, *in abstracto*.[5]

Isto é, sem penetrar nas profundidades dos esquemas conceituais de outras culturas, mas praticamente limitando-se a testar os limites de seus próprios esquemas. Contudo, caberia perguntar: teriam os filósofos condições de penetrar nos sistemas conceituais de outras culturas, particularmente as chamadas "culturas exóticas", não ocidentais ou ocidentalizadas – isto é, em sua modalidade "periférica" – sem o concurso de seus colegas antropólogos ou, mesmo, de linguistas treinados na pesquisa de campo? Como realizar uma verdadeira etnografia do pensamento sem os recursos da investigação empírica, sistemática, por meio do *fieldwork*? A "observação participante", tão cara aos antropólogos, ainda que corretamente criticada, em seus limites, por Dascal, nem por isso pode ser tomada como procedimento metodológico cujos resultados devam ser considerados como definitivos para a análise etnológica. A antropologia não aposta todas as suas cartas em uma única modalidade de abordagem. A rigor, a observação participante cumprirá bem o seu papel à medida que puder oferecer ao pesquisador a oportunidade de exercitar a interpretação compreensiva – *Verstehen* – sobre os excedentes de significação provenientes dos dados empíricos a que teve acesso. Trabalhar sobre dados originários de simples observação e entrevistas, organizando-os em nível de modelos – como, por exemplo, fazem os estruturalistas –, assegura ao antropólogo um conhecimento bem mais controlável do que teria caso se limitasse exclusivamente ao caráter intimista da observação participante. Esse é, por sinal, um tópico de grande relevância teórico-metodológica para a disciplina e dele tenho tratado em diferentes ocasiões.[6]

---

5 Ibidem, p.3.
6 Cf. especialmente os capítulos 1, 4 e 5 deste volume.

Todavia, sempre vale reforçar a assertiva de que a antropologia "de campo" – melhor dizendo, *no campo* – não se reduz à compreensão ensejada pela observação participante, mas lança-se também, ainda que nem sempre com a eficácia desejada, na busca da explicação nomológica. A articulação tensa entre a compreensão e a explicação, como modalidades de cognição igualmente legítimas, não só pode ser encontrada em algumas das monografias mais importantes na história da disciplina, como deveria servir de orientação a tantos quantos exercitam a antropologia moderna.[7]

Entretanto, qualquer que seja o tipo de observação empírica, não me parece que o filósofo esteja preparado para realizá-la. Valeria, por isso, perguntar se as outras culturas passíveis de "investigação filosófica" seriam efetivamente "exóticas" ou apenas manifestações "periféricas" de filosofias "centrais" ou metropolitanas, melhor diria: eurocêntricas. Aliás, parece que foi essa segunda alternativa que prevaleceu na organização do volume *Cultural relativism and philosophy*. O ensaio de Mercedes de la Garza, sobre a concepção do tempo e do mundo no pensamento Maya e Nahuatl,[8] é a exceção que vem confirmar o que acabo de dizer. E isso não deixa de ser consistente com o próprio subtítulo da coletânea organizada por Dascal: *North and Latin American perspectives*. Ele sugere de pronto que as perspectivas norte e latino-americanas, que se manifestam ao longo dos ensaios que formam o livro, estão seguramente inseridas quase em um único "jogo de linguagem": o grande jogo da filosofia Ocidental. Para usar uma expressão antropológica, de sabor bem redfieldiano, diria que o volume caracteriza-se mais pelo confronto entre "grande" e "pequena" tradições, eurocêntricas, do que entre filosofia(s) de ancestralidade ocidental e filosofias ditas exóticas, isto é, produzidas por povos ágrafos do hemisfério – a totalidade das populações tribais das Américas – ou pelas civilizações Asteca,

---

7 Volto a indicar especificamente o Capítulo 5, "A dupla interpretação", no qual é examinada a questão da complementaridade entre a *interpretação explicativa* e a *interpretação compreensiva*.
8 La Garza, Time and world in Mayan and Nahuatl thought, p.105-27.

Maya ou Inca.[9] Contudo, isso em absoluto lhe tira o interesse ou diminui seu escopo. Acredito que para o leitor, seja ele antropólogo ou filósofo, o volume impõe-se como um painel bastante variado, no qual a reflexão filosófica está sempre presente e marca todo o seu teor discursivo.

Se, para o filósofo, os grandes tópicos abordados sempre servirão para baixarem um pouco das alturas de suas abstrações ao verificarem a importância das contextualizações socioculturais, para o antropólogo, raramente destro no manejo das questões epistemológicas, o livro sempre servirá de incentivo ao reconhecimento da importância das instâncias metateóricas na prática de sua disciplina. Para uma apreciação mais detida sobre a variedade de tratamentos – que Dascal chama de "perspectivas" – que o assunto enseja e que certamente permitirá ao leitor identificar um certo parentesco com muito do que venho discutindo sobre antropologias – melhor diria, disciplinas – "centrais" e "periféricas", vamos relacionar temas e seus autores presentes na coletânea. Quatro são as partes que dividem o volume: a primeira, intitulada "Relativismo: Transformação ou morte?", reúne contribuições dos filósofos Joseph Margolis e Lenn Goodman, ambos norte-americanos, e dos igualmente filósofos Lorenzo Pena, espanhol, e León Olivé, mexicano; a segunda parte, "Um vislumbre de variedade: Experiências filosóficas e visões de mundo na América Latina", com contribuições de Mercedes de la Garza, etno-historiadora mexicana, Robert Longacre, linguista norte-americano, e dos filósofos Francisco Miró Quesada, peruano, e Maurício Beuchot, mexicano; a terceira parte, "Natureza, cultura e arte", conta com a participação dos filósofos hispano-americanos Gonzalo Munévar, colombiano, David Sobrevilla, peruano, e do linguista norte-americano, *doublé* de antropólogo, Harvey Sarles; finalmente, na quarta parte, "Cruzando esquemas conceituais", temos

---

9 "Grande Tradição" e "Pequena Tradição" são conceitos hoje clássicos na antropologia cultural, conforme foram formulados por Robert Redfield em seu livro *Peasant society and culture*, especialmente o Capítulo III, "The social organization of tradition".

a participação de dois filósofos norte-americanos, Michael Krausz e Hugh Lacey, e do cientista político, igualmente norte-americano, Eugene Meehan, e do filósofo brasileiro Marcelo Dascal. Constituem um total de quinze autores, sendo onze filósofos, dois linguistas, um etno-historiador e um politólogo. Por nacionalidade, temos sete norte-americanos, três mexicanos, dois peruanos, um colombiano, um espanhol e um brasileiro. Essa contagem não é extemporânea. Em vista da temática do volume presumir uma comparação entre perspectivas norte e latino-americana – em que, a rigor, a última é mais hispano-americana, pois a contribuição de Dascal pouco ou nada nos diz sobre a perspectiva brasileira... –, é razoável que nos perguntemos sobre uma eventual representatividade latino-americana. Dascal reconhece o problema e oferece uma justificação bastante interessante – e com a qual não se pode deixar de concordar, pelo menos aceitando-a como parte de uma possível explicação mais abrangente. Efetivamente, aqueles países como México e as nações andinas, possuidores de "grandes tradições" produzidas por "culturas indígenas das terras altas", possuem igualmente uma larga experiência de pesquisa e de reflexão sobre a produção intelectual de suas civilizações autóctones, com o objetivo, muitas vezes, de contribuir para desvelar raízes culturais mais profundas na "construção da nação" – *nation building*.

Isso faz que a ideia de uma possível originalidade no pensamento filosófico desses países hispano-americanos torne-se um tema de interesse local e de diligente investigação; o que não acontece, conforme mostra Dascal,[10] em países como o Brasil e a Argentina. Nesses países, o que realmente ocorre é a apropriação da tradição da filosofia ocidental, *tout court*. E poder-se-ia acrescentar que, mesmo nos países andinos, não são necessariamente os seus filósofos que pesquisam o pensamento indígena; a se julgar pelos que contribuíram ao volume organizado por Dascal, observa-se que tanto os mexicanos M. Beuchot e L. Olivé como os peruanos F.

---

10 Dascal, *Cultural relativism and philosophy: North and Latin American perspective*, p.6, nota 2.

Miró Quesada e D. Sobrevilla ou o colombiano G. Munévar escrevem inteiramente dentro do jogo linguístico da filosofia ocidental. E, como para confirmar essa ausência de interesse dos filósofos profissionais por temáticas autóctones, constata-se que são especialistas em outras disciplinas que se debruçam sobre as culturas indígenas: foi o caso da etno-historiadora Mercedes de la Garza, com seu trabalho ao qual já me referi, bem como o do linguista norte-americano R. Longacre, professor da Universidade do Texas e também membro do Summer Institute of Linguistics, preocupado, por razão de ofício – conhecendo-se os interesses do Summer Institute of Linguistics pela tradução da Bíblia e pela galvanização dos povos –, em investigar a relação entre idioma e visão de mundo entre os índios Trique do estado de Oaxaca, no México.

É interessante verificar que, *mutatis mutandis*, aquilo que se observa em minha disciplina – na qual somente uma estilística poderia dar conta das diferenças entre antropologias metropolitanas e periféricas, uma vez que não se notam diferenças substantivas –, parece valer também para o exercício da filosofia nos Estados Unidos e em países da América Latina. Dascal parece-me bastante explícito nessa direção, quando diz que América do Norte e América Latina

> estão longe de exemplificar um par de esferas culturais radicalmente distintas. Os ingredientes dominantes para ambas provêm de fontes europeias; ambas pertencem ao "Ocidente".[11]

Permita-me o leitor prolongar esta citação, pois ela resume bastante bem ideias que também se aplicam no caso de outras disciplinas e, certamente, da antropologia. Ao reconhecer a existência de diferenças significativas entre as Américas, quer do ponto de vista cultural, quer do ponto de vista econômico, Dascal vai especificar que

---

11 Ibidem, p.4.

do ponto de vista do presente livro, o que seja talvez o contraste mais significativo pode ser descrito como segue. Enquanto a cultura norte-americana evoluiu de modo a tornar-se uma parte dominante da cultura Ocidental, a América Latina permaneceu relativamente para trás a esse respeito. Enquanto a América do Norte tornou-se um centro criativo de modelos de pensamento e de ação, a América Latina permaneceu, via de regra, um consumidor ou aplicador de tais modelos. A antiga direção assimétrica de influência cultural, Metrópole-Colônia, que a um tempo a Europa manteve com ambas Américas, foi subvertida (ou pelo menos substituída por um relacionamento simétrico) no caso da América do Norte. Como para a América Latina não houve mudança no relacionamento, o papel de metrópole foi, ao menos parcialmente, assumido pela América do Norte.[12]

Penso que essa referência é suficiente para desconsiderarmos, pelo menos com relação a uma eventual diferença substancial entre disciplinas metropolitanas e periféricas, a questão do regionalismo. Diferenças como, por exemplo, entre o Brasil e a América hispânica ou, mesmo, dos países hispano-americanos entre si, não seriam muito relevantes, salvo se desejarmos ater-nos a uma estilística da filosofia. Não apenas sobre um pretenso "estilo latino-americano" – como se fala habitualmente – mas estilos regionalmente diferenciados na América Latina.[13] Mesmo porque,

---

12 Ibidem.
13 A esse respeito, uma instrutiva antologia, intitulada *Filosofía e identidad cultural en América Latina*, organizada por Jorge J. E. Gracia e Iván Jaksic, o primeiro da Universidade do Estado de Nova York, o segundo da Universidade da Califórnia, não incluem qualquer pensador brasileiro, nem mesmo justificam isso em sua Introdução: "El problema de la identidad filosófica latinoamericana". Preconceito ou ignorância? Porém vale a seguinte citação, que se encaminha – sem dizê-lo – para a questão estilística que nos interessa: "[...] o problema da filosofia latino-americana transforma-se no problema de se a filosofia pode ou não adquirir o caráter de latino-americano, ou seja se é possível que exista ou possa existir uma filosofia *peculiarmente latino-americana*" (p.15). A questão

eventuais variações de estilo – como pude observar no que tange às antropologias centrais e periféricas – não significam diferenças substantivas, uma vez que essas antropologias não escapam de se situarem no amplo espectro de uma disciplina com suas raízes fincadas profundamente no solo do Ocidente – ao menos se tomarmos por referência, como venho tomando, a "matriz disciplinar" como o "ser", por certo histórico, não metafísico, da antropologia.[14] E nem mesmo – e isso é verdade pelo menos com relação à minha disciplina – significam que as antropologias periféricas sejam atualmente menos criativas ou alcancem resultados menos confiáveis. Uma convicção que tenho manifestado em outras ocasiões.

Muitos são os temas tratados no corpo da coletânea organizada por Marcelo Dascal que ofereceriam oportunidade para um exame mais detido, capaz de revelar toda a riqueza da questão do relativismo cultural, quando abordada pela filosofia. A própria comparação de perspectivas, como as que mencionam J. J. E. Gracia e I. Jaksic,[15] a saber, aquelas vinculadas ao "universalismo", ao "culturalismo" ou a "postura crítica", levar-nos-ia a uma percepção bastante diferenciada sobre o *status* da filosofia latino-americana, posto que mostraria o quanto a questão da existência de uma filosofia que se possa classificar de latino-americana pode ser polêmica. Não é necessário abordar aqui esse tema tão controverso, bastando destacar, à guisa de ilustração a respeito da natureza do debate sobre filosofia *versus* contexto cultural – no sentido antropológico do termo –, alguns aspectos que de uma forma toda especial chamaram a minha atenção e que, acredito, sejam também de interesse de outros leitores do livro de Dascal, e que não sejam exclusivamente filósofos. Tratarei desses aspectos do relativismo como comentário a uma das

---

do *caráter* e da *peculiaridade* (ou do *estilo*) conduz-nos à questão estilística, da qual nem a filosofia, nem a antropologia podem fugir.
14 Cf., especialmente, minha conferência "Tempo e tradição: Interpretando a antropologia", de 1984, que consta do volume *Sobre o pensamento antropológico*, como Capítulo 1.
15 Cf. a nota 13.

contribuições do livro, a de L. Olivé, intitulada "Relativismo conceitual e filosofia nas Américas".[16]

A relevância dessa contribuição estaria na formulação da tese em defesa de um "relativismo moderado" ante um "relativismo radical", que poderia encaminhar-se para uma posição de incontrolável ceticismo na medida em que supõe a absoluta incomensurabilidade dos esquemas conceituais construídos no interior de culturas distintas.

Se tomarmos o conhecimento científico, mesmo em antropologia, como conhecimento proposicional sobre determinada comunidade – ainda que isso seja uma afirmação não imune a controvérsias[17] –, veremos, segundo Olivé, que a tese relativista moderada defende como viável a tradução de pelo menos algumas proposições de um determinado esquema conceitual para outro, sempre que tiver lugar em um grupo humano com uma permanência mínima no tempo. Nesse caso, note-se, que a emergência de "condições de racionalidade" é algo latente.

Pois para essa tese relativista moderada pode ser aduzida a ideia segundo a qual indivíduos que usam qualquer esquema conceitual, pelo simples fato de serem capazes de usá-lo, revelam que possuem competência para linguagem e diálogo, isto é, que às vezes permitem a emergência daquilo que chamaríamos "condições de pura racionalidade".[18]

Isso significa que aquilo que se poderia chamar razão, a saber, o critério ou os princípios postos em prática na formulação de juízos,

---

16 No que diz respeito a uma comparação entre antropologias europeias, nem todas metropolitanas – muitas das quais certamente "periféricas" –, vale dizer que o tema guarda íntima relação com o que estamos tratando aqui. Procurei dizer alguma coisa a respeito das vicissitudes dos conceitos trasladados da Europa para a América Latina no Capítulo 2 deste volume.
17 Embora essa tese merecesse um exame mais detido, cabe levá-la em conta na argumentação, uma vez que ela é corrente entre aqueles que possuem uma visão mais cientificista da antropologia – o que não significa necessariamente positivista –, entre estruturalistas e pós-estruturalistas das mais variadas ancestralidades.
18 Olivé, Relativismo conceitual e filosofia nas Américas, p.57.

pode ser assim considerado mesmo passando de um esquema conceitual para outro. E isso parece ser possível se considerarmos que um relativismo moderado não puxa o tapete da razão em sua busca de tornar comensuráveis sistemas conceituais diferentes, como pode ocorrer no cotidiano de pesquisa etnológica – se podemos tomá-la como exemplo.

Nesse sentido, qual é a noção de racionalidade à qual se apega Olivé? Ela parece ficar bem mais clara quando a associamos à ideia de transformação (racional). Tal transformação racional é definida, assim, como sendo uma

> mudança ou abandono [de um esquema conceitual] provocado por razões que são inteligíveis dentro do esquema que está sendo mudado ou abandonado.[19]

Dentro de uma concepção arbórica de distribuição dos esquemas, segundo a qual esses seriam como ramos de uma árvore, a distância maior ou menor entre esses ramos indicaria graus variáveis de comensurabilidade. Uma tal concepção permitiria, pois, reconstruir o processo de transformação racional observável entre comunidades concretas – habituais à investigação etnográfica – quaisquer que sejam elas: desde aquelas formadas por profissionais de uma dada disciplina – no interior da qual interagem paradigmas em confronto – até quando esse processo envolve, no limite, comunidades culturais ou étnicas.

Esse é um ponto, aliás, que – se interessa a todos quantos pertençam a comunidades de cientistas que possam se confrontar com sistemas conceituais diferentes –, vai interessar sobremaneira ao etnólogo que não apenas participa das mesmas condições de convivência profissional – portanto entre pares, e que também têm lugar em seu diálogo com colegas de outras disciplinas –, como ainda esse etnólogo vê-se permanentemente envolvido no processo de tradução

---

19 Ibidem, p.67.

de sistemas culturais ou étnicos os mais diversos, nos quais as condições de racionalidade nem sempre são favoráveis. Como reconhece Olivé, as interações entre antropólogos e membros de comunidades culturais ou étnicas objeto de investigação podem envolver tanto "interações racionais" como "processos não racionais de aprendizado"; ou, com outras palavras, mecanismos não racionais de apreensão da cultura do outro – podendo-se incluir a própria empatia, a emoção ou a afetividade, tão frequentes no *fieldwork*, como qualquer antropólogo concordaria.

Essas são questões que estão presentes no texto de Olivé e a leitura que faço delas espero que possa ser de molde a estimular o antropólogo a examiná-las no exercício de seu *métier*. Como se vê, a questão do relativismo cultural passa a ser antes de tudo, como reconhece Dascal, em algum momento de seu interessante ensaio conclusivo do volume, um "relativismo epistemológico".[20] Um tipo de relativismo que, se é necessário ao exercício da filosofia, indispensável parece ser ao trabalho do antropólogo.

---

20 Dascal, *Cultural relativism and philosophy: North and Latin American perspective*, p.286.

# Terceira parte
# Eticidade e moralidade

# CAPÍTULO 9
# ETNICIDADE, ETICIDADE E GLOBALIZAÇÃO[1]

Há alguns anos, fui convidado a ministrar a Primeira Conferência Luiz de Castro Faria, realizada no Fórum de Ciência e Cultura da Universidade Federal do Rio de Janeiro, na Praia Vermelha, ocasião em que escolhi o tema "Antropologia e moralidade" e pude desenvolver algumas ideias sobre as possibilidades de o olhar antropológico visualizar uma ética planetária.[2] A conferência parece ter despertado algum interesse, manifestado por vários colegas, entre os quais o nosso presidente, Dr. João Pacheco de Oliveira, que me convidou a dar prosseguimento nesta oportunidade àquelas considerações. Penso agora retomá-las, dando a elas um novo rumo, de maneira que as complemente especialmente no que tange às relações entre etnicidade e eticidade ante a necessidade – como assim

---

1 Conferência de abertura da XX Reunião Brasileira de Antropologia, promovida pela ABA, em Salvador, Bahia, e proferida no dia 14 de abril de 1996, no salão nobre da reitoria da Universidade Federal da Bahia. Publicada na *Revista Brasileira de Ciências Sociais*, ano 11, n° 32, 1996, p.6-17.

2 Conferência intitulada "Antropologia e moralidade", publicada na *Revista Brasileira de Ciências Sociais*, ano 9, n.24, p.110-21. Inserida na coletânea *Ensaios antropológicos sobre moral e ética*, Cardoso de Oliveira; Cardoso de Oliveira, Capítulo 3.

entendo – de nossa disciplina levá-las em conta de maneira mais sistemática e com vistas à questão da globalização.

Parto, assim, de um caminho então trilhado em direção a um questionamento sobre o lugar ocupado pelo relativismo na antropologia como orientação epistemológica, orientação que a deixou pouco afeita ao enfrentamento de questões de moralidade e de eticidade. Porém, gostaria de advertir, desde já, que, ao retomar aqui uma questão clássica da antropologia, não estou de modo algum colocando-me em uma posição antirrelativista, mas também não me incorporo cegamente, sem nenhuma ressalva, àquela outra – "anti-antirrelativista" – preconizada por Clifford Geertz de modo tão enfático, em uma atitude perfeitamente compreensível, uma vez que em sua argumentação não fica muito claro se ele distingue o relativismo – com o sufixo ismo indicador de sua ideologização – do olhar relativizador como postura indispensável ao exercício da observação antropológica; junte-se a isso o fato de Geertz esquivar-se de tratar de questões cruciais para a problemática do relativismo como as de ética e de moral, limitando-se simplesmente a mencioná-las para deter-se em questões cognitivas em sua crítica ao racionalismo extremado, manifestado nas conhecidas coletâneas de Wilson[3] ou de Hollis e Lukes.[4] Essas questões e outras mais que lhes são correlatas, acredito poderem ser mais bem matizadas, tal como a sua afirmação final e peremptória segundo a qual a "única maneira de derrotar [o relativismo] é colocar a moralidade além da cultura e o conhecimento além de ambas".[5] Tirante o fato de que Geertz perde a oportunidade de distinguir a *postura relativista* – essa sim, merecedora de defesa – de *relativismo qua ideologia*, seus argumentos não poderiam ter sido mais adequados e não se pode deixar de estar de acordo com eles. Contudo, se retomo aqui a questão do relativismo em nossa disciplina é para inscrevê-la no tratamento de um tópico muito especial, a saber, aquele que envolve questões relacionadas

---

3 Cf. Wilson, *Rationality*.
4 Cf. Hollis; Lukes (orgs.), *Rationality and relativism*.
5 Cf. Geertz, Anti anti-relativismo, *Revista Brasileira de Ciências Sociais*, p.18.

com a ideia do "bem-viver" tanto quanto com aquelas que digam respeito à pretensão do cumprimento do "dever", mesmo rejeitando a ideia de que elas possam ser descontextualizadas – como certamente gostariam os antirrelativistas mais ardorosos, alvo das críticas de Geertz. Questões de moral e de ética têm, todavia, sido sistematicamente evitadas por nossa disciplina, exatamente por receio de infligir seu compromisso com o fantasma do relativismo. Portanto, como fantasma, só nos cabe exorcizá-lo, viabilizando aquelas questões como sendo passíveis de reflexão e de investigação antropológica.

Entendo assim que a noção de *bem-viver* e a noção de dever inserem-se, respectivamente, no campo da moral e no campo da ética. E entendo, também, que ambos os campos inserem-se igualmente na órbita de interesses da antropologia. O primeiro implica *valores*, particularmente aqueles associados a formas de vida consideradas como as melhores e, portanto, pretendidas no âmbito de uma determinada sociedade. O segundo campo – o da ética – implica *normas* que possuam, porém, um caráter pré-formativo, um comando ao qual se deve obediência, pois segui-las é a obrigação de todo e qualquer membro da sociedade. Nessas considerações sobre moral e ética, pode-se ver que estou situando-me no interior de uma "ética discursiva", de inspiração apeliana-habermasiana, se bem que reservando-me ao direito de dela fazer uma leitura muito particular, própria de alguém situado em uma disciplina que não se confunde com a filosofia. E digo isso porque minha preocupação nessa exposição é de mostrar o quanto a abordagem antropológica pode ser fecunda no trato de questões de moralidade e de eticidade, ou, respectivamente, em língua alemã, *Moralität* e *Sittlichkeit*. Na tradição hegeliana, a que de algum modo a ética discursiva se filia, é lícito entender a *moralidade* como a manifestação de uma vontade subjetiva do bem, enquanto *eticidade* seria essa mesma vontade, porém realizada em instituições históricas – e culturais – reguladoras dessa mesma vontade, como a família, a sociedade civil e o Estado. Assim entendidas, moralidade e eticidade abrem uma fresta para o olhar antropológico, por meio do qual não há como deixar de considerar que nossa disciplina se legitima perfeitamente em tratá-las com os recursos de que dispõe. Dentro desse quadro, que não é originariamente de nossa disciplina, procurarei responder por que penso que a antropologia não só pode tratar de temas como esses, mas, para dizer de forma responsável, deve enfrentá-los pelas razões que procurarei oferecer ao longo desta exposição.

Disse que deve enfrentá-los, porém com as armas de nossa disciplina e respondendo a um problema central que a antropologia sociocultural carrega em seu dorso quase desde sua constituição, como disciplina autônoma. Como já mencionei, estou referindo-me à questão da incomensurabilidade das culturas, tão cara ao relativismo mais pertinaz. Muito já se escreveu sobre essa questão, portanto só me cabe poupar o auditório de um rosário de citações e de referências. Basta considerar aqui que essa ideia de as culturas serem incomensuráveis foi sempre tomada de modo tácito, praticamente como um dogma não sujeito a questionamento. Porém, se voltarmos o nosso olhar para certas dimensões do relacionamento intercultural, aduzindo novas interrogações, veremos que essa incomensurabilidade pode ser tanto mais problemática quanto mais envolver proferimentos de juízos de valor e que, por mais complexa que possa ser a nossa forma de tratar tais dimensões, em nenhum momento devamos considerá-la imune à análise e à reflexão antropológica. Será que todas as dificuldades são o resultado de um mau uso do método comparativo, quando a comparação é conduzida de forma mecânica e até certo ponto ingênua?

É assim que não há como deixar de considerar que os problemas trazidos pela antropologia comparada tradicional fazem parte do nosso conhecimento mais corriqueiro. Por isso, é sempre útil interrogarmo-nos sobre nossos próprios hábitos intelectuais. Vale, portanto, a pergunta: como cotejar as culturas entre si, senão pelo uso de um método comparativo que, em si mesmo, já denuncia um comprometimento com pelo menos uma cultura – em última análise, a cultura da própria antropologia, isto é, da antropologia como cultura. Não seria a cultura a "medida" de todas as coisas? Portanto, enquanto cultura – ou, se quiser, *linguagem cultural* –, a nossa disciplina engendra métodos que, muitas vezes, não chegam a ser senão a contrafação de si própria. Pois a antropologia seria uma terceira cultura a se interpor entre duas ou mais culturas postas em comparação. Teria apenas a distingui-la ser ela artificial – como linguagem científica – diante do fato de as culturas em comparação serem entidades naturais – tal como uma língua natural. Mas quais as dificuldades que uma análise comparativa encontraria? Ao que parece, se não há muita dificuldade na comparação de dados ditos objetivos – quantidade de bens produzidos, tecnologias sofisticadas etc. –, não restaria sempre a imponderabilidade dos juízos de valor a confirmar a natureza incomensurável de cada cultura? E não teríamos de incluir aqui, nessa equação, a própria antropologia como cultura? A isso é que qualifiquei há pouco como contrafação ou autoanulação de nossa disciplina.

É, portanto, diante da tradicional prática da disciplina que questões como essas têm sido colocadas como sendo um perene desafio ao antropólogo, do ponto de vista epistemológico. E é tanto mais difícil enfrentá-lo quanto mais o antropólogo estiver envolvido em programas ou políticas de ação social. Pois um antropólogo imbuído de pretensões de examinar a consistência de suas próprias ações em sociedades culturalmente tão diferentes, claramente detentoras de sistemas de valor próprios e singulares, corre o risco de ficar emaranhado em seu próprio relativismo. Em outras palavras, o desafio que se impõe a esse antropólogo é o de como, por quais critérios – de objetividade? –, poderia ele agir como cidadão e como técnico no encontro entre culturas diferentes, sobretudo quando as sociedades, portadoras dessas culturas, guardam entre si relações profundamente assimétricas, caracterizadas pela dominação de uma sobre a outra. E o moralmente grave é que ele, enquanto antropólogo, é cidadão da sociedade dominante. Essa parece ser, por exemplo, a situação vivida entre nós, tipicamente pelos antropólogos indigenistas, e que na oportunidade de uma reunião como esta, em que muitos desses colegas estão presentes, penso que mencionar o cenário indigenista é mais do que apropriado para submetermos essas considerações a exame.

Ainda está muito viva em todos nós a acusação de a antropologia especificamente a antropologia aplicada e o próprio indigenismo latino-americano – ter sido, desde os seus primórdios, um instrumento de dominação do colonialismo externo e interno. E o resultado disso é que a nossa disciplina, em sua dimensão acadêmica, sempre fiada em um relativismo dogmático – perdoem-me o paradoxo – jamais conseguiu libertar-se de constrangimentos quando sobre ela a razão especulativa passa a ser substituída pela razão instrumental, a saber, quando ela envolve-se com práticas de intervenção cultural. Como justificar tais intervenções? Minha primeira consideração é dizer que, sem a aceitação voluntária pela população-alvo da intervenção, essa é injustificável. Todavia, o problema não se encerra aqui: ele transfere-se para o sentido da expressão "aceitação voluntária". E é aqui que recorro à "ética discursiva". E, assim fazendo, penso dar prosseguimento às considerações que fiz em 1993 por ocasião da mencionada Primeira Conferência Luiz de Castro Faria.

Naquela oportunidade, vali-me de algumas ideias que gostaria de evocar agora para dar consistência à minha argumentação. Algo penso ter deixado firmado naquela ocasião que gostaria de retomar agora. Lembraria, primeiramente, a distinção que sempre se pode fazer entre *costume* e *norma moral*, "o que significa dizer que aquilo que está na tradição ou no costume não pode ser tomado necessariamente como normativo",[6] ou, como escreve o filósofo Ernst Tugendhat,

> é inaceitável que se admita algo como correto ou bom (portanto como norma) porque está já dado de antemão no costume, sem poder prová-lo como correto ou bom.[7]

Admitida essa distinção, torna-se sempre válida a indagação sobre casos de moralidade e de eticidade, no âmbito de nossa disciplina. É aceitável, por exemplo, o infanticídio que os Tapirapé

---

6 Cf. Cardoso de Oliveira, Antropologia e moralidade, p.114.
7 Cf. Tugendhat, *Problemas de la ética*, p.48.

praticavam até sua erradicação, nos anos 1950, pelas Irmãzinhas de Jesus? E é importante que seja dito, aliás, que tal erradicação foi conduzida habilmente, sem nenhuma violência, exclusivamente graças à persuasão pelo discurso, pelo diálogo; esse caso – para aqueles que tiverem interesse em melhor conhecê-lo – tive a oportunidade de analisá-lo nos termos da ética discursiva na mencionada Conferência Castro Faria.[8] Índios e missionárias tinham suas razões para tomarem uma e outra atitude: os Tapirapé tinham toda uma justificação para não deixarem sobreviver o quarto filho, desde que ele viesse – por uma lei demográfica por eles intuída ao longo de uma experiência secular – a aumentar uma população limitada às potencialidades do ecossistema regional; já as missionárias, por sua fé nos mandamentos religiosos, não poderiam aceitar passivamente um costume que destruía uma vida. Para os índios o costume se justificava, uma vez que o sacrifício de algumas vidas valia a vida de toda uma comunidade; para as missionárias a vida de qualquer pessoa é um bem inquestionável. Duas morais, duas éticas? Sim, todas perfeitamente racionais. Portanto, não é a questão da racionalidade que está em jogo.

Diante disso, como lidar praticamente com tal situação? Como conduzir a nossa ação quando não temos nenhum dogma a sustentá--la? A rigor, toda a questão resume-se na interseção de dois campos semânticos diferentes – o indígena e o missionário –, uma questão, aliás, equacionada pela teoria hermenêutica por meio do conceito de "fusão de horizontes", observável na prática dialógica discursiva. Isso quer dizer que a solução das incompatibilidades culturais, até mesmo as de ordem moral surgidas do encontro interétnico, estaria no diálogo?

Creio que, para respondermos a essas questões, vale recorrer a uma outra ideia, então apresentada: a da distinção dos espaços sociais em que pode ser observada a atualização de valores morais. Apel – apoiando-se em Groenewold – distingue três espaços sociais,

---

8 Cf. Cardoso de Oliveira, Antropologia e moralidade, p.115-6.

que denomina esferas: a *micro*, a *meso* e a *macro*.⁹ Apel traz essas esferas para o campo da ética, considerando assim uma microética, uma mesoética e uma macroética, correspondendo, a primeira, às esferas das relações face a face que se dão no meio familiar, tribal ou comunitário; a segunda, às relações sociais permeadas pela ação dos Estados (de direito) nacionais por meio das instituições e das leis por eles criadas; e a terceira, às ações sociais que por deliberação internacional, por intermédio de seus órgãos de representação – como a ONU, a OIT, a OMS ou a Unesco –, devem ser reguladas por uma ética planetária. O infanticídio Tapirapé, por exemplo, que poderia encontrar justificação em nível *micro*, no interior da cultura tribal, já vai encontrar sua discriminação como crime em nível *meso*, inscrito que está no código penal, tanto quanto em nível *macro*, uma vez que violenta a Carta dos Direitos Humanos. Voltarei a isso mais adiante.

Estamos retomando assim um conjunto de ideias que me parecem importantes para a argumentação que desejo desenvolver. Se, de um lado, podemos admitir que a questão da racionalidade das normas morais nada tem a ver com a possibilidade da aceitação ou da rejeição das mesmas, desde que elas podem justificar-se plenamente no âmbito de moralidades tão diferentes, para não dizer opostas, como bem ilustra o caso dos Tapirapé e das missionárias, por outro lado, o contexto interétnico em que se dá a confrontação entre essas normas está contaminado por uma indisfarçável hierarquização de uma cultura sobre a outra, reflexo da dominação ocidental sobre os povos indígenas. O processo de dominação – como todos nós sabemos – não se dá apenas pela força ou pelo peso das tecnologias criadas pelo mundo industrial, dá-se também – e é esse

---

9 Cf. Apel, El a priori de la comunidad de comunicación y los fundamentos de la ética, in *La transformación de la filosofía*, tomo II; e A necessidade, a aparente dificuldade e a efetiva possibilidade de uma macroética planetária da (para a) humanidade, in *Revista de Comunicação e Linguagens*, n.15-16 – *Ética e Comunicação* –, 1992, p.11-26. Cf. também Cardoso de Oliveira, Antropologia e moralidade.

o ponto que me interessa desenvolver – pela hegemonia do discurso ocidental, de raiz europeia. Essa é a base da crítica que se faz atualmente à ética discursiva apeliana, em uma tentativa de encontrar os seus limites. Nessa direção, um debate muito instrutivo vem se dando em escala internacional, tendo por alvo as comunidades de comunicação e de argumentação apresentadas por Apel como condição *sine qua non* da ética do discurso. Afinal de contas, o diálogo interétnico ou intercultural seria efetivamente democrático? Qual a possibilidade de um sistema de fricção interétnica constituir uma efetiva comunidade de comunicação e de argumentação que satisfaça os pré-requisitos apelianos?

Desde 1989, esse debate vem ocorrendo no âmbito das relações Norte-Sul, e em torno da ética discursiva em confronto com a "filosofia da libertação" latino-americana. Evocar alguns aspectos desse debate parece-me importante para o rumo de minha argumentação. Os debates que vêm tendo lugar desde então na Alemanha, no México, na Rússia e mesmo no Brasil – como em São Leopoldo, em 1993 – já geraram várias publicações, entre as quais um volume intitulado precisamente *Debate em torno da ética do discurso de Apel: Diálogo filosófico Norte-Sul a partir da América Latina*,[10] organizado pelo filósofo argentino-mexicano Enrique Dussel, considerado o principal teórico da filosofia da libertação. Sem entrar no mérito dessa filosofia, o debate, pelo menos como ele se manifesta nesse livro, é extraordinariamente interessante para o nosso propósito de questionar – se bem que no horizonte empírico de nossa disciplina – a possibilidade de se verificar faticamente o cumprimento de um dos requisitos básicos da ética do discurso: o da simetria ou igualdade de posições entre as partes envolvidas no diálogo. Tanto para Apel como para Habermas, o que legitima o diálogo – além dos quatro *requisitos de pretensão de validez*, a saber, a *inteligibilidade*, como condição dessa pretensão, mais a *verdade*, a *veracidade*

---

10 Cf. Dussel, La razón del otro. La 'interpelación' como acto-de-habla, in *Debate en torno a la ética del discurso de Apel. Diálogo filosófico Norte – Sur desde América Latina*, Dussel (org.), p.55-89.

e a *retidão* – é o seu caráter democrático. E para deixarmos claro o quanto esse caráter é fundamental para que se dê a plena fusão de horizontes, vale lembrar a crítica de que foi objeto Gadamer por haver desconsiderado a questão democrática, quando escreveu o seu monumental *Verdade e método*.[11] Isso levou Habermas a fazer uma de suas críticas mais pertinentes à hermenêutica gadameriana, uma vez que pôs a questão do *poder* no interior de qualquer comunidade de comunicação, na qual teria lugar a "compreensão distorcida", decorrente do processo de dominação; um lugar, por sinal, melhor elucidado, segundo Habermas,[12] pela "crítica das ideologias" do que pela hermenêutica de Gadamer. No entanto, quando essa distorção dá-se em uma *comunicação intercultural*, portanto entre campos semânticos teoricamente incomensuráveis, isso agrega obstáculos dos mais variados tipos que somente a constatação óbvia da assimetria na relação dialógica por si só não esgota. Pois, como comenta um outro participante do debate Norte-Sul em torno da ética do discurso de Apel,

> aqui aparece o problema de se a ética discursiva – construída no horizonte da comunicação "intersubjetiva" é capaz de enfrentar adequadamente o horizonte da comunicação "intercomunitária",[13]

ou, diria eu, interétnica.

Vê-se, assim, que a perspectiva aberta por aquele debate permite-nos vislumbrar a possibilidade de um proveitoso encaminhamento do problema. Como mencionei há pouco, a relação dialógica entre membros de comunidades culturalmente distintas introduz certas especificidades que merecem um exame mais detido. Que o digam os indigenistas, imersos em sua prática diária precisamente nisso que se poderia chamar de confronto de horizontes semânticos diferentes; é quando o processo de fusão desses mesmos horizontes

---

11 Gadamer, *Truth and method*.
12 Habermas, *Dialética e hermenêutica: Para a crítica da hermenêutica de Gadamer*.
13 Ramirez, *Ética de la comunicación intercomunitaria*, p.98.

enfrenta dificuldades próprias, a meu ver bastante mais complexas do que aquelas observáveis na fusão de horizontes que tem lugar entre indivíduos ou grupos pertencentes a culturas ou a sociedades não hierarquicamente justapostas; particularmente quando fazem parte de uma mesma e ampla tradição histórica. Nesse sentido, a hermenêutica gadameriana tem mostrado sua eficácia precisamente na exegese de textos de diferentes períodos da história ocidental, com o objetivo de inseri-los na inteligibilidade do leitor moderno, igualmente ocidental ou ocidentalizado; em outras palavras, tratar-se-ia de submeter os textos a um processo de "presentificação". Já na fusão de horizontes entre culturas enraizadas em tradições tão diferentes – como soem ser os povos indígenas diante das sociedades nacionais latino-americanas – tanto a hermenêutica de Gadamer quanto a ética discursiva de Apel e Habermas mais do que soluções geram problemas, quando pensamos poder usá-las sem maiores precauções. Quais seriam esses problemas?

Seguindo, assim, as pistas abertas pelo debate Norte-Sul ao qual estou me referindo, podemos identificar inicialmente alguns desses problemas. Sem procurar debatê-los nos termos em que foram explorados pelos filósofos participantes daquele evento, uma vez que seríamos obrigados a abordar questões demasiadamente técnicas, tornando com isso muito longa esta exposição, creio que será suficiente para sustentar minha argumentação limitar-me a reformular aqueles problemas em termos de nossa perspectiva antropológica. Nesse sentido, estaremos tratando das relações interétnicas que têm lugar no interior de Estados nacionais, particularmente nos da América Latina. E se falamos em relações interétnicas não custa relembrarmos algumas noções a elas associadas e de uso corrente na antropologia desta segunda metade do século. Quero mencionar a de *etnicidade*, uma noção que, desde logo, nos induz a visualizar um panorama no qual se defrontam – melhor diria, confrontam-se – grupos étnicos no interior de um mesmo espaço social e político dominado apenas por um deles. Abner Cohen, anos atrás, definiu etnicidade como sendo "essencialmente a forma de interação entre grupos culturais que operam dentro de contextos sociais comuns".[14] Pareceu-me então – e continuo valendo-me de sua definição – que ela dava bem conta da noção que todos nós tínhamos do forte componente político que presidia os sistemas interétnicos, sobretudo quando as relações observáveis em seu interior estavam marcadas pela presença de um Estado cioso em defender a etnia dominante, isto é, aquela que esse mesmo Estado representava. Seja no Brasil, no México, na Guatemala ou em muitos outros países latino-americanos, era precisamente isso que se observava. No Brasil – e fiquemos com essa experiência que nos é próxima – todo diálogo entre índios e brancos que produza resultados de valor legal é feito por intermédio da Fundação Nacional do Índio, o braço indigenista do Estado brasileiro. Mesmo que esse Estado seja plenamente um Estado de direito, democrático ao menos em suas características formais, veremos que, em um confronto entre índios e brancos, a Funai, na qualidade de mediadora de um desejável diálogo entre as partes, terá, em primeiro lugar, de interpretar o discurso indígena a fim de torná-lo audível e inteligível ao seu interlocutor branco – e isso nas raras vezes que esse branco está disposto a dialogar.

Imaginemos, todavia, que esse branco deseje sempre dialogar. Mesmo nesse caso, a ética discursiva apeliana que exige uma *argumentação racional* entre os litigantes, como característica básica de qualquer comunidade de comunicação, sempre guardaria um resíduo de ininteligibilidade, fruto da distância cultural entre as partes e, até mesmo, em relação à instância mediadora: a própria Funai. Dussel mostra, por exemplo, que qualquer *interpelação* – por ele classificada como "ato de fala" – dirigida pelo componente dominado da relação interétnica ao componente dominante – esse branco, culturalmente europeu, ocidental – não pode cobrar do primeiro a obediência aos pré-requisitos de *inteligibilidade, verdade, veracidade* e *retidão* que se espera estejam presentes no exercício pleno da ética do discurso. A própria interpelação feita pelo índio ao branco dominador – não apenas por ser parte do seguimento dominante da

---

14 Cohen, Introduction: The lesson of ethnicity, in *Urban Ethnicity*, Cohen (org.), p.IX.

sociedade nacional mas, também, como dominador da linguagem do próprio discurso – torna muitas vezes difícil a inteligibilidade da mesma interpelação, e, com ela, sua natural pretensão de validade, uma vez que falta aquela condição básica para o proferimento de um ato de fala que seja *verdadeiro* – isto é, aceito como verdadeiro pelo ouvinte alienígena; que tenha *veracidade*, portanto aceito com força ilocucionária (de convicção) pelo mesmo ouvinte; e que manifeste *retidão* ou, com outras palavras, que cumpra as normas da comunidade de argumentação eticamente constituída, normas essas estabelecidas – e institucionalizadas – nos termos da racionalidade vigente no polo dominante da relação interétnica. Como diz o mesmo Dussel, "são ditas normas – a institucionalidade dominadora – a causa de sua miséria", isto é, da miséria e da infelicidade do polo dominado.

De todas as maneiras, na medida em que a dignidade da pessoa é considerada em toda comunicação racional como norma suprema, eticamente, pode não obedecer às normas vigentes, colocando-as em questão a partir de seu fundamenta mesmo: desde a dignidade negada na pessoa do pobre que interpela.[15] A não-normatividade da "interpelação" é exigida por encontrar-se em um momento fundador ou originário de *nova* normatividade – a institucionalidade futura de onde o "interpelante" terá direitos vigentes que agora não tem.[16]

Isso quer dizer que na relação entre índios e brancos, mediada ou não pelo Estado – leia-se Funai –, mesmo que formada uma comunidade interétnica de comunicação e de argumentação, e que pressuponha relações dialógicas democráticas – pelo menos na intenção do polo dominante –, mesmo assim *o diálogo estará comprometido pelas regras do discurso hegemônico*. Essa situação estaria somente superada quando o índio interpelante pudesse por meio do diálogo contribuir efetivamente para a institucionalização de uma normatividade inteiramente nova, fruto da interação dada no interior da

---

15  Ou do índio, ou de qualquer outro excluído – acrescentaria eu.
16  Cf. Dussel, La razón del otro. La "interpelación" como acto-de-habla, p.71.

comunidade intercultural. Em caso contrário, persistiria uma sorte de comunicação distorcida entre índios e brancos, comprometendo a dimensão ética do discurso argumentativo. A necessidade de assegurar as melhores condições possíveis para uma comunicação não distorcida tanto mais é indispensável quanto maior for a distância entre os campos semânticos em interação dialógica. Gostaria de ilustrar isso com um caso observado nos Estados Unidos – e que já tive a ocasião de explorar em outra oportunidade.[17] Refere-se a um choque de pontos de vista entre os índios norte-americanos e a "comunidade dos museus", decidida a estabelecer um código ético regulador de sua política de obtenção de elementos culturais indígenas para seus acervos.[18] A discordância entre os pontos de vista pôde ser então registrada com relação aos seguintes tópicos: o direito de coleta de restos humanos e de fazer escavações arqueológicas em território tribal; e o direito de expatriação de objetos indígenas. O primeiro tópico diz respeito a direitos invocados pela comunidade dos museus, enquanto o segundo refere-se a direito reivindicado pelos índios. Esse conjunto de direitos é questionado segundo os diferentes pontos de vista.

Relativamente ao primeiro tópico, enquanto os museus argumentam que o povo em geral tem o direito de aprender sobre a história da humanidade e não apenas limitar-se à história de seu próprio grupo étnico, os índios respondem que isso é uma profanação e uma forma de racismo. Alegam os museus que os índios tradicionalmente não dão muita importância ao corpo, mas ao espírito; o que respondem os índios dizendo que a vida é um ciclo, originado na terra pelo nascimento e a ela retornando pela morte, ciclo este que não pode ser quebrado. Reivindicam ainda os museus seus direitos

---

17 Cardoso de Oliveira, Indigenismo e moralidade, in *Tempo Brasileiro (Reflexão e Participação/330 Anos)*, p.41-55. Com o título "Práticas interétnicas e moralidade: Por um indigenismo (auto)crítico", foi inserido em *Ensaios antropológicos sobre moral e ética*, como seu Capítulo 2.
18 Hill, Indians and museums: A plea for cooperation, in *History News*, v.34, n.7.

em nome da ciência: respondem os índios que as necessidades culturais – isto é, da cultura indígena – são muito mais importantes do que as da ciência.[19]

Como podemos verificar, relativamente a esse primeiro tópico, os direitos apregoados pelos museólogos confrontam-se de maneira muito evidente com o direito indígena de autopreservação.

Já com relação ao segundo tópico, em que se advoga o retorno de artefatos indígenas aos seus lugares de origem, a saber, sua repatriação, os museus ponderam que se isso ocorrer, daqui a um século, uma nova geração nada poderia aprender sobre seus objetos religiosos (sendo, portanto, responsabilidade dos museus assegurar esse aprendizado). Argumentam os índios que os objetos sagrados possuem importância chave para a sobrevivência das culturas indígenas americanas e que esses objetos são muito mais importantes para perpetuar suas culturas do que para o ensino de novas gerações de brancos. Falam ainda os museus que os objetos rituais não pertencem somente a quem os faz; no que respondem os índios com o argumento do direito do produtor original. Contra isso apelam os museus dizendo que os índios não sabem como conservar esses objetos; ao que discordam os índios dizendo que os museus não podem ir contra os valores sagrados, pois se os objetos são destruídos é porque eles (conforme feliz expressão indígena) se autodevoram – e isso deve ser respeitado! E que ao contrário do que dizem os museus – que os artefatos sagrados são estudados e interpretados de forma respeitosa –, para os índios eles só podem ser interpretados pelas entidades religiosas tribais. E, finalmente, contra a acusação feita pelos museus segundo a qual os índios tendem a dizer que todos os seus artefatos são sagrados, argumentam que não há palavra na cultura indígena que possa ser traduzida como "religião", pois dizem – "pensamentos espirituais, valores e deveres estão totalmente integrados

---

19 Cf. Cardoso de Oliveira, Indigenismo e mortalidade, p.48.

nos aspectos sociais, políticos, culturais e artísticos da vida diária. Essa unidade de pensamento é a religião indígena".[20]

É claro que nesse caso específico, em que o diálogo interétnico mostrou-se possível, vale dizer que os líderes indígenas participantes em grande parte já estavam socializados no mundo dos brancos – alguns deles até mesmo graduados por universidades norte-americanas –, tivemos um cenário em que o nível de distorção do discurso pode ser considerado como bastante tolerável. Certamente, tal não aconteceria nas situações mais comuns no Brasil e em muitos dos países latino-americanos, em que a distância cultural entre os interlocutores não teria a mesma chance de ser diminuída. Com campos semânticos tão distintos, praticamente opostos, como o exemplo norte-americano mostra tão bem, o que esperar daquelas relações interétnicas em que uma das partes – a indígena – não teria sequer as condições discursivas mínimas para poder se opor ao ponto de vista manifestado pelo branco, um ponto de vista muitas vezes ininteligível para ela? Como falar em ética discursiva sem mostrar os seus limites? Tais limites são o que o debate em torno da ética discursiva de Apel procura identificar.

Diante desse quadro, bastante desfavorável às lideranças indígenas para levarem a bom termo um diálogo com eventuais interlocutores da sociedade dominante, restaria saber quais as reais possibilidades de emergência de uma ética discursiva que efetivamente leve em conta o contexto socioeconômico em que estão inseridos índios e brancos. A saber, um contexto que, por sua lógica perversa, exclui os povos indígenas da condição moral de "bem--viver" e os inclui na grande lista das minorias sociais, como os pobres urbanos, os camponeses sem terra e toda sorte de despossuídos. E no caso dos índios propriamente ditos, o que nos acostumamos a chamar de conflito interétnico – e que eu, trinta anos atrás, cheguei a cunhar a expressão "fricção interétnica" –, devo alertar agora que as palavras "conflito" ou "fricção" não são suficientes para

---

20 Cf. Cardoso de Oliveira, Indigenismo e moralidade, p.48-9.

indicar o conteúdo substantivo das relações entre índios e brancos, pois muitas vezes encobrem a natureza específica dessas mesmas relações. Como lembra o já citado Dussel,

> Em realidade o eufemismo "conflito"[21] não indica claramente o que são estruturas de dominação, exploração, alienação do outro. Na temática que estamos expondo se manifesta como "exclusão" do outro da respectiva comunidade de comunicação.[22]

Ressaltados alguns dos problemas que envolvem a etnicidade, tanto quanto as dificuldades que uma comunidade de comunicação e de argumentação intercultural encontra em lograr instituir novas normas, capazes de regular e assegurar um diálogo que seja democrático, creio que cabem ainda algumas reflexões no espaço desta conferência. Gostaria de retomar a questão crítica sobre o papel do Estado no processo de mediação entre índios e brancos. Porém, penso que é melhor especificarmos a instância em que a intervenção estatal deve ser requerida, observada e cobrada depois em seus resultados.

Refiro-me à instância da eticidade. Vimos, no início desta exposição, a importante distinção aceita pela ética apeliana, relativa às três esferas sociais onde se atualizam valores morais: a *micro*, a *meso* e a *macro*esfera. Anteriormente, eu já observara que

> enquanto na *microesfera* as normas morais possuem caráter particularista e sempre podem ser observadas nas instâncias mais íntimas (como as que regulam a vida sexual, por exemplo), na *macro*esfera encontram-se os interesses vitais da humanidade – e as normas morais que incorporam esses interesses ganham uma dimensão universalista (como as que regulam os direitos humanos, por exemplo). Se na primeira esfera o ideário relativista da antropologia

---

21 E eu acrescentaria "fricção", se – e somente se – desvinculada do modelo da fricção interétnica.
22 Cf. Dussel, La razón del otro. La "interpelación" como acto-de-habla, p.78.

recobre facilmente de bons argumentos a intocabilidade dos valores morais contidos nessas normas, não sendo muito difícil ao antropólogo indigenista defender sua preservação, já na macroesfera esse mesmo indigenista irá encontrar uma maior complexidade na defesa de certas normas particularistas – como o infanticídio Tapirapé – que infringem uma ética planetária na qual esse mesmo infanticídio é visto de uma perspectiva universalista, portanto, como crime contra os direitos humanos. Essas normas morais universalistas, quando inscritas em convenções promulgadas por órgãos internacionais, como a Organização das Nações Unidas, já não podem ser ignoradas, e por várias razões, inclusive porque essas mesmas normas universalistas acabam por trabalhar a favor do discurso indigenista quando se trata – e este é um caso cada vez mais comum – da defesa do direito à vida dos povos indígenas ou do meio ambiente em que eles e todos nós vivemos.[23]

E não precisamos ir muito longe: vejam o caso dos Yanomami, para imaginarmos se eles não estariam ainda em pior situação se não fosse a grande pressão internacional em sua defesa, apoiada naturalmente na Carta dos Direitos Humanos. Esse exemplo e muitos outros mais que poderíamos encontrar em toda a América Latina vêm sustentar a ideia segundo a qual o processo de globalização em que as sociedades humanas estão envolvidas, quaisquer que sejam elas, não pode deixar de se tornar, hoje, um dos focos de atenção prioritária da pesquisa, da reflexão teórica e da prática antropológica.

Gostaria, assim, de concluir esta exposição com algumas considerações sobre aquilo que entendo como sendo o lugar do Estado – naturalmente o Estado de direito – na indispensável mediação entre os interesses particularistas e os universalistas, situados respectivamente na microesfera e na macroesfera. Examinemos um pouco essa mesoesfera, particularmente no que diz respeito à política indigenista. Sabemos que os Estados nacionais latino-americanos, que, de modo geral, não têm se mostrado muito sensíveis ao multiculturalismo,

---

23 Cf. Cardoso de Oliveira, Antropologia e moralidade, p.120.

como política de governo, têm, pelo contrário, procurado dissolver as etnias indígenas no interior da sociedade nacional, sem maiores preocupações em respeitar suas especificidades culturais. A política assimilacionista rondoniana, de inspiração positivista, e que encontra ainda seus defensores no Brasil, ou, de igual modo, as políticas mexicana e peruana – entre outras – voltadas à mestiçagem, são exemplos eloquentes de uma atitude pouco afeita à defesa da diversidade cultural. Porém, é curioso observar que a defesa dessa mesma diversidade vem se constituindo em uma das posições mais firmemente assumidas nos foros internacionais, de modo que pressione os Estados nacionais a levarem a efeito o reconhecimento e o respeito às especificidades étnicas. Essa atitude, que não deixa de se guiar por um princípio relativista – que tem seu lugar original na *micro*esfera –, passa a ser adotada em nível planetário como prática política nos foros internacionais! Como entender essa aparente contradição? Creio que devemos interpretá-la como o resultado da interseção entre a *micro*esfera, como o domínio da particularidade, assegurada, por sua vez, pela vigência do ponto de vista relativista, com a macroesfera, na qual a defesa da diversidade cultural e do respeito aos direitos humanos passou a se constituir, notadamente nesta segunda metade do século, em pressuposto moral e ético universalista, pois de adoção planetária graças àqueles foros. Uma tal interseção, entretanto, não se faz na prática diretamente, mas por mediação da *meso*esfera, na qual os Estados nacionais, de direito, por pressão de órgãos internacionais – como a ONU ou a OIT – são compelidos a administrar tal conjunção entre valores particularistas e universalistas.

Temos, assim, atualmente, um cenário transnacional resultante do processo de globalização que, envolvendo todo o mundo moderno, acabou por incorporar em sua dinâmica também os povos indígenas, com suas demandas pela defesa dos direitos aos territórios que habitam, à identidade étnica que devem poder assumir livremente e aos seus modos de vida particulares, sem os quais estariam pondo em risco sua própria existência. Ao mesmo tempo, tal processo – como já mencionei – integrou esses mesmos povos no horizonte de uma ética planetária, portanto de caráter universalista, em que direitos e deveres preconizados pelos foros internacionais são a eles estendidos. Mas se isso, de algum modo, pode abrir possibilidades de intervenção discursiva, isto é, por meio da argumentação persuasiva, nos valores vigentes na *micro*esfera – como se viu no caso das missionárias entre os Tapirapé –, há de se admitir que graças a essa eticidade institucionalizada no âmbito da *macro*esfera, vêm podendo os povos indígenas – tanto quanto toda uma variedade de segmentos sociais dominados – obter apoio internacional na defesa de seus direitos diante de Estados nacionais frequentemente injustos.

Não gostaria de encerrar esta exposição sem antes oferecer um bom exemplo de como a instância internacional vem podendo desempenhar um papel estratégico na sustentação das reivindicações dos povos indígenas junto aos Estados nacionais. Em 1990, tive a oportunidade de participar da elaboração do Plano Quinquenal do Instituto Indigenista Interamericano – 1991-1995 –, então dirigido pelo antropólogo peruano José Matos Mar. Durante a semana que passamos na Cidade do México dedicados à redação do texto, pudemos relacionar mais de uma dezena de documentos produzidos em organismos internacionais, sustentadores de ideias e de recomendações aos governos do hemisfério, no sentido de promoverem com a maior rapidez possível a democratização de suas relações com os povos indígenas inseridos nos territórios nacionais. Pudemos, assim, constatar que, nas últimas décadas, tem ocorrido significativas mudanças no comportamento indígena, podendo-se destacar algumas bastante auspiciosas: o aumento da capacidade de organização étnica, permitindo uma atuação mais eficiente no modo de pressionar os organismos governamentais; o crescimento de uma tendência que leva a afirmar a identidade étnica bem como sua autoestima, entendidas como núcleo de uma proposta política em condições de igualdade; a existência de um crescente número de etnias que, por sua própria iniciativa, empreendem o desenvolvimento econômico, como a integração no mercado nacional, sem abandonar sua identidade e sua tradição cultural; a capacidade de se vincular com diversas organizações nacionais e internacionais que apoiam o movimento indígena; o aparecimento de liderança própria que inclui desde índios monolíngues até intelectuais graduados em universidades; o interesse pela política, que os aproxima, com certas reservas, a partidos políticos; o reencontro com migrantes índios localizados em cidades, o que significa uma base de apoio que lhes facilita a vinculação com organismos estatais e organizações populares urbanas; e, finalmente, a identificação, no plano mundial, com o destino de outros povos indígenas com os quais dividem problemas similares e com esses povos entram em entendimento.[24]

Pode-se dizer que hoje os povos indígenas, apesar de todas as dificuldades que encontram a todo instante e em todo lugar, começam a viver em um novo cenário político, resultante da globalização. Se tomarmos, como ilustração disso, a mudança sofrida na famosa Convenção 107, da Organização Internacional do Trabalho (OIT), substituída pela Convenção 169, de 27 de junho de 1989, podemos verificar o quanto progrediu a luta indígena em defesa de seus direitos. O Instituto Indigenista Interamericano, no texto de seu Plano Quinquenal, reconhece isso e faz o seguinte comentário:

> Esta nova convenção é uma versão modificada da convenção 107 que, desde 1957, havia sido a norma internacional mais importante em matéria de defesa dos povos índios, constituída em lei nacional de 27 Estados membro da OIT, entre eles, 14 da América Latina. As modificações foram aprovadas depois de um extenso, minucioso e árduo debate em que, durante três anos consecutivos, participaram as principais instituições e organizações indígenas e pró-indígenas do mundo, junto com representantes dos governos, das organizações patronais e de trabalhadores, de virtualmente todos os países.[25]

E continua o documento:

---

24 Cf. Instituto Indigenista Interamericano – Política indigenista (1991-1995), in *América Indígena*, v.L, 1990, p.80-1.
25 Cf. Ibidem, p.82-3.

O espírito que orientou estas modificações foi o rechaço explícito a referências, enfoques ou propostas integracionistas. Em seu lugar, a nova convenção contém medidas que, ainda que com certas explicáveis salvaguardas, favorecem ou preservam a autonomia e a singularidade étnica dos povos índios. A diferença da convenção 107 que só os denominava "populações", o 169 os chama "povos" e lhes reconhece o direito de possuir "territórios", além das "terras" que lhes reconhecia o 107.[26]

Entendo que muito ainda há para se conquistar no plano internacional e, sobretudo, nos nacionais, começando com a assinatura de todos os governos dessa nova convenção em que, entre várias conquistas, está – a meu ver – a principal: a das populações indígenas serem, finalmente, reconhecidas como *povos* e, como tais, legítimos pretendentes à singularidade étnica e à autonomia, ainda que no âmbito dos Estados nacionais. O surgimento de um instrumento político dessa ordem só foi possível, em meu modo de ver, graças à percepção pelas entidades internacionais, situadas na *macro*esfera, dos graves problemas de etnicidade gerados no interior de países como os da América Latina, ainda que, atualmente, não se possa dizer que exista sequer um continente livre desses mesmos problemas – ao se considerar os movimentos de autonomia que se espalham em todas as latitudes do planeta. Mais do que o "bom senso" cartesiano, pode-se dizer que a etnicidade é, hoje, *la chose du monde la mieux partagée!* E essa percepção da etnicidade explica-se, em grande medida, pela crescente participação em organismos nacionais e internacionais de representantes dos povos indígenas – tanto quanto de outros segmentos sociais despossuídos de plena cidadania –, que passam a ter seus povos reconhecidos como sujeitos morais, merecedores de melhores condições de existência. O "bem--viver", como fato moral vivido por uns poucos povos, passa a ser admitido – ainda que formalmente – como alvo de todos os povos. Se isso não é tudo, também não é pouco, se olharmos para trás...

---

26 Ibidem.

O certo é que o crescimento, mesmo lento, da participação gradativa de representantes étnicos nas comunidades cada vez mais amplas de comunicação e de argumentação – em que pesem todas as dificuldades já apontadas para a plena efetivação da ética discursiva – é algo que devemos levar em conta para melhor entendermos o quadro em que se inserem atualmente as relações interétnicas e, sempre que possível, pressionarmos por sua democratização.

# Capítulo 10
## Sobre o diálogo intolerante

> A tolerância é um fim em si mesmo. A eliminação da violência e a redução da repressão na extensão requerida para proteger homem e animais da crueldade e agressão são precondições para a criação de uma sociedade humana.[1]

A oportunidade deste Seminário,[2] em boa hora programado pela Unesco e realizado pela USP, vem ao encontro de preocupações que tenho expressado em diferentes ocasiões, no Brasil e no exterior, por meio de conferências em torno de questões não muito habituais entre meus colegas antropólogos. São questões associadas a temas tais como eticidade e moralidade, que começam a penetrar nas fronteiras de minha disciplina. Gostaria, assim, de retomar o assunto no ponto em que o deixei em minha conferência de abertura da Reunião Brasileira de Antropologia, em 1996, que teve lugar em Salvador, quando abordei o tema "Etnicidade, eticidade e globalização", concentrando-me no exame da possibilidade e sobretudo nas

---

1 Cf. Marcuse, Repressive tolerance, in Wolf; Moore Jr.; Marcuse, *A critique of pure tolerance*, p.82.
2 Seminário Internacional "Ciência, cientistas e a tolerância", Unesco/USP, nov. 1997.

dificuldades da construção de uma ética planetária.[3] A saber, uma ética que seja válida para todos os povos do planeta e que concorra sob o signo da tolerância, acrescento agora à realização daquilo que Marcuse defendeu como "precondições para a criação de uma sociedade humana", conforme reza a epígrafe que acabo de ler.

Após fazer uma breve retrospectiva da questão desenvolvida naquela ocasião, vou deter-me, portanto, naquilo que reconheço ser o nó górdio do problema – o que não significa, a bem da verdade, que me considere em condições de desatá-lo! Apenas gostaria de propor um possível encaminhamento de uma discussão que possa levar-nos a um consenso razoável. E para uma reflexão coletiva, não existe melhor oportunidade do que a de um Seminário como o presente. Desde já, aproveito para agradecer o convite que me foi feito pelos organizadores deste evento.

Na mencionada conferência, procurei mostrar que a ética discursiva, na maneira como ela vem sendo formulada por Karl-Otto Apel e Jürgen Habermas, deixa um resíduo de incompreensão na relação dialógica quando a interlocução envolve membros de culturas absolutamente diferentes, quando, por exemplo, ela tem lugar entre índios e não índios, marcada, portanto, por horizontes teoricamente incomensuráveis. Sabemos que a ética discursiva, na medida em que se ampara na possibilidade de uma hermenêutica – e aqui me refiro especialmente a hermenêutica gadameriana –, opera sobre uma tradição histórica que, em regra, é partilhada pelos interlocutores, ainda que pertencentes a períodos históricos diferentes. Logo, poder-se-ia dizer, preexiste um caldo de cultura comum a sustentar a *fusão de horizontes* entre texto e leitor envolvidos em uma relação dialógica; a saber, entre o horizonte do texto e o do leitor. Não vejo necessidade de recorrermos a Hans-Georg Gadamer para sustentar

---

3 O texto em referência foi publicado pela *Revista Brasileira de Ciências Sociais*, ano 11, n.32, p.6-17. Uma outra versão desse texto pude apresentar recentemente em Oaxaca, México, em 25 de junho de 1997, como Conferência Inaugural do "Simpósio Internacional Autonomías Étnicas y Estados Nacionales", com o título "Etnicidad, eticidad y globalización", e consta como Capítulo 9 do presente volume.

esse argumento, pois é muito conhecido. Ora, quando se trata de indivíduos inseridos em culturas tão diversas, como as que podemos observar entre índios e não índios, a probabilidade de ter lugar essa fusão de horizontes entre indivíduos contemporâneos diminui expressivamente, ainda que não se possa afirmar que ela se inviabilize, pois sempre se poderá encontrar empiricamente – daí a contribuição da antropologia – um nexo entre horizontes diferentes, graças ao exercício da argumentação racional – como, aliás, aponta a própria teoria da ética discursiva. Na conferência aludida, procurei trazer à reflexão um elucidativo debate ocorrido no México, na Universidade Autónoma Metropolitana de Iztapalapa, em 1991, cujos resultados foram publicados no volume *Debate en torno de la ética del discurso de Apel*, com o subtítulo – muito a propósito – *Diálogo filosófico Norte-Sur desde América Latina*, organizado por Enrique Dussel, esse pensador argentino-mexicano, um especialista na filosofia apeliana. O que me pareceu importante naquele debate foi o que considero uma abertura da discussão sobre a significação da ética discursiva que se pretende planetária – relativamente a instâncias empíricas, nas quais raramente a filosofia como disciplina acadêmica digna-se a examinar, o que deixa um espaço interessante para o antropólogo ocupar. Nesse sentido, cabe esclarecer, a "teologia da libertação", como tema recorrente naquele debate, ocupa aqui, neste texto, um lugar secundário. A saber, não será tomada por referência, enquanto doutrina religiosa ou ideologia política, pela única razão de meu interesse estar centrado nas *condições de possibilidade de diálogo* e não no *assunto* propriamente dito da relação dialógica.

De minha conferência de 1996, gostaria de reter dois conceitos que me parecem básicos na condução de minha argumentação: são os conceitos apelianos de "comunidade de comunicação" e de "comunidade de argumentação". Penso que será suficiente dizer que uma *comunidade de comunicação* é uma instância constitutiva do conhecimento presente em qualquer discurso voltado para alcançar consenso, tenha ele caráter científico ou simplesmente produza discursos tangidos pelo "senso comum". É, portanto, uma instância marcada pela intersubjetividade, inerente, por sua vez, a toda *comunidade de argumentação* – esse segundo conceito apeliano –, comunidade essa da qual não escapa sequer o pensador solitário, como constata o próprio Apel. Vê-se, portanto, que ambos os conceitos são *coextensos*. Significa que tais comunidades estão constituídas por indivíduos de um grupo cultural qualquer, desde que estejam inseridos em um mesmo "jogo de linguagem" – para falarmos com Wittgenstein. Há mesmo um ar de família observável entre essa noção wittgensteineana com os conceitos propostos por Apel. Acrescente-se, apenas, relativamente à comunidade de comunicação, que essa é pensada por Apel em sua dupla dimensão: como comunidade *ideal* e como comunidade *real*; a primeira correspondendo apenas à possibilidade lógica de sua realização – e funcionaria como uma "ideia reguladora" –, enquanto a segunda remete à sua realização empírica, o que significa implicar uma comunidade constituída por indivíduos "de carne e osso".

Para ilustrar isso, tomemos como caso limite uma comunidade profissional altamente sofisticada, como, por exemplo, uma comunidade formada por cientistas. Apel vai dizer que a validade lógica dos argumentos formulados no interior dessa comunidade pressupõe, necessariamente, um acordo intersubjetivo em torno de regras explícitas ou tacitamente admitidas. Isso quer dizer que, mesmo em uma comunidade de comunicação e de argumentação desse tipo, observa-se uma exigência de consenso sobre normas e regras como, por exemplo, as da lógica formal – inerentes à argumentação e que devem nela prevalecer. A garantia de um tal consenso está, precisamente, na existência de uma ética que seja intersubjetivamente válida e signifique o *dever* de todos os membros da comunidade em obedecer às regras e às normas instituídas por aquele consenso. E se isso é verdadeiro para uma comunidade científica, é igualmente para qualquer outra comunidade de comunicação e de argumentação no interior da qual se constrói todo e qualquer conhecimento. Essa é uma ideia que eu gostaria de deixar bem clara, uma vez que ocupa um lugar central nos argumentos que pretendo apresentar a seguir.

Imaginemos uma situação em que membros de diferentes etnias, inseridas em campos semânticos diferentes, busquem estabelecer um diálogo. E – valha o exemplo – que esse diálogo se dê entre a liderança de um determinado grupo indígena e representantes da Fundação Nacional do Índio – Funai. Admitamos, ainda, que esses representantes estejam imbuídos dos princípios da doutrina de desenvolvimento alternativo conhecida por "etnodesenvolvimento",[4] em termos da qual se torna indispensável *negociar* com a população indígena as eventuais mudanças propostas pelo órgão indigenista. Tal negociação, para ser levada moralmente a bom termo, deveria ocorrer, portanto, no âmbito da ética discursiva. Nesse sentido, a compatibilização do modelo de etnodesenvolvimento com a ética do discurso não pode merecer dúvidas. Em um texto anterior, "Práticas interétnicas e moralidade: Por um indigenismo (auto)crítico",[5] estendi-me longamente sobre o assunto, sem, contudo, chegar a abordar as dificuldades inerentes à plena efetivação do diálogo interétnico, sem o qual – seja dito – torna-se irrealizável qualquer negociação. Uma negociação que envolva relações dialógicas simétricas, em que a questão do poder, ainda que irremovível, possa de certo modo ser neutralizada por posturas democráticas assumidas convictamente por indigenistas devotados a persuadir o índio a aceitar as eventuais mudanças a serem introduzidas. O modelo de etnodesenvolvimento parece admitir essa situação sem maiores questionamentos sobre os resultados positivos que, ao fim e ao cabo, deverão surgir. Porém, no meu modo de ver, entendo que há dificuldades intrínsecas na própria estruturação desse diálogo, mesmo que o polo dominante da relação interétnica assuma uma postura eminentemente democrática, a saber, quando os representantes da

---

4 O etnodesenvolvimento é uma alternativa ao desenvolvimentismo intervencionista e, como tal, tem sido recomendado nos foros internacionais, como o que teve lugar em San José de Costa Rica, em 1981, dele tendo se originado a chamada "Declaración de San José", que publicamos em editorial no *Anuário Antropológico/81*, p.13-20.

5 Cf. Cardoso de Oliveira; Cardoso de Oliveira, *Ensaios antropológicos sobre moral e ética*, p.33-49, livro que recebeu esse texto, ampliado, como seu Capítulo 2. Sua forma original, porém, foi publicada em Arantes; Ruben; Debert (orgs.), *Desenvolvimento e direitos humanos: A responsabilidade do antropólogo*, p.55-66.

Funai aceitem o modelo de etnodesenvolvimento como a via mais correta orientada para a indução de mudanças no mundo indígena. É claro que essa via passa pela compreensão recíproca das partes envolvidas. Quanto a isso, não parece haver dúvidas! As dúvidas que temos de examinar – volto a dizer – prendem-se à própria estrutura desse diálogo que, a rigor, ocorre entre indivíduos situados em campos semânticos distintos. A superação desse *semantic gap* é que parece se constituir no grande desafio, mesmo entre pessoas de "boa-fé" e preocupadas em chegar a um consenso.

Continuemos com o exemplo do diálogo Índios *versus* Funai. Nesse diálogo imaginário, deve haver espaço para uma sorte de *interpelação* – esse "ato de fala", como assim é definida por Henrique Dussel – de modo que as lideranças indígenas sempre possam dirigir-se ao órgão indigenista, pois, sem esse *ato*, como assegurar as condições mínimas necessárias ao cumprimento dos "requisitos de pretensão de validez" do diálogo recomendados pela ética discursiva? Entende-se com isso, e aqui permito-me transcrever um longo trecho de minha conferência,

> que qualquer interpelação dirigida pelo componente dominado da relação interétnica ao componente dominante – este branco, culturalmente europeu, ocidental – não pode cobrar do primeiro a obediência aos pré-requisitos de inteligibilidade, verdade, veracidade e retidão que se espera estejam presentes no exercício pleno da ética do discurso. A própria interpelação feita pelo índio ao branco dominador – não apenas por ser parte do segmento dominante da sociedade nacional, mas, também, como dominador da linguagem do próprio discurso – torna muitas vezes difícil a inteligibilidade da mesma interpelação e, com ela, sua natural pretensão de validade, uma vez que falta aquela condição básica para o proferimento de um ato de fala que seja "verdadeiro" – isto é, aceito como verdadeiro pelo ouvinte alienígena; que tenha "veracidade", sendo, portanto, aceito com força ilocucionária (de convicção) pelo mesmo ouvinte; e que manifeste "retidão" ou, com outras palavras, que cumpra as normas da comunidade de argumentação eticamente constituída,

normas essas estabelecidas – e institucionalizadas – nos termos da racionalidade vigente no polo dominante da relação interétnica.[6]

Essa institucionalidade dominadora tem sido, a rigor, se não a causa, pelo menos um sério fator de dominação política – e social – dos povos indígenas, incapaz de ser eludida pelo indigenismo militante – oficial ou particular –, ainda que ungido de boa-fé. E para Dussel, a única alternativa seria substituí-la por uma nova institucionalidade capaz de assegurar normatividade de uma interpelação feita pela parte dominada da relação interétnica. Diz, assim, que

a não normatividade da "interpelação" é exigida por se encontrar em um momento fundador ou originário da *nova* normatividade – a institucionalidade futura de onde o "interpelante" terá direitos vigentes que agora não tem.[7]

A importância dessa nova normatividade está precisamente no fato de, com ela, poder-se viabilizar um discurso em que nenhuma das partes, eventualmente litigantes, veja-se impedida de comunicar-se sem embrenhar-se no cipoal de uma "comunicação distorcida" – para usarmos esse utilíssimo conceito habermasiano. Há, portanto, a imperiosa necessidade de transcender o discurso hegemônico, basicamente eurocêntrico, comprometedor da dimensão ética de um discurso argumentativo que deveria fluir naturalmente no interior do diálogo interétnico.

Vários caminhos poderiam ser examinados aqui. Caminhos que nos levassem a investigar – e eventualmente propor – meios tendentes a superar esse impasse gerado pela necessidade de uma nova normatividade. No momento, prefiro escolher apenas um, sugerido, aliás, pelo temário deste seminário: o da elucidação do conceito de *tolerância* e de sua aplicabilidade no diálogo interétnico e, por via

---

6 Cardoso de Oliveira, Etnicidade, eticidade e globalização, p.11-2.
7 Cf. Dussel, La razón del otro. La "interpelación" como acto-de-habla, in *Debate en torno a la ética del discurso de Apel. Diálogo filosófico Norte-Sur desde América Latina*, Dussel (org.), p.71.

de consequência, na ética discursiva. Mas para um filósofo como Robert Paul Wolf,[8] o melhor caminho para o encaminhamento – ou solução, como prefere Wolf – do problema parece estar em seu equacionamento em termos políticos e, em certo sentido, psicológicos! Diz ele:

> Uma solução para o problema da intolerância, naturalmente, é enfraquecer os elos que ligam o indivíduo aos seus grupos étnicos, religiosos ou econômicos.[9]

E explica,

> Somos todos irmãos sob a pele, é a mensagem do humanista [...]. Mas o perigo de dissolver lealdades paroquiais é que sem elas o homem não pode viver.[10]

E dada a impossibilidade real de transformar toda uma nação em um grupo primário – o que poderia teoricamente transcender ao simples paroquiamento –, isso seria evidentemente impossível. Por isso, seria "desastroso enfraquecer os elos primários mesmo em nome da fraternidade" nacional. Diante disso, Wolf procura um caminho em direção ao "pluralismo" como condição de democratização de uma moderna sociedade industrial; portanto, parece-lhe suficiente uma solução política, na qual a tolerância, como "estado de espírito", cumpriria uma função básica, uma vez que a "tolerância é verdadeiramente a virtude de uma democracia pluralista".[11] De minha parte, entendo que o encaminhamento do problema para uma solução apenas política, ainda que importante, não é suficiente para armar-nos de um ponto de vista que, com maior profundidade, possa levar a uma reflexão preferencialmente em direção da

---
8 Cf. Wolf, Beyond tolerance, in *A critique of pure tolerance*, p.3-52.
9 Ibidem, p.7.
10 Ibidem.
11 Ibidem, p.23.

moralidade e da eticidade, em detrimento da política. Sugiro, assim, uma outra direção para o exame do problema da intolerância.

Entre as várias acepções do termo tolerância inscritas em dicionários, tomaria aquela que parece mais condizente com a problemática que estamos tratando. Quero me valer aqui do sentido *e* do termo, registrado no *Vocabulaire technique et critique de la philosophie* de André Lalande.[12] O verbete reza o seguinte: "Disposição do espírito, ou regra de conduta, consistente em deixar a cada um a liberdade de exprimir suas opiniões, mesmo que delas não participe".[13] A ideia de tolerância assim formulada expressa uma atitude que, sobre ser democrática, é profundamente moral! Tem-se aqui a virtude da tolerância que, a rigor, está longe de caracterizar o diálogo interétnico. Pode-se dizer que a etnografia, não só no Brasil, mas no mundo, registra de forma bastante eloquente dificuldades que parecem ser inerentes ao tipo de diálogo comumente observável no interior de sistemas interétnicos. Nesse sentido, não há nenhuma novidade em reconhecermos que existem dificuldades nas relações sociais que neles têm lugar; e que engendram representações preconceituosas e profundamente discriminadoras do outro – particularmente quando este outro mais se distancia dos parâmetros culturais do polo dominante da sociedade global.

Mas o que nem sempre nos chama a atenção, por carecer de espessura social empiricamente resgatável pela etnografia, é o plano da linguagem, ou melhor, do discurso enquanto modo de relacionamento intercultural. É verdade que o chamado *linguistic turn*, originário do pensamento filosófico contemporâneo, vem se introduzindo gradativamente na antropologia e, certamente, tem contribuído para trazer ao horizonte da disciplina o fenômeno do discurso e, particularmente – para os nossos interesses –, o problema do discurso interétnico. E se pudéssemos atribuir uma marca a esse discurso, diríamos que essa seria a da intolerância. E é essa intolerância que as monografias registram *ad nauseam*. Mas, sem querer

---

12 Lalande, *Vocabulaire technique et critique de la philosophie*, 5.ed.
13 Idem, p.1111.

reduzir o problema da persistência do discurso hegemônico – habitual no diálogo interétnico – à exclusividade de um fator de ordem psicológica, estou, antes, procurando situá-lo além de qualquer psicologismo, para examiná-lo em termos de uma moralidade – o do compromisso com a ideia do *bem-viver* do outro – e de uma eticidade – o do compromisso com a ideia do *dever* de negociar democraticamente a possibilidade de se chegar a um consenso com o outro. Entendo – ainda valendo-me de Lalande – que é imperioso separar da noção de tolerância qualquer sentido que a vincule a um certo sentimento de caridade diante do outro, tratado como um ser subalterno; pois tolerância deve ser compreendida como respeito, sem o qual a dignidade moral não é atingida. Nesse sentido, para Lalande – seguindo Renouvier –, "o que se chama tolerância é uma virtude da justiça, não da caridade".[14] Desfeito esse possível equívoco, podemos formular finalmente o conceito de tolerância como uma questão de direito, ademais de poder situá-lo no patamar da moralidade e da eticidade. Com isso, a rejeição ao diálogo intolerante passa a ser um *caso de justiça* e as relações interétnicas subjacentes passam a ser tratadas em um plano de lídima moralidade e não apenas como realidade política a ser administrada exclusivamente pela democratização daquelas relações. Destarte, não se trataria mais de uma concessão do polo dominante, isto é, do Estado, mas um *imperativo moral*.

Não vejo outro rumo a tomar para melhor encaminharmos o problema criado com a constatação da necessidade de se institucionalizar uma nova normatividade – como sugere Dussel – capaz de substituir o discurso hegemônico exercitado pelo polo dominante do sistema interétnico. Ao indigenista, voltado para o aperfeiçoamento de práticas interétnicas e eventualmente interessado em uma sorte de "antropologia da ação", as questões aqui desenvolvidas podem ter algum apelo, pois serão sempre capazes de conduzi-lo a repensar modalidades habituais de relacionamento, comumente fadadas ao fracasso. Quanto ao papel da antropologia,

---

14 Lalande, *Vocabulaire technique et critique de la philosophie*.

como disciplina acadêmica, entendo caber a ela procurar – mediante a elucidação do conceito de tolerância, bem como do lugar que ocupa no diálogo interétnico –, não apenas a conduzir a reflexão teórica para a dimensão empírica – etnográfica – de um certo gênero de diálogo – reflexão esta mais afeita às incursões filosóficas –, mas também contribuir indiretamente para a formulação de políticas indigenistas que sejam compatíveis com os imperativos de eticidade e de moralidade.

# BIBLIOGRAFIA CITADA

ABEL, T. The operation called Verstehen. In: TRUZZI, M. (org.). *Verstehen*: Subjective Understanding in the Social Sciences. Boston: Addison-Wesley, 1974.
AGUIRRE BAZTÁN, A. (org.). *Historia de la antropología española*. Barcelona: Boixareu Universitaria, 1992.
AGUIRRE BELTRÁN, G. *Regiones de refugio*. México: Instituto Indigenista Interamericano, 1967.
_____. *El pensar y el quehacer antropológico en México*. Puebla: Universidad Autónoma de Puebla, 1994.
APEL, K.-O. La comunidad de comunicación como presupuesto transcendental de las ciencias sociales. In: *La transformación de la filosofía*, tomo II. Madri: Tauros, 1985.
ARANTES, A. A.; RUBEN G. R.; DEBERT G. G. (Orgs.). *Desenvolvimento e direitos humanos*: A responsabilidade do antropólogo. Campinas: Ed. Unicamp, 1992.
ARIZPE, L.; SERRANO C. (orgs.). *Balance de la antropología en América Latina y el Caribe*. México: Unam, 1993.
AROCHA, J.; FRIEDEMANN N. S. de (orgs.). *Un siglo de investigación social*: Antropología en Colombia. Bogotá: Etno, 1984.
AZZAN JR., C. *Antropologia e interpretação*: Explicação e compreensão nas antropologias de Lévi-Strauss e Geertz. Campinas, Ed. Unicamp, 1993.
BALANDIER, G. *Sociologie actuelle de l'Afrique Noire*. Paris: PUF, 1955.
BARNES, B. *T S. Kahn and Social Sciences*. Nova York: Columbia University Press, 1982.

BARTH, F. *Ethnic Groups and Boundaries*. Oslo: Universitets Forlaget, 1970.
BARTOLOMÉ, M. A.; BARRABAS A. M. *La resistencia Maya*: Relaciones inter-étnicas en el oriente de la Península de Yucatán. México: INAH/SEP, Colección Científica, Etnología, 1977.
BONFIL BATALLA, G. ¿Problemas Conjugales?: Una hipótese sobre las relaciones del Estado y la antropología social en México. In: ZARUR, G. C. L. (org.) *A antropologia na América Latina*. México: Instituto Panamericano de Geografía e Historia, 1990.
_____. La teoría del control cultural en el estudio de procesos étnicos. *Anuário Antropológico-86*, 1988.
BRÉHIER, É. *Historia de la filosofía*, tomo II. Buenos Aires: Editorial Sudamericana, 1948.
BUCHLER, I. R.; SELBY H. A. *Kinship and Social Organization*: An introduction to theory and method. Nova York: The Macmillans, 1968.
CALDEIRA, T. A presença do autor e a pós-modernidade da antropologia. *Novos Estudos*, Cebrap, n.21, 1988.
CALVO, L. El *"Arxiu d'Etnografia i Folklore de Catalunya" y la antropología catalana*. Barcelona: Consejo Superior de Investigaciones Científicas, 1991.
_____. L'Arxiu d'Etnografia i Folklore de Catalunya. El projecte noucentista de renovació i institucionalització de Etnografia Catalana. In: CAIO L. (org.). *El "Arxiu d'Etnografia i Folklore de Catalunya" y la antropología catalana*. Barcelona: Consejo Superior de Investigaciones Científicas, 1991.
_____. *Tomàs Carreras i Artau o el tremp de l'etnologia catalana*. Barcelona: Publicacions de l'Abadia de Montserrat, 1994.
CALVO, L. (org.). *Aportacions a la història de l'antropologia catalana i hispànica*. Barcelona: Departament de Cultura/Generalitat de Catalunya, 1993.
CARDOSO DE OLIVEIRA, R. Estudo de áreas de fricção interétnica do Brasil. *América Latina*, ano V, n.3, 1962.
_____. *O índio e o mundo dos brancos*. São Paulo: Difusão Europeia do Livro, 1964.
_____. A noção de "colonialismo interno" na etnologia. *Tempo Brasileiro*, ano 4, n.8, 1966.
_____. *Identidade, etnia e estrutura social*. São Paulo: Livraria Pioneira Editora, 1976.
_____. *Enigmas e soluções*: Exercícios de etnologia e crítica. Rio de Janeiro: Tempo Brasileiro, 1983.
_____. O que é isso que chamamos de Antropologia Brasileira? In: *Anuário Antropológico-85*, 1986.
_____. *Sobre o pensamento antropológico*. Rio de Janeiro: Tempo Brasileiro, 1988.

CARDOSO DE OLIVEIRA, R. *A crise do indigenismo*. Campinas: Ed. Unicamp, 1988.

_____. Identidade e diferença entre antropologias periféricas. In: ZARUR, G. C. L. (org.). *A antropologia na América Latina*. México: Instituto Panamericano de Geografía e Historia, 1990.

_____. *Etnicidad y estructura social*. México: Ed. de la Casa Chata, CIESAS/ SEP, 1992.

_____. Indigenismo e moralidade. *Tempo Brasileiro* (Reflexão e Participação/30 Anos), 111, 1992.

_____. O movimento dos conceitos na antropologia. *Revista de Antropologia*, v.36, 1993.

_____. Etnicidade como fator de estilo. *Cadernos de História e Filosofia da Ciência*, Campinas, CLE/Unicamp, Série 3, v.5, número Especial, 1995.

_____. Identidade catalã e ideologia étnica. *Mana: Estudos de Antropologia Social*, v.1, n.1, 1995.

_____. *Razão e afetividade*: O pensamento de L. Lévy-Bruh. 2.ed. Brasília: Paralelo 15/EdUnB, 2002 [1.ed. 1991].

CARDOSO DE OLIVEIRA, R.; RUBEN G. R. (orgs.). *Estilos de antropologia*. Campinas: Ed. Unicamp, 1995.

CARDOSO DE OLIVEIRA, R.; CARDOSO DE OLIVEIRA, L. R. *Ensaios antropológicos sobre moral e ética*. Rio de Janeiro: Edições Tempo Brasileiro, 1996.

CARRERAS I ARTAU, T. Una excursió de psicología y etnografia hispanes. Joaquim Costa. In: *Discursos llegits en la "Real Academia de Buenas Leras" de Barcelona*. Barcelona: Imprenta de la Casa Provincial de Caritat, 1918.

_____. *Arxiu d'Etnografa i Folklore — Manual pera recerques d'etnografia de Catalunya*. Barcelona: Universitat de Barcelona, 1921.

_____. Problemas actuales de la Psicología colectiva y étnica y su trascendencia filosófica. In: Congreso de Barcelona, Asociación Española para el Progreso de las Ciencias, 1929.

_____. *Introducció a la història del pensament filosofic a Catalunya*. Barcelona: Libraria Catalonia, 1931.

CATULLO, M. R. et al. *Procesos de contacto interétnico*. Buenos Aires: Ediciones Bermejo/Conicet, 1987.

CLIFFORD, J.; MARCUS, G. E. (orgs.). *Writing Culture*: The poetics and politics of ethnography. Berkley/Los Angeles: University of California Press, 1986.

COHEN, A. *Urban Ethnicity*. ASA Monographies / 12, Londres, Tavistock Publications, 1974.

CORRÊA, M. *História da antropologia no Brasil (1930-1960)* – *Testemunhos*: Emílio Willens, Donald Pierson. Campinas: Ed. Unicamp, 1987.

CRAPANZANO, V. On the writing of ethnography. *Dialectical Anthropology*, n.2, 1977.

DA MATTA, R. *Relativizando*: Uma introdução à antropologia social. Petrópolis: Vozes, 1981.

DASCAL, M. (org.). *Cultural Relativism and Philosophy*: North and Latin American perspectives. Leiden: E. J. Brill, 1991.

DUMONT, L. *Introduction à deux tchéories d'anthropologie sociale*. Paris: EPHE/Mouth, 1971.

_____. La valeur chez les modernes et chez les autres. In: *Essais sur l'individualisme*: Une perspective anthropologique sur l'idéologie modere. Paris, Seuil, 1983.

DURKHEIM, É. *Les regles de la méthode sociologique*. Paris: PUF, 1949.

DUSSEL, E. La razoo dei Otro. La "interpelación" como acto-de-habla. In: DUSSEL, E. (org.). *Debate en torno a la ética del discurso de Apel. Dialogo filosófico Norte-Sur desde América Latina*. México: Siglo Veintiuno, 1994.

DUSSEL, E. (org.). *Debate en torno a la ética del discurso de Apel. Dialogo filosófico Norte-Sur desde América Latina*. México: Siglo Veintiuno, 1994.

FAUSTO, C. A antropologia xamanística de Michael Taussig e as desventuras da etnografia. In: *Anuário Antropológico-86*, 1988.

FERRATER MORA, J. *Les formes de la vida catalana i altres assaigs*. Barcelona: Edicions 62, 1986.

FORTES, M. Analysis and Description in Social Anthropology. In: *The Advancement of Science*, v.X, 1953.

GADAMER, H. G. *Truth and Method*. Nova York: Crossroad, 1982 [1.ed. alemã, 1960].

GAY, P. *O estilo na história*. São Paulo: Cia. das Letras, 1990.

GEERTZ, C. *Local knowledge*: Further essays in interpretive anthropology. Nova York: Basic Books, 1983.

_____. *Works and Lives*: The anthropologist as author. Stanford: Stanford University Press, 1988.

_____. Anti anti-relativismo. *Revista Brasileira de Ciências Sociais*, v.3, n.8, 1988.

_____. *Negara*: O Estado teatro do século XIX. Lisboa: Difusão Editorial, 1991.

GIDDENS, A. *New Rules of Sociological Method*. Londres: Hutchinson, 1976.

_____. Hermeneutics and social theory. In: SCHAPIRO, G.; SICA A. (orgs.). *Hermeneutics*: Questions and prospects. Amherst: The University of Massachusetts Press, 1984.

GONZALES ECHEVARRÍA, A. *La construcción teórica en antropología.* Barcelona: Anthropos, 1987.

GRACIA, J. J. E.; JAKSIC I. (Org.). *Filosofía e identidad cultural en América Latina.* Caracas: Monte Avila Editores, 1983.

GRANGER, G.-G. *Essa d'une philosophie du style.* Paris: Armand Colin, 1968.

HABERMAS, J. *Dialética e hermenêutica:* Para a crítica da hermenêutica de Gadamer. Porto Alegre: L&PM, 1987.

HILL, R. Indians and Museums: A plea for cooperation. *History Nes,* v.34, n.7, 1979.

HIRSCH JR., E. D. *Validity in Interpretation.* Michigan: Yale University Press, 1967.

HOLLIS, M.; LUKEs S. (Orgs.). *Rationality and relativism.* Cambridge: MIT Press, 1982.

HOWARD, R. J. *Three Faces of Hermeneutics:* An introduction to current theories of understanding. Berkley/Los Angeles: University of California Press, 1982.

Instituto Indigenista Interamericano. Política indigenista (1991-1995). In: *América Indígena,* v.L, 1990.

JANOSKA-BENDL, J. *Max Weber la sociología de la historia:* Aspectos metodológicos del tipo ideal. Buenos Aires: Editorial Sur, 1972.

JIMENO, M. *Antropología en Latinoamérica.* Bogotá: Universidad Nacional de Colombia, 1996.

KROTZ, E. Antropología y antropólogos en México: Elementos de balance para construir perspectivas. In: ARIZPE, L.; SERRANO, C. (orgs.). *Balance de la antropología en América Latina y el Caribe.* México: Unam, 1993.

_____. La generación de teoría antropológica en América Latina: Silenciamientos, tensiones intrínsecas y puntos de partida. *Maguare,* n.11-12, 1996.

_____. (org.). *El concepto "crisis" en la historiografía de las ciencias antropológicas.* Guadalajara: Editorial Universidad de Guadalajara, 1982.

_____. Aspectos de las antropologías en América Latina. *Atividades,* ano 3, n.6, 1993.

KUHN, T. *The Structure of Scientific Revolutions.* 2.ed. Chicago: The University of Chicago Press, 1970.

LA GARZA, M. DE. Time and World in Mayan and Nahuatl Thought. In: DASCAL, M. (org.). *Cultural Relativism and Philosophy:* North and Latin American perspectives. Leiden, EJ Brill, 1991.

LAKATOS, I.; MUSGRAVE A. (orgs.). *Criticism and Growth of Knowledge.* Londres: Cambridge University Press, 1970.

LALANDE, A. *Vocabulaire technique et critique de la philosophie*. Paris: PUF, 1947.

LÉVI-STRAUSS, C. *Les structures élémentaires de la parenté*. Paris: PUF, 1949.

_____. A crise moderna da antropologia. *Revista de Antropologia*, v.10, n.1-2, 1962.

_____. *Regarder, écouter, lire*. Paris: Plon, 1993.

LLOBERA J. R. *Historia i Antropología*: a la memoria D'Angel Plerm. (A cura de Neus Escandell i d1gnasi Terradas). Barcelona: Publicacions de l'Abadía de Montserrat, 1984.

LYOTARD, J.-F. *La condition postmoderne*. Paris: Minuit, 1979.

MARCUS, G. E.; CUSHMAN D. Ethnographies as textes. *Anual Revue of Anthropology*, n.11, 1982.

MARCUSE, H. Repressive tolerance. In: WOLF, R. P; MOORE JR., B.; MARCUSE, H. *A Critique of Pure Tolerance*. Boston: Beacon Press, 1969.

MARTIN, M. Understanding and participant observation in cultural and social anthropology. In: THRUZZI, M. (org.). *Verstechen*: Subjective Understanding in the Social Sciences. Massachusetts: Addison-Wesley, 1974.

MARZAL, M. *Historia de la antropología indigenista*: México y Perú. Lima, Fondo Editorial de la Pontificia Universidad Católica del Perú, 1981 [2. ed. 1986]

MERLEAU-PONTY, M. De Mauss à Claude Lévi-Strauss. In: *Signes*. Gallimard, 1960.

MORAES, R. B. de; BERRIEN W. (orgs.). *Manual bibliográfico de estudos brasileiros*. Rio de Janeiro: Gráfica Editora Souza, 1949.

MORENO YÁNEZ, S. (org.). *Antropología del Ecuador*. Quito: Ediciones Abya-Yala, 1989.

_____. *Antropología ecuatoriana*: Pasado y presente. Quito: Ediguias, 1992.

PEIRANO, M. The Anthropology of Anthropology: The Brazilian case (Série Antropologia nº 110). Brasília: Universidade de Brasília, 1991.

_____. *Uma antropologia, no plural*. Brasília: EdUnB, 1991.

PRAT, J. et al. (orgs.). *Antropología de los pueblos de España*. Madri: Taurus Universitaria, 1991.

PRAT DE LA RIBA, E.; MUNTANYOLA P. *Compendi de la doctrina catalanista*. Barcelona: Sabadell, 1894.

RADCLIFFE-BROWN, Religião e sociedade. In: *Estrutura e função na sociedade primitiva*. Petrópolis: Vozes, 1973.

RAMIREZ, M. T. Ética de la comunicación intercomunitaria. In: DUSSEL, E. (org.). *Debate en torno a la ética del discurso de Apel. Dialogo filosófico Norte-Sur desde América Latina*. México: Siglo Veintiuno, 1994.

RAMOS, A. R. *Memórias Sanumá*: Espaço e tempo em uma sociedade yanomami. São Paulo/Brasília: Marco Zero/EdUnB, 1990.

REDFIELD, R. *Peasant Society and Culture*. Chicago: University of Chicago Press, 1956.

REYNA, S. P. Literary anthropology and the case against science. *Man The Journal of the Royal Anthropological Institute*. v.29, n.3, 1994.

RICOEUR, P. *Du text à l'action*. Paris: Seuil, 1986.

_____. *Teoria da interpretação*: O discurso e o excesso de significação. Lisboa: Edições 70, 1987.

SCHAPIRO, G.; SICA A. (Orgs.). *Hermeneutics*: Questions and prospects. Amherst: The University of Massachusetts Press, 1984.

STAVENHAGEN, R. Etnodesenvolvimento: Uma dimensão ignorada no pensamento desenvolvimentista. In: *Anuário Antropológico-84*, 1985.

STOCKING JR., G. W Anthropology in Crisis? A view from between generations. In: *Crisis in Anthropology*: View from Spring Hill, 1980; Garland Publish. Inc., 1982.

The Royal Anthropological Institution, Notes and queries on anthropology. Londres, Routledge and Kegan Paul Ltda., 1951 [1.ed. 1874].

TRAJANO FILHO, W. Que Barulho é esse, o dos pós-modernos. In: *Anuário Antropológico-86*, 1988.

TRUZZI, M. (Org.). *Verstehen*: Subjective Understanding in the Social Sciences. Massachusetts: Addison-Wesley, 1974.

TUGENDHAT, E. *Problemas de la ética*. Barcelona: Editorial Crítica, 1988.

TURNER, V. *Schism and Continuity in an African Society*. Manchester: Manchester University Press for the Rhodes-Livingstone Institute, 1957.

WARNKE, G. *Gadamer*: Hermeneutics, tradition and reason. Cambridge: Polity Press, 1987.

WILSON, B. R. (Org.). *Rationality*. Oxford: Blackwell, 1970.

ZARUR, G. C. L. (Org.). *A antropologia na América Latina*. México: Instituto Panamericano de Geografía e Historia, 1990.

# Índice Analítico

**A**

aculturação 25, 54
ambientes socioculturais 138
antropologia 12-3, 15-6, 22, 26, 31, 33, 35n, 36-40, 43-7, 49-50, 52-3, 57, 59-60, 61-73, 76-8, 80-2, 98-9, 100, 104-6, 107-8, 113, 117n, 118, 124-42, 144-52, 153-60, 162-4, 168-9, 172-3, 175-7, 179-83, 185, 187-8, 193-8, 203, 209, 217, 219, 225-6
antropologias centrais 14-5, 45, 53, 58-9, 123, 127, 130-1, 133, 136n, 187
antropologia cultural 11, 33, 68, 143, 155, 183n
antropologia interpretativa 37, 75n, 105, 107, 130
antropologias metropolitanas 135, 140, 185
antropologia moderna sociocultural 47, 52, 58, 68, 124, 150, 173-4, 182, 196
antropologias periféricas 14-5, 44n, 45-6, 53, 59, 64, 123-5, 127-9, 131, 134, 136n, 138-40, 142, 162-3, 175, 185, 187
antropologia pós-moderna 33, 35, 107, 117n, 130
antropologia social 11, 32n, 38, 68, 72, 85, 95, 97-8, 116n, 143, 146, 149, 155, 157
antropologia sociocultural 149, 169
conceito de antropologia 44
crise da antropologia 73, 78
crise na historiografia das ciências antropológicas 65
crise moderna da antropologia 63-5, 66n
discurso da antropologia 138
estilos nacionais de antropologia 14, 59, 128, 130-7, 139-40, 142, 148, 150-1, 160n, 172, 175-6
história da antropologia 68, 130
história moderna da antropologia 164
institucionalização da antropologia 149
linguagem da antropologia 131

modo tradicional de se fazer antropologia 33
singularidade da antropologia 44, 124, 129-30, 154-5
teoria geral da antropologia latino-americana 137
universalidade da antropologia 59
antropólogo 11-3, 16, 20, 23, 27, 30, 36-8, 40, 46, 48-52, 60, 61, 64, 69, 77-80, 100, 114, 119, 135, 144, 146, 149-50, 159, 181, 183, 190, 197, 210, 212, 219
comunidade de antropólogos 63, 105, 118, 133, 148, 152
comunidade mexicana de antropólogos 66
argumentação 31, 56, 73, 78, 94n, 101, 103, 133, 159, 175, 188n, 194, 198, 200-1, 203, 205, 212, 215, 219-20, 222
argumentação racional 204, 219
argumentação intercultural 209

B
bem-viver 16, 195, 208, 214, 226
*Bildung* 57n, 150

C
Catalunha 15, 128, 134-5, 162-4, 166, 168, 171-3, 175-7
cultura catalã 166
direitos catalães 162
etnologia catalã 170, 173n, 177
etnografia catalã 164n, 169, 173n, 174, 177
história da consciência moral e jurídica da Catalunha 164
história das ideias catalãs 168
ideologia da catalanidade 15, 160, 166-7, 169, 172, 176-7

movimento renascentista catalão 165
pensamento catalão 169
persona catalã 167
psicologia do povo catalão 169-70, 177
*Renaixença* 165, 174
ciência 11, 23, 47, 61n, 62, 65, 68, 73, 76, 79-81, 83, 88, 90-4, 97-9, 101, 104-5, 108, 118n, 124-5, 129, 133, 135, 143, 150, 164, 171, 193, 207, 217n, 218n,
história da ciência 62, 96n, 97, 124-5, 156
história das ciências paradigmáticas 62
história das ciências sociais 97
objeto de ciência 91
objeto de saber científico 88
período de emergência da disciplina 15, 45, 172, 176
ciência política 144, 149
ciências sociais 11-3, 21-3, 31, 37-9, 41, 50n, 53, 56n, 62 , 67, 70, 72, 79-80, 86, 92-3, 97-8, 101, 104-5, 107, 141, 145, 147, 149
explicação das ciências sociais 79
interpretação nas ciências sociais 79, 107
cognição 13, 22-3, 28-30, 38, 41, 77, 79, 96-8, 103-4, 109, 116-7, 131, 180, 182, 194
objeto cognoscível 74, 77, 87, 95
sujeito cognoscente 74, 77, 84, 87, 95, 102
sujeito cognoscitivo 46, 49
valor cognitivo 103
colonialismo 47-8, 53, 59, 125, 198
colonialismo interno 47-8, 53, 59, 198

conceito de colonialismo 47-8, 59
etnias colonizadas 48
situação colonial 48, 54
comensurabilidade 16, 188-9, 196-7, 202, 218
compreensão 13, 27, 29, 40, 59, 74, 78-81, 93-9, 103-5, 109, 113-9, 129, 131, 157, 163, 182, 202, 218, 222
interpretação compreensiva 103, 109, 113-5, 133, 181-2
interpretação explicativa 14, 103, 109, 113-4, 182$n$
método compreensivo 81, 99
pré-compreensão 96
comunidade 27, 56, 67, 102, 114$n$, 139, 148-50, 159, 188-9, 199, 215, 220
comunidade científica 57, 220
comunidade de antropólogos 63, 105, 118, 133, 148, 152
comunidade de argumentação 56, 159, 201, 205, 209, 219-20, 222
comunidade de comunicação 31, 56, 103, 159, 201-2, 204-5, 209, 219-20
comunidades culturalmente distintas 202
comunidade de pares 32, 50, 102
comunidade de profissionais 13, 21, 31-3, 37, 44, 53, 62, 64, 101-2, 109, 123-4, 126-7, 131, 136, 140, 152, 155, 159
comunidade intercultural 189-90, 205-6
comunidade internacional de profissionais da antropologia 155
comunidade mexicana de antropólogos 66

conceito 13, 32, 43-4, 47-9, 53-5, 57-8, 84, 86, 89, 91, 102, 130, 150-1, 156, 183$n$, 188$n$
conceito apeliano 219-20
conceito complementar
conceito de antropologia 44
conceito de colonialismo 48, 53, 59
conceito de crise 61, 65
conceito de crise e de paradigma kuhniano 62, 156
conceito de estilo 129
conceito de etnicidade 161
conceito de etnodesenvolvimento 55-6, 59
conceito de fricção interétnica 53-4, 59
conceito de "fusão de horizontes" 199
conceito habermasiano 223
conceito heurístico 58
conceito de humanidade 89, 91
conceito de interpretação 109
conceito de matriz disciplinar 99$n$, 156
conceito metropolitano 49
conceitos operacionais 130
conceito de paradigma 62, 71
conceito de periferia 127
conceito de prejuízo 96
conceito de seny 167
conceito de tolerância 223, 226-7
megaconceito do paradigma estrutural funcionalista 58$n$, 150
personagem conceitual 51
relativismo conceitual 188$n$
conhecimento 11-3, 22-3, 26, 29-31, 38, 41, 54$n$, 64, 75, 77, 85, 92-8, 100-1, 104, 117, 133, 169, 171-2, 181, 194, 196, 219-20

conhecimento antropológico 11-2, 39, 117, 153
conhecimento científico 11, 86, 89, 97, 169, 188
conhecimento dito científico 98
conhecimento interpretativo 104, 133
conhecimento objetivo 87
conhecimento proposicional 29, 93, 114n, 188
conjectura 102-3
crise 13-4, 61-2, 64-70, 79
crise da antropologia 64-9, 73, 78
crise de paradigmas 62
crise disciplinar 67
crise do indigenismo oficial 51
crise dos modelos 13, 28n, 61, 98
crise epistêmica 14, 62
crises institucionais 68, 82
crise metadisciplinar 67
crise moderna da antropologia 63
conceito de crise 61, 65
conceito de crise e de paradigma kuhniano 62
percepção da crise da disciplina 66
crítica
crítica das ideologias 79-80, 202
cultura 16, 31, 34-5, 40, 46, 57, 66, 70, 72, 78, 100, 110, 119, 125, 130, 134-5, 148-50, 156-7, 160, 162-3, 173-4, 179-80, 183, 185-7, 193-4, 195-7, 200, 203, 211
cultura antropológica 32, 46, 179, 196-7
cultura artificial 46
cultura catalã 162, 165-6, 177
cultura científica 78
culturas exóticas 181
cultura indígena 25, 60, 110, 184-5, 206-8
cultura nativa 32
cultura norte-americana 186
cultura ocidental 186
cultura do outro 40, 190
cultura tribal 200
culturalmente europeu 126, 204, 222
caldo de cultura 160, 218
categorias culturais 95
comunidades culturais 189-90, 206
comunidades culturalmente distintas 188, 197, 202, 218-9
diferenças culturais entre sociedades isoladas 163
distância cultural 204, 208
diversidade cultural 141, 211
grupos culturais 154, 203, 220
idiomas culturais 27, 45
incompatibilidades culturais 199
influência cultural 186
intervenção cultural 198
linguagem cultural 196
outras culturas 181-2, 190
parâmetros culturais 225
processo de endoculturação 95
raízes culturais 184
relacionamento intercultural 45, 201-2, 209, 225
relativismo cultural 179, 187, 190
sistemas culturais 71, 179, 190
subcultura ocidental 45, 126
tradições culturais 55, 212
culturalismo 72, 148-50, 174, 187
culturalismo tradicional 150
paradigma culturalista 72, 99n, 130, 150, 156-8

D
descrição 32, 88, 94, 108-9, 111, 115

desenvolvimento 30, 35n, 40, 45, 50, 55-6, 64, 76, 90-1, 92n, 107, 124, 126, 128-9, 133, 138, 141-2, 162, 166, 169, 212, 221
dever 16, 175, 195, 220, 226
diacronia 157
dialética 11, 81, 99, 117n, 118, 202n
  mediação dialética 79
  relação dialética 13, 31-2, 80, 109
dialeto 155, 159
diálogo 16, 28, 29, 35n, 56, 77, 105, 124, 133, 136, 140, 159, 188-9, 199, 204-5, 208-9, 217, 219, 221-3, 225-7
  diálogo horizontal 133, 135
  diálogo interpares 105
  diálogo planetário 155
  comunicação intercultural 16, 201-2, 208, 221-3, 225-6
diferença
  identidade e diferença 44n, 125
difusionismo
disciplinas socioculturais
discurso 16, 23, 29-32, 36, 75, 78, 100, 131, 138, 160, 199, 204-5, 208, 210, 219, 222-3, 225
  análise do discurso 139
  discurso argumentativo 206, 223
  discurso científico 114
  discurso durkheimiano 90
  discurso escrito 100
  discurso folclórico 174
  discurso hegemônico 205, 223, 226
  discurso do nativo 29
  discurso naturalizante 86
  discurso ocidental 200-1
  discurso próprio da disciplina 32, 36, 40, 78, 109
  ética do discurso 201-2, 204, 221

dominação 49, 163, 165, 197-8, 200, 202, 209
  dominação política 48, 223

E
economia 34, 111
  economia consuetudinária 164
empírico 80, 104-5, 131, 157, 160, 181, 201, 219-20, 225, 227
  instância empírica 69, 71, 132, 219
  investigação empírica 22-3, 30, 58, 181
  observação empírica 182
  objeto empiricamente observável 64
  objeto empírico de estudo 175
  paradigmas empiristas 90, 157
  pensamento empirista 84, 90, 157
  pesquisa empírica 21, 37, 41
  tradição empirista 72, 159
ensaísmo
  tradição ensaísta brasileira 137
entendimento 22, 27, 97, 106, 167, 213
  categorias do entendimento 58, 85
entrevista 26-8, 74, 77, 181
  entrevistado 28, 36
  entrevistador 28
epistemologia 11-2, 14, 22, 28, 32, 36, 64, 67-8, 77-8, 81, 90, 93, 99, 104, 118, 120, 125-6, 129, 135, 175-6, 183, 197
  epistemologia clássica
*episteme* 81
*episteme* naturalista 73
  compromisso epistemológico 140
  crise epistêmica 62
  diálogo teórico e epistemológico 124

estatuto epistemológico 46
fidelidade epistemológica 159
investigação epistemológica 71, 101
mensagem epistemológica 176
orientação epistemológica 194
relativismo epistemológico 190
sujeito epistêmico 49-50
Escola Britânica de Antropologia Social 72, 157
Escola Francesa de Sociologia 72, 157
Escola Histórico-Cultural Norte-Americana 72, 157
Escola Livre de Sociologia e Política 144, 149
estética 22
estética lévi-straussiana 22
estilística 15-6, 45, 59, 124, 130, 132, 134, 137-9, 159-60, 175-6, 185-6
estilo 15, 24, 43, 59, 64, 129-32, 137, 153, 159-60, 171-2, 175-6, 186-7
  estilos de antropologia 14, 128, 130-1, 137, 172
  estilo brasileiro 137
  estilo catalão 176
  estilo latino-americano 186
  estilos marcantes da antropologia 60
  estilos nacionais de antropologia 133
  conceito de estilo 129
estrutura 25, 34, 57, 62, 72, 81, 86, 88, 115n, 116, 129-30, 150-1, 155, 176, 209, 222
  estrutura de ação 116
  estrutura no âmbito de tradições linguísticas 150
  estrutura da disciplina 176
  estrutura de ensino e pesquisa 142

estrutura matricial 135
estrutura da matriz disciplinar 148, 176
estrutura da organização do trabalho científico 68
estrutura de pensamento 116
estrutura social 87
estrutural-funcionalismo 72
estrutural-funcionalismo britânico 57n, 108, 151, 159
megaconceito do paradigma estrutural-funcionalista 150-1
paradigma estrutural-funcionalista 72, 99n, 130, 156-7
estruturalismo 36, 57n, 70, 158, 174
estruturalismo lévi-straussiano 36, 119, 130, 137, 151, 159
estruturalista 148-9, 181, 188n
estudo
  objeto de estudo 63, 91
ética 49, 56, 60, 79, 194-5, 199-200, 218, 220
ética apeliana 202-4, 209
ética discursiva 16, 195, 198-9, 202-4, 208, 215, 218-9, 221-2, 224
ética do discurso 16, 201-2, 204, 206, 221-3
ética planetária 193, 200-1, 210, 212, 218
macroética 200
mesoética 200
microética 200
teoria da ética discursiva 16, 219
eticidade 11, 16, 39n, 56, 193-5, 198, 209, 212, 217, 223n, 225-7
etnia 48-9, 153-4, 162-3, 212, 220
  etnias colonizadas 48
  etnia dominante 49, 204

etnias imigrantes 161
etnias indígenas 53-4, 63, 211
identidade étnica 54n, 160-1, 211-2
ideologia étnica 132n, 134, 160n, 161n
singularidade étnica 214
etnicidade 15-6, 134, 137n, 153-5, 161, 163, 172, 174, 176, 193, 203, 209, 214, 217, 223n
etnicidade catalã 161
etnoclassificações 119
percepção da etnicidade 214
etnização 15, 134-5, 154, 162, 171, 177
etno-história 183-5
etnocentrismo 39
antietnocentrismo 46
etnodesenvolvimento 52-3, 55-7, 59, 221-2
   conceito de etnodesenvolvimento 55-6
   modelo de etnodesenvolvimento 221-2
etnografia 29, 31, 34, 35n, 36, 39, 48, 76, 181, 225
   etnografia catalã 47n, 164-5, 166n, 167n, 169-70, 173-4, 177
   etnografia indígena 132
   etnografia tradicional 115, 119
   cenário etnográfico 36
   dados etnográficos 35
   encontro etnográfico 35n, 74, 77
   investigação etnográfica 32n, 36, 189
   material etnográfico 40
   pesquisa etnográfica 37, 67
   prática etnográfica 109
   observações etnográficas 74
olhar etnográfico 24, 26, 142
texto etnográfico 33-4, 37
etnologia 48n, 51-2, 63, 170, 177
etnologia boasiana 158
etnologia brasileira 100
etnologia catalã 162n, 171n, 172n, 173n
etnologia indígena 67, 76, 149
investigação etnológica 40
literatura etnológica 24, 28, 70
monografia etnológica 71, 100
período "heroico" da etnologia 148
pesquisa etnológica 189
tradição de estudos etnológicos 148
*ethnoscience* 118, 174
evolucionismo 174
experimental
   monografias experimentais 35
explicação 13, 59, 74, 78-81, 92-4, 99, 104-5, 109-10, 113-4, 116-8, 131, 133, 157, 182, 184
explicação analítica 132
explicação nomológica 78, 105, 182
interpretação explicativa 14, 103, 109, 113-4, 182n
método explicativo 81, 99
modelo explicativo 61

F
fala
   ato de fala 204-5, 222
   linguagem falada 155
fenômenos socioculturais 30, 113, 153
*fieldwork* 30, 33, 75, 181, 190
filologia tradicional 116
filosofia 11, 15, 31, 36, 77, 97, 117n, 136n, 165-6, 180, 186-7, 190, 195, 219

filosofia abstrata 89
filosofia nas Américas 188
filosofia apeliana 219
filosofias centrais 182
filosofia clássica 130
filosofo escocesa 167
filosofia nos Estados Unidos 185
filosofias ditas exóticas 182
filosofia latino-americana 186n, 187, 201
filosofia da libertação 201
filosofia medieval 130
filosofia ocidental 182, 184-5
filosofias periféricas 15, 179
Filosofia do Senso Comum 166-9
filosofia do Seny 168
paradigma filosófico 130
pensamento filosófico 85n, 168, 184, 225
pensamento filosófico contemporâneo 225
tradição da filosofia ocidental 184
folclore 47, 162-5, 166n, 167n, 168, 171, 173n, 177
folclore catalão 162
discurso folclórico 174
folclorista 165, 170
folcloristas científicos 170
fricção 208, 209n
   fricção interétnica 52-4, 59, 201, 208, 209n
   conceito de fricção interétnica 53-4, 59
funcionalismo 174
   funcionalistas norte-americanos 54
   métodos funcionais 81
   teorias funcionalistas 54
"fusão de horizontes" 29, 78, 199, 202-3, 218-9

G
*Geisteswissenschaft* 92
Globalização 16, 193-4, 210-1, 213, 217, 223n
Gramaticalidade 57, 111, 129
*greffe* 74, 99

H
hermenêutica 33, 40, 73-6, 78-80, 95-9, 103-5, 109n, 113, 115n, 116n, 117, 118n, 119-20, 140, 199, 218
   hermenêutica gadameriana 78, 97, 202-3, 218
   hermenêutica geertziana 174
   hermenêutica moderna 117
   hermenêutica de Paul Ricoeur 132
   hermenêutica ontológica 78
   hermenêutica tradicional 117
   abordagem hermenêutica 113. 115n
   ciências hermenêuticas do espírito 80
   ciências histórico-hermenêuticas 79
   círculo hermenêutico 11, 102
   experiência hermenêutica 95
   filosofia hermenêutica 77
   paradigma hermenêutico 35, 37, 57, 72-3, 78, 80, 117n, 119n, 130, 156-7
   pensamento hermenêutico 76, 95, 98
   teoria da experiência hermenêutica 95
   teoria hermenêutica 199
heurístico 58
   conceito heurístico 58
hipótese 29, 63, 103n, 114

hipótese de trabalho 137
construção de hipótese 29
formular hipótese 94, 114n
gerar hipótese 29, 103
testar hipótese 97, 114
história 62, 76, 96-7, 104, 124-5, 135, 141, 156
história da disciplina 46-7, 50, 67-8, 118, 120, 125, 130, 180, 182
história da humanidade 206
história das relações entre a Europa e a América Latina 47
história ocidental 203
história do pensamento ocidental 157
história de seu próprio grupo étnico 206
ciências histórico-hermenêuticas 79
tradição histórica 203, 218
historicidade 58, 74, 76
historicismo 174
historicismo de origem diltheyana 76
paradigmas históricos 158
humanidade 88n, 89, 91, 200n, 206, 209
conceito de humanidade 89, 91

I
ideia-valor 38-9
identidade 43, 44n, 54n, 63, 153, 160-1, 165, 211-2
identidade castelhana 160-1
identidade catalã 132n, 160, 165-6, 177
identidade contrastante 161
identidade e diferença 44n, 125
ideologia 15, 39n, 120, 132n, 134, 160, 161n, 166-7, 169, 176, 177n, 194

ideologia política 219
crítica das ideologias 79-80, 202
indigenismo como ideologia 49-52
idioleto 155, 159
indígena 23-6, 44n, 50-2, 60, 67, 110, 113, 132, 148, 171, 184, 199-200, 203, 206-8, 210-4, 221-3
cultura indígena 60, 184-5, 206-7
discurso indígena 204
etnias indígenas 53-4, 63, 211
etnografia indígena 132
etnologia indígena 67, 76, 149
objetos indígenas 206-7
pensamento indígena 184
política indígena 52
religião indígena 208
indigenismo 50-2, 221
indigenismo como ideologia 50
indigenismo latino-americano 50, 198
indigenismo militante 223
indigenismo oficial 51-2
indigenismo teórico e prático 51
crise do indigenismo oficial 51
discurso indigenista 210
índios *versus* Funai 222
política indigenista 52
infanticídio 198, 200, 210
institucionalização 149, 205
instituição 9, 12, 30, 66, 89, 142-5, 164, 195, 200, 213
intelectual
tradições intelectuais 11, 14-5, 128
tradição intelectualista-racionalista 72, 84, 157
paradigmas intelectualistas 157
inteligibilidade 40, 201, 204-5, 222
inteligibilidade do leitor moderno 203
inteligível 155, 204, 208

inteligência do espírito 86
inteligível em escala planetária 155
ininteligível 204, 208
"ossatura da inteligência" 58, 86
interétnico 16, 25, 54, 155, 161, 199-201, 203-5, 208, 221, 225-6
  comunidade interétnica de comunicação 202, 205
  diálogo interétnico 16, 201, 208, 221, 223, 225-7
  dimensão política das relações interétnicas 59
  discurso interétnico 225
  fricção interétnica 52-4, 59, 201, 208
  teoria das relações interétnicas 50, 56, 153-4, 161, 203-5, 208, 215, 221-3, 226
interlocução 155, 218
interpretação 14, 21, 32, 40, 51, 102, 107-10, 113-5, 118-9, 139, 182n
  interpretação nas ciências sociais 107
  interpretação compreensiva 13-4, 103, 109, 113-5, 133, 181, 182n
  antropologia interpretativa 37, 75n, 105, 107, 130, 157
  conhecimento interpretativo 104
  dupla interpretação 13, 94n, 107, 117-9, 182n
intersubjetividade 37, 76, 80, 97-8, 102-3, 109, 202, 219-20
investigação sociocultural 101

J
juízos de valor 196-7

K
*Kultur* 57n, 150
*Kulturkreise* 174

L
*Lebenswelt* 95
língua
  universalidade da língua 155
linguagem 16, 31, 75-6, 97, 129, 155, 188, 196, 205, 222, 225
  linguagem antropológica 131, 159
  linguagem científica 131, 197
  jogo de linguagem 75, 96n, 159, 182, 220
linguistas 131, 156, 181, 184
linguística 27, 79, 95n, 129, 155, 172
  linguística norte-americana 183, 185
  guinada linguística 31, 117n
  jogo linguístico 185
  metáfora linguística 57, 129-30, 159
  parâmetro linguístico 57
  tradições linguísticas 150
*linguistics turn* 31, 225
lógica 27n, 58n, 97, 118n
  lógica formal 220
  lógica indutiva 84
  lógica perversa 208
  lógica de probabilidade subjetiva 102-3
  lógica das representações de Hamelin 86
  possibilidade lógica 220
  validade lógica dos argumentos 220

M
matrimônio 69, 110-1
  matrimônio exogâmico 110-1
  possibilidade matrimonial 112
matriz disciplinar 15, 35n, 44-6, 57, 58n, 59, 68, 72-4, 76, 79-81, 85, 99, 129, 131-3, 135, 137, 140,

148, 150-1, 155-6, 158, 173, 175-6, 187
conceito de matriz disciplinar 99$n$, 156
estrutura da matriz disciplinar 176
método 13, 76, 80-1, 83-5, 87-9, 92-5, 97-100, 102, 104, 118, 120, 133, 141, 170, 197, 202
método científico 93, 171
método comparativo 179, 196
método compreensivo 81, 99
método explicativo 81, 99
métodos funcionais 81
métodos de investigação 166
método de observação objetiva 170
aplicação do método 94
exercício de método 94
importância do método 95
limites do método 84
pluralidade de métodos 133
predomínio do método 92
prerrogativa do método 88
metodologia 29, 102, 104, 107, 170, 173, 175
metodologia durkheimiana 85
metodologias formais 102
metodologia radicalmente objetivista 119
mitologia 34, 71
modelo 70, 116, 156-7, 181, 186, 209$n$
modelos científicos 173
modelo de cientificidade 90
modelo de etnodesenvolvimento 221-2
modelo europeu 144
modelo explicativo 13, 28$n$, 61, 98, 135
modelo exploratório 155
modelo geométrico 158
modelo de inspiração norte--americana 144
modelo nativo 27, 32
modelos de pensamento e de ação 186
moral 16$n$, 32, 39$n$, 56$n$, 164, 193$n$, 194-5, 199, 206$n$, 208, 211, 221$n$, 225-6
consciência moral 164
costume e norma moral 39$n$, 198
fato moral 214
imperativo moral 226
valores morais 199, 209-10
moralidade 11, 16, 39$n$, 57, 79$n$, 181, 193-5, 198, 199$n$, 200, 206$n$, 208$n$, 210$n$, 217, 221, 225-7
*Moralität* 195
mudança
mudança social 54
multiculturalismo 210
mundo da vida 95

N
nacionalismo 162, 165, 174
nacionalismo catalão 134
nacionalismo quebequense 134
*nation building* 50, 126, 162, 184
*Naturwissenschaft* 92
nomológico 29, 69, 79, 118
ciências nomológicas 104
explicação nomológica 78, 105, 110, 182
postura nomológica 117
pretensão nomológica 29
procedimento nomológico 29, 98, 113, 118
proposições nomológicas 113
*status* nomológico 92
termos nomológicos 78

normatividade 205, 223, 226
   estrutura narrativa normativa 34
   não normatividade 205, 223
   normativo 198
   forma normativa 165-6
   Novum Organum 84, 91n

O
objetividade 33, 80, 84, 86, 92, 197
   objetividade absoluta 29, 120
   objetividade positivista 77
   objetividade radical 104
   busca de objetividade 80, 84, 119
   ciência objetiva 97
   método de observação objetiva 170
objetivismo 28, 33, 104, 120
   objetivismo científico 90
observação 26-7, 40, 86, 101, 134, 168, 170, 181
   observação antropológica 194
   observação empírica 182
   observação participante 29, 38-40, 100, 113-4, 119, 181-2
   observação sistemática 37
   capacidade de observação 26
organização social 34, 153
Organon 84, 91n

P
paradigma 13, 26, 44n, 45, 57, 59, 61-2, 66-8, 69n, 70-3, 80, 85, 96n, 99n, 123-4, 129-31, 133, 140, 150-1, 156-9, 173-4, 189
   paradigma biológico 86
   paradigma culturalista 72, 99n, 150, 156-9
   paradigmas empiristas 157
   paradigma estrutural-
      -funcionalista 72, 99n, 151, 156-9

paradigma filosófico 130
paradigmas fundadores 124, 140
paradigmas fundadores da antropologia 45, 57, 124, 140
paradigma hermenêutico 35, 37, 57n, 72-3, 78-80, 99n, 117, 156-9
paradigmas históricos 140, 158
paradigma newtoniano 156
paradigmas da ordem 73, 78-80, 119
paradigmas originais 45, 159
paradigma racionalista 72, 78, 85, 99n, 156-9
conceito de crise e de paradigma kuhniano 62
conceito de paradigma 62, 71
crise de paradigmas 62
megaconceito do paradigma estrutural funcionalista 150-1
parentesco 25, 34, 68-71, 110-3
   teoria de parentesco 25, 69, 95
particularista 209-10
   valores particularistas e universalismo 211
pensamento 12, 15, 22-3, 26, 37, 51, 67, 73, 84-5, 90, 116, 135, 165, 168, 181, 184, 186
pensamento anglo-saxão 84, 85n
pensamento cartesiano 84-5
pensamento catalão 167, 169
pensamento científico 89, 172
pensamento durkheimiano 90
pensamentos espirituais 207
pensamento filosófico 85n, 168
pensamento filosófico contemporâneo 225
pensamento grego 84
pensamento hermenêutico 76, 95
pensamento indígena 184, 208

pensamento kuhniano 68
pensamento lévi-straussiano 63
pensamento Maya 182
pensamento Nahuatl 182
pensamento ocidental 136n
história do pensamento ocidental 157
percepção 22-3, 66, 109, 169, 187, 214
percepção da realidade 37
período carismático 149
política 49, 51-2, 55, 59-60, 125-7, 132, 134, 144, 149, 160-1, 184, 203-4, 206, 208, 210-3, 224-5, 227
políticas de ação social 197
politicas estatais 211
política indígena 52
dominação política 48, 223
ideologia politica 219
realidade política 226
solução política 224
projeto político e cultural da catalanidade 177
política rondoniana assimilacionista 211
pós-graduação 9, 12, 53, 141-7, 149
pós-moderno 35n, 73, 78, 105
antropologia pós-moderna 33, 35
crítica pós-moderna 105
monografias pós-modernas 35
pós-modernidade 33n, 35n, 74
preconceito 95-6, 225
preconceito teórico 140
noção de preconceito 96
prejuízo 95-6, 143
psicoetnografia 169
psicologia 169-71, 177, 224, 226
psicologia coletiva 164, 170, 177
psicologismo 170, 226

R
racional 189
argumentação racional 204, 219
comunicação racional 205
racionalidade 181, 188-90, 199-200, 205, 223
condições de pura racionalidade 188, 190
racionalismo 83-5, 90
racionalismo durkheimiano 86
racionalismo extremado 194
racionalismo francês 83
racionalista 83-5, 90
paradigma racionalista 72, 78, 85, 99n, 156-8
tradição do racionalismo 83-4
objetividade radical 104
realidade sociocultural 100, 108, 157
redundância 130-1, 176
relativismo 15, 39n, 179, 183, 187-8, 190, 194-8
relativismo moderado 188-9
relativismo radical 39n, 188
anti-anti-relativismo 39n, 194
anti-relativismo 39n, 194
relativista 34, 188, 209, 211
postura relativista 194
religião 27, 34, 71, 207-8
objetos religiosos 207
*Renaixença* 165, 174
renascença
movimento renascentista catalão 165
representação 34, 54, 66, 86-7, 108n, 152, 169, 200, 225
representação coletiva 31, 101-2, 160
retidão 201, 204-5, 222
ritual 27, 115n
objetos rituais 207

romantismo 150, 165
romantismo alemão 150, 165

S

sagrado 207
  objetos sagrados 207
  valores sagrados 207
semântica 27n, 28-9, 57, 202, 222
  campo semântico 16, 99n, 113, 152, 199, 202, 206, 208, 220, 222
sentido 27, 80, 97, 115
sentido comum 168-9
  conexões de sentido 80-1
  excedente de sentido 29, 81, 119, 132
  excesso de sentido 81
  *surcroît de sens* 81, 100, 132
  tradições de sentido 79
seny 166-8
  conceito de seny 167-8
  filosofia do Seny 168
simbolismo 174
sincronia 157
singularidade 44, 46, 124, 129-30, 154-5, 214
sistema sociocultural 71
sistemas socioculturais globais 71
*Sittlichkeit* 195
sociologia 48n, 72, 83, 85, 88-93, 97-8, 104, 106, 114n, 144, 149, 157
  sociologia da ciência 133, 135
  sociologia comteana 88
  sociologia de Spencer 89
  conhecimento sociológico 87
  descrição sociológica 88
  explicação sociológica 92
  interpretação sociológica 139
subjetividade 37, 86-7, 92, 95-7
  subjetividade do autor/pesquisador 37

subjetivismo 102
sujeito 16, 46, 49-50, 74, 76-7, 84, 87, 95, 102, 214

T

teoria 16, 24, 36, 48n, 61, 66, 68-71, 91, 103n, 107, 109n, 117n, 124, 170, 174-5, 219
  teoria antropológica 137, 170-1, 177
  teoria barthiana 161
  teoria das espécies sociais 89
  teoria da experiência hermenêutica 95, 199
  teoria desenvolvimentista 55
  teoria funcionalista 54
  teoria geral da antropologia latino-americana 137
  teoria grande 71
  teoria de médio alcance 70-1
  teoria de parentesco 25, 68-9, 95
  teoria das relações interétnicas 153-4
  teoria social 22-3, 26, 31, 34, 36, 98, 104, 106
  diálogo teórico e epistemológico 124
  metateorias 31, 70
tolerância 16, 217-8, 224-6
  conceito de tolerância 223, 226-7
  intolerância 224-5
  diálogo intolerante 16, 217, 226
tradição 11, 14-5, 24, 28, 33, 36, 44, 55, 57n, 64, 70, 72-3, 77, 79, 84, 86, 125, 135-7, 148-9, 157, 164, 168, 184, 198, 203, 212, 218
  tradição acadêmica 82
  tradição alemã 150
  tradição cartesiana 98
  tradição científica 96-7

tradições clássicas 125
tradições comunitárias 160
tradições filosóficas 157
tradição francesa 69, 83
tradição hegeliana 195
tradições linguísticas 136, 150
tradição racionalista 84
tradicionalistas 105
grandes tradições 136, 182, 183n, 184
pequenas tradições 136, 182, 183n
Tükúna 24, 112
cultura tükúna 110
parentesco tükúna 110
interpretação dos Tükúna 110

U
universalidade 43-6, 53, 57, 59, 130, 154-5
universidade 9, 13, 21n, 50n, 53, 59n, 61n, 64, 67, 83n, 97, 105, 109n, 128, 132, 139, 141, 142-7, 165, 174-5, 185, 186n, 193, 208, 213, 219
comunidade universitária 67
tradição universitária 64

V
valor 38, 103, 110-1, 117, 133, 195-7, 199, 207, 209-10, 212
valor agregado 49
valor legal 204
valores particularistas e universalistas 211
valores pátrios 165
valor prejudicial 96
ideia-valor 38-40
sistemas de valor 197
valorativo 38, 127
veracidade 38, 81, 102, 201, 204-5, 222
verdade 76, 81, 93-5, 104, 201-2, 204, 222
*Verstandnis* 93
*Verstehen* 29, 40, 78, 93, 94n, 103n, 109n, 114n, 181
*Volkerkunde* 47
*Volkerpsychologie* 164, 170
*Volkgeist* 161-2, 174, 177n
*Volkskunde* 40

W
*Weltanschauung* 17

SOBRE O LIVRO

*Formato*: 13,7 x 21 cm
*Mancha*: 23,7 x 40,3 paicas
*Tipologia*: Horley Old Style 11/15
*Papel*: Off-set 75 g/m² (miolo)
Cartão Supremo 250 g/m² (capa)

*4ª edição Editora Unesp*: 2023

EQUIPE DE REALIZAÇÃO

*Edição de texto*
Rita Ferreira (Preparação de original)
Pedro Magalhães Gomes (Revisão)

*Capa*
Negrito Editorial

*Editoração eletrônica*
Sergio Gzeschnik

*Assistência editorial*
Alberto Bononi
Gabriel Joppert

Rua Xavier Curado, 388 • Ipiranga - SP • 04210 100
Tel.: (11) 2063 7000 • Fax: (11) 2061 8709
rettec@rettec.com.br • www.rettec.com.br